다문화사회론

본 과제(결과물)는 교육과학기술부의 재원으로 한국연구재단의 지원을 받아 수행된 광역경제권 선도산업 인재양성사업의 연구 결과입니다.

다문화사회론

|엄한진 지음|

小花

머리말

1990년대부터 체류 외국인의 수가 지속적으로 늘어나면서 한국 사회에도 이들과 관련된 정부정책, 학계의 논의, 시민사회단체의 참여 그리고 일반인들의 관심이 증대되어 왔다. 이와 함께 '다문화가정', '다문화사회', '다문화교육' 등의 이름으로 다문화 담론이 매우 빠르게 사회적 인정을 획득해 나가고 있다. '다문화' 열풍의 시발점이었던 미국 미식축구의 영웅 하인즈 워드의 방한(2006년 4월 3일)이 불과 5년 전에 일어난 사건이었다는 점을 고려할 때 '다문화' 현상은 한국 사회의 또 다른 '압축적 성장'의 사례라고 할 수 있다.

결혼이주 여성에 대한 배려와 한국인의 인종적 편견을 해결하려는 노력이 이어져 왔으며 최근에는 이주 노동자의 건강의료문제, 다문화가정 자녀의 교육문제, 난민문제 등으로 관심영역이 확대되고 있다. 이러한 경향은 정부정책에서도 확인할 수 있다. 2006년 〈여성결혼이민자가족의 사회통합 지원대책〉이라는 결혼이주 여성에 대한 최초의 체계적인 지원정책이 2008년에는 다문화가족 구성원 전체를 대상으로 하는 보다 정교한 〈다문화가족 생애주기별 맞춤형 지원 강화대책〉으로 진화하였다. 담론의 측면에서도 '우리는 이제 모두 다문화인'이라는 혹자의 말처럼 이제 한국에서도 '다문화'는 주류 담론의 반열에 올랐다.

'다문화'라는 이름으로 현재 한국 사회가 겪고 있는 현상은 '주변에서 중심으로의 여정'이라고 표현할 수 있을 것이다. 경제적으로는 주변부에서 탈피해 중심부의 일원이 되고 있음을 입증하는 징표이며 역사적, 지리적으로는 유라시아 대륙의 끝자락에서 외부 세계와의 관계가 단조로웠던 오랜 고립에서 벗어나 다양한 민족과 문화가 모이는 공간으로의 변신을 경험하고 있는 것이다. 또한 한국 사회라는 공간의 종족적, 문화적 다원화의 이면에는 여행, 연수, 유학, 자원봉사, 영어 학습 등을 통해 세계와의 거리를 좁히려는 한국인들의 열정이 존재한다.

그런데 압축적으로 형성된 다문화 인식은 한계를 내포하고 있으며 그중 하나는 무비판적인 태도이다. 홍수처럼 쏟아지는 다문화 담론과 정책에 대해 우리는 별다른 의견이 없다. 다문화는 당위이며 다다익선이라고 생각한다. 정치적으로 매우 성숙한 우리 국민이 유독 다문화에 대해서는 초등학생처럼 순진하고 수동적이다. 종교에서 도그마가 단순화된 교리의 반복적인 주입을 통해 유지되듯이, 다문화를 다루는 공익광고, 다큐, 뉴스, 드라마, 교과서 등의 담론은 다문화에 대한 자유롭고 다양한 사고를 억압하는 측면도 있다. 항상 '더 많이'를 외쳤던 발전 이데올로기에 대한 비판과 성찰성이 강조되었듯이 다문화의 양적 발전에 대해서도 동일한 것이 요구되는 시점이다.

1990년대 우리 사회가 광범위한 이혼, 재혼 현상을 처음 겪었을 때 당사자와 그 자녀들은 이전 세대로부터 이 문제에 어떻게 대처했는지 배울 수 없었다. 왜냐하면 그들이 이러한 현상을 본격적으로 겪게 된 첫 세대였기 때문이다. 마찬가지로 여러 나라에서 온 사람들과 함께 산다는 것은 우리 세대가 처음 겪는 새로운 현상이다. 그런 연유에서인지 그간 다소 조급하게 그리고 위로부터 추진되어 온 다문화정책이 문제점을 낳기도 하고 이 문제가 제기되었던 몇 년 전에는 낙관적이고 관용적이었던 분위기였는데 이제 외국인의 존재를 두려워하거나 우려하는 태도들이 나타나고 있다. 그러나 이러한 양상은 일반적으로 생각하듯이 단일민족의식이 강한 한국에만 나타나는 것이 아니며 특히 실업문제나 빈부격차가 심한 상황이면 어느 나라에서나 나타나는 현상이다. 민족성이나 문화의 문제가 아닌 것이다.

외국인과의 공존 문제를 해결하는 것은 종합적인 성격의 과제이다. 즉 그 사회의 모든 것이 동원되며 그 사회의 현재 상태를 잘 보여 준다. 이런 점에서 한국 사회는 민주화를 거치면서 많은 자산을 쌓아왔다. 사회적 약자를 생각하고 사회를 보다 정의롭게 만들려는 노력들에 익숙해 있다. 비록 경제적인 어려움 때문에 이러한 우리 사회의 미덕이 발휘되기 어려운 조건이긴 하지만 이러한 우리 사회의 좋은 전통을 살리면 외국인들이 겪는 문제들이 해결될 수 있을 것이다.

이 책은 일반적으로 '다문화'라는 용어에 대해 기대할 수 있는 다음과 같은 것을 다루지 않는다. 세계 여러 지역의 문화, 또는 청소년문화, 게이문화, 다양한 종교문화와 같은 한 사회 내부의 다양한 하위문화는 이 책의 직접적인 논의대상이 아니다. 이 책에서 다루는 내용은 이민과 연관된 현상에 국한된 것이다. 이것은 '다문화'가 상당히 최근에 일어난 이민 현상으로 인해 생겨난 종족 간 공존이라는 현상과 연관되어 태동한 용어이기 때문이다. '다문화'에 관한 이론과 정책 역시 이민, 종족적 소수자의 문제에 국한된 것이다.

이 책은 또한 다음과 같은 규범적, 실용적 질문에 답하려 하지 않는다. "어떻게 해야 외국인과 타 문화에 대해 더 관용적이 되는가?" 다음과 같은 규범적이고 진화론적인 주장이나 예언도 하지 않는다. "순혈주의를 극복하지 않으면 2005년 프랑스 사태와 같은 재앙이 닥칠 수 있다", "앞으로 20~30년 후면 한국에 거주하는 사람의 네 명 중 한 명은 외국인일 것이다", "외국인 노동자를 받아들이지 않으면 한국 경제는 존속할 수 없게 된다", "다인종, 다민족 사회로의 변화는 불가피하다", "한국인들도 전통적인 순혈주의에서 벗어나 이제 다른 인종과 문화를 인정하는 개방적인 태도를 가져야 한다."

그 대신에 이 책은 다음과 같은 질문—"세계가 보다 다문화적인 상황이 된 배경은 무엇인가?", "세계 각국은 이러한 새로운 상황에 어떻게 대처하고 있는가?", "왜 우리는 그토록 열렬한 다문화의 투사가 되었는가?", "'다문화'가 얘기하는 문화는 어떤 문화인가?", "우리의 관용은 어떤 종류의 관용인가?", "다문화라는 이름으로 행해지는 넘쳐나는 담론과 실천에도 불구하고 얘기되지 않는 것은 무엇인가?", "종족간 공존은 어떻게 가능한가?"—에 답하고자 한다.

이러한 질문은 한국의 다문화 현실에서 발견하게 되는 다음과 같은 모순에서 비롯된 것이다. 결혼이주 여성과 이주 노동자에 대한 이중적인 태도, 언론이나 정책이 표방하는 놀라운 호의와 입국과정에서부터 한국에서의 거주 그리고 본국으로의 자발적, 강제적 귀환에 이르기까지 이주민들이 겪는 반인권적 상황 간의 괴리, 한국 사회가 표방하는 다문화 담론과 문화의 빈곤을 겪고 있는 이주민의 현실 간의 모순.

이 책은 평등 대 차이 및 다양성, 보편주의 대 특수주의라는 전통적인 이분법을 둘러싼 논쟁을 계승하고 있다. '다문화주의', '차이', '다양성', '관용', '정체성' 등의 개념은 '공화주의', '통합', '보편성', '계급'과 같은 대립물을 가지고 있다. 최근 몇 년 사이에 한국 사회에서 급속히 지적, 정치적 헤게모니를 장악한 차이 및 다양성 담론에 대한 비판적인 접근을 통해 이 두 세계의 관계가 어느 한 쪽이 선험적으로 옳거나 발전된 것이라고 말할 수 없음을 강조하고자 한다. 이를 통해 한국 사회의 다문화 논의가 당위적인 차원에서 벗어나 합리적인 논쟁의 대상으로 전환되는 데 기여하고자 한다.

이와 함께 이 책은 한국의 이민 현상과 이민논의를 보편적, 전 지구적 차원에서 설명하고자 한다. 이러한 접근방법은 다음과 같은 요인에 근거를 둔 것이다. 이민 현상과 이민논의에서 전 지구적인 공통점을 발견할 수 있다. 즉 사회적 배제, 문화적 갈등, 불법체류, 인종주의, 인구문제, 안전문제와 같은 요인들이 동시에 또는 시차를 두고 세계 여러 지역에서 반복적으로 나타나는 것이다. 그런데 '다문화' 개념을 중심으로 전개되고 있는 최근 한국 이민논의의 경우 외국의 이민정책에 크게 의존하면서도 이민 현상의 보편적 경향에 대한 고려는 미약하다. 이 책의 목적 중 하나는 바로 보편적, 비교적 차원에 대한 관심을 촉발하는 데 기여하는 것이다.

이 책은 총 8개의 장으로 구성되어 있다. 1장에서는 다문화주의의 전 지구적 확산과 그 배경이 된 이민 현상의 새로운 경향을 살펴본다. 이와 함께 이민 현상의 결과 생겨난 종족적 소수자들의 사회통합에 관한 다양한 접근방식이 소개될 것이다(2장). 특히 보다 최근에 전 지구적으로 확산된 바 있는 다문화주의의 이론적 기반과 각국의 실태 그리고 다문화주의에 대한 비판적 입장을 소개한다(3장). 다음으로 한국의 다문화 현상을 다룬다. 4장에서는 근대 이후 종족적 소수자의 역사를 살펴봄으로써 역사적 안목을 키우고 한국 이주민사회의 대표적인 집단인 이주 노동자와 결혼이주민의 실태를 살펴본다. 5장에서는 한국 사회의 다문화 현실과 담론에 대한 비판적 검토를 통해 성찰적인 안목을 가지고자 한다. 후반부에서는 이민과 인종(6장), 이민과 종교(7장)에 대한 논의를 통해 종족간 갈등에 대해 살펴보고 공존의 조건을 검토한다(8장).

이 책의 집필과정에서 용어를 어떻게 선택했는지에 대한 설명이 필요할 것 같다. 세계를 반영하거나 인간의 사고를 표현하는 개념을 창조하고 그 개념을 명확히 규정하는 것은 과학적 인식의 기본이다. 그런 만큼 개념의 구성은 매우 중요한 문제이고 그 과정에서 다양한 개념들이 경쟁하며 공존한다. 그렇지 않고 한 개념이 정부나 미디어에 의해 위로부터 주어져 대중화된 경우에 그 개념은 불안정하며 사후적으로 그 개념의 외연과 내포를 둘러싼 '상징투쟁'이 전개될 수밖에 없다. 한국 사회의 다문화 현상 역시 예외가 아니다. 즉 한편으로는 이민/외국인/이주자, 불법체류(노동)자/미등록 이주 노동자, 다문화가정(가족)/국제결혼가정, 혼혈아/온누리안/다문화인/코시안/다문화자녀/다문화가정(가족) 2세, 탈북자/탈북주민/북한이주민/북한 이탈주민/새터민, 다인종/다민족/다문화와 같이 다양한 용어가 경쟁하고 다른 한편으로는 '다문화'라는 수식어처럼 한 용어가 일시에 지배적인 위치를 차지하기도 한다.

그런데 제시되는 용어들이 적절한 호칭인가 하는 문제와 더불어 여기에서 알 수 있는 것은 호칭에 대한 한국 사회의 민감성이다. 혼혈아, 살색, 탈북자와 같은 기존 용어에 대한 비판이 사회의 큰 관심을 끌었던 것에서도 알 수 있듯이 우리 사회는 용어에의 집착이 매우 강하다. 서구 사회의 경우 정치담론이나 학술논의에 다양한 용어들이 공존하며 특정 용어를 통해 특정 입장을 반영하거나 특정 상황을 묘사하듯이 우리 역시 용어문제에 대한 빗나간 엄격성과 용어의 통일에 대한 편집증에서 벗어나 다양한 용어들 중 연구자의 입장에 맞고 특정 맥락에 적합한 용어를 자유로이 선택하는 것이 합리적인 용어 사용법일 것이다. 실제 특정 표현을 선호하는 데에는 그것을 쓰는 사람의 입장이 반영되기도 한다. 예를 들어 외국인이나 외국인 노동자 등의 표현이 체류 조건, 문화 등에서 내국인과 근본적으로 다르다는 점을 강조한다면 이주, 이민, 이주 노동자 등의 표현을 선호하는 사람은 종족적, 문화적 차이보다는 국제이주라는 누구나 해당될 수 있는 보편적인 현상을 강조한다고 할 수 있다. 이 책에서는 이민, 국제이주, 국제이주민, 이주민, 이민자, 이주 노동자, 외국인 노동자, 소수민족, 종족적 소수자, 결혼 이민자, 결혼이주 여성, 다문화주의, 다문화, 이민담론, 다문화정책 등을 맥락에 따라 그에 적절한 용어를 자유롭게 사용한다.

본 저술은 필자가 2009년 한림대에 개설한 〈다문화사회론〉 교과목의 교재이자 같은 해부터 한림대에서 추진하고 있는 〈의료관광인재양성사업〉 교과목의 부교재로 준비된 것이다. 다문화 관련 교재의 필요성은 비단 필자가 재직하고 있는 학교에 국한된 것은 아니다. 최근 관련 교과목이 여러 대학에서 개설되고 있어서 체계적인 교재가 필요한 실정이다. 그렇지만 본 저술은 표준화된 교과서의 형태가 아니라 논쟁적인 비평에 가깝다고 할 수 있다. 이제 몇 년 전부터 이상과열 현상을 보이고 있는 한국의 다문화 현상에 대한 성찰적인 시각이 필요한 시점에 이르렀다는 생각이 교재개발의 의무와 함께 본 저술을 집필하게 된 동기이다. 본 저술은 필자가 그간 발표한 몇 편의 글들을 토대로 하면서, 국내외 관련 연구를 참조하여 집필되었다. 특히 4, 5, 7장은 각각 엄한진(2009a; 2008; 2010)을 수정, 보완하여 작성되었다. 이 책은 다문화 관련 과목을 이수하는 대학생, 다문화에 대한 체계적인 지식을 필요로 하는 일반 시민 그리고 반복적이고 획일적인 다문화 논의의 한계를 인식한 관련 종사자들을 염두에 두고 집필되었다. 필자의 역량 부족과 준비 부족으로 인해 여러 모로 부족한 점이 많지만 이민과 다문화에 대해 참조할 만한 서적이 많지 않은 한국 사회의 실정을 고려해 용기를 내어 출판을 결정하게 되었다.

필자에게 출판의 기회를 제공해 준 한림대 의료관광인재양성센터, 인내심 있게 기다려준 소화출판사에 감사드리고 원고 정리를 도와준 전혜미 학생에게 감사의 마음을 전한다. 학위과정부터 미욱한 필자를 믿어주고 지치지 않게 배려해 준 어머니와 아내 유은경이 아니었으면 약소한 글이나마 세상에 나올 수 없었을 것이다. 종족적 소수자와 같이 어려운 처지에 있는 사람들을 생각하는 마음을 가르쳐 주신 선친에게 이 책을 바친다.

2011년 3월
엄한진

차례

머리말 … 5

제1장 세계화와 새로운 이민 … 19

1. 문명론과 문화적 다양성 … 19
2. 국제이주의 역사 … 24
3. 국제이주에 관한 이론 … 38
4. 이주 및 이주민의 유형 … 41
5. '새로운 이민'과 다문화주의 … 43

제2장 이주민의 사회통합 … 53

1. 문화접변과 동화 … 53
2. 이민문제의 부상과 이주민 통합의 모델 … 58
3. 이민정책의 최근 경향: 폐쇄적 경향과 선별주의적 개방의 공존 … 67

제3장 다문화주의와 다문화주의 비판 … 81

1. 다문화주의 … 82
2. 다문화 시민권은 가능한가? … 89
3. 분배인가, 인정인가? … 94
4. 차이의 정치와 공동체주의 … 97
5. 다문화주의의 다양성 … 99
6. 프랑스의 '상호문화주의'와 '상호문화교육' … 102
7. 다문화주의의 국가별 사례: 캐나다, 미국, 프랑스, 호주, 일본 … 108
8. 다문화주의 비판 … 119

제4장 한국 종족적 소수자의 역사: 화교에서 결혼이주 여성까지 … 131
1. 한국의 종족적 소수자 … 132
2. 극단적 배제와 탈주: 화교, 기지촌 여성, 혼혈인의 경험 … 136
3. 이주 노동자와 결혼이민자 그리고 다문화가정 … 146

제5장 한국의 다문화 담론 및 정책 … 161
1. 한국의 다문화 정책 … 162
2. 비교적 관점에서 본 한국 이민논의의 특징 … 165
3. 다문화논의의 구조적 한계와 분열증적 양상 … 169
4. 내적인 분절: 이민집단 유형에 따라 이질적인 논의 … 176
5. 외적인 분절 1: 한국 사회논의 일반과의 단절 … 183
6. 외적인 분절 2: 보편적인 이민논의와의 괴리 … 190

제6장 이민과 인종 … 195
1. 인종주의의 역사 … 196
2. 인종주의의 유형 … 200
3. 이민과 인종 … 202
4. 이민에 대한 편견과 인종주의 … 205
5. 정체성 중심의 이민논의와 인종주의 … 212
6. 마호메트 만평사태의 사례 … 214
7. 한국 사회에서 인종의 탄생 … 218

제7장 이민과 종교 … 223
1. 주류사회와의 관계 … 224
2. 이민과 종교성의 변화 … 225
3. 이주민 사회운동과 종교 … 227
4. 종교인가, 종족인가? … 231
5. 한국 이주민사회의 종교 … 236
6. 히잡 문제: 민주주의와 문화적 다양성은 공존 가능한가? … 246

제8장 종족간 공존의 조건 … 253

1. 종족간 관계에 대한 오토 바우어의 이론 … 254
2. 정체성의 다원적 성격 … 256
3. 문화 없는 다문화주의, 어떤 문화가 중요한가? … 259
4. '출신국으로부터 이주(emigration)'의 측면 … 261

참고문헌 … 266

지은이 소개 … 278

표 차례

〈표 1-1〉 대륙별 국제이주 현황 … 37
〈표 1-2〉 이주민을 가장 많이 받아들인 국가 … 37
〈표 1-3〉 국제이민을 많이 떠나는 나라 … 38
〈표 1-4〉 이주의 유형 … 42
〈표 2-1〉 독일의 국적 관련 규정 … 60
〈표 2-2〉 통합정책의 6가지 가능성 … 64
〈표 2-3〉 인구변동 추이 및 체류외국인 증가 추세 분석 … 74
〈표 4-1〉 종족적 소수자의 유형 … 133
〈표 4-2〉 장기체류 외국인 유형별 통계 … 133
〈표 4-3〉 등록 외국인 연도별 증감 현황 … 135
〈표 4-4〉 화교와 관련된 법령 및 정책 … 140
〈표 4-5〉 군인아내들의 역사와 관련하여 주목할 만한 사건 … 142
〈표 4-6〉 외국국적동포 국적별 체류현황 … 148
〈표 4-7〉 급여 및 근무시간 평균 … 151
〈표 4-8〉 근무형태 … 152
〈표 4-9〉 외국인의 건강보험가입 현황 … 154
〈표 4-10〉 결혼이민자 연도별 증감 현황 … 156
〈표 4-11〉 결혼이민자 국적별, 성별 현황 … 156
〈표 5-1〉 국내 거주 외국인 관련 정책의 주요 일지 … 163
〈표 5-2〉 최근 세계 각국의 이민논의 … 166
〈표 5-3〉 연도별 난민업무 처리현황 … 177
〈표 6-1〉 이주 노동자와 만나거나 생활한 느낌 … 211
〈표 6-2〉 성별에 따른 이주 노동자와 만나거나 생활한 느낌 … 211
〈표 6-3〉 이주 노동자 임금수준에 대한 생각 … 211
〈표 6-4〉 이주 노동자에 대한 영주권 부여에 대한 생각 … 212
〈표 6-5〉 미등록 이주 노동자 강제추방정책에 대한 생각 … 212
〈표 7-1〉 체류 외국인의 국적별 분포 및 종교 현황 … 240

그림 차례

[그림 1-1] 아프리카에서 노예로 팔려간 사람의 수: 1519~1867 … 26
[그림 1-2] 17~19세기 식민화에 따른 국제이주의 주요 흐름 … 27
[그림 1-3] 산업화와 연관된 노동이민의 흐름: 1850~1920 … 29
[그림 1-4] 제2차 세계대전 종전 이후 국제이주의 흐름: 1945~1973 … 30
[그림 1-5] 1973년 이후 국제이주의 주요 흐름 … 31
[그림 1-6] 아시아태평양 지역에서의 국제이주: 1970~2000 … 35
[그림 2-1] 통합의 핵심 영역을 정의하는 개념적 틀 … 66
[그림 2-2] OECD의 유럽연합 인구전망 … 73
[그림 3-1] 캐나다 이주민 출신지역의 연도별 변화 … 109
[그림 3-2] 캐나다로 오는 이민자 수의 변화 … 110
[그림 4-1] 외국국적동포 연도별 추이 … 147

자료 차례

자료 1-1. 새뮤얼 헌팅턴의 문명충돌론 … 20
자료 1-2. 지하드 대 맥월드 … 23
자료 1-3. 프랑스에서의 이민의 역사와 이민문제의 탄생 … 33
자료 1-4. 서구인들의 이주와 비서구인들의 이주 … 49
자료 1-5. 일본의 뉴커머 … 51
자료 2-1. 이창래의 『영원한 이방인』 … 57
자료 2-2. 공화주의 … 61
자료 2-3. 영국: 이민의 국가에서 제로 이민사회로 … 69
자료 2-4. 신자유주의와 이민정책 … 76
자료 2-5. 프랑스 이민정책의 최근 경향 … 77
자료 3-1. 호주 인종폭동 … 111
자료 3-2. 미국의 소수집단 우대정책 … 113
자료 3-3. 용광로 모델 … 114
자료 3-4. 프랑스의 종족 구성 … 117
자료 3-5. 비손다스의 캐나다 다문화주의 정책 비판 … 123
자료 4-1. 푸코의 권력 논의 … 137
자료 5-1. [필독공지] 불체자 추방본부 개설목적과 운동방향 … 182
자료 5-2. 인구문제-프랑스 … 186
자료 6-1. 헌팅턴의 본질주의적 문명론 … 198
자료 6-2. 오리엔탈리즘 … 221
자료 7-1. 한국의 중국 동포 마을 … 238
자료 7-2. 〈국・공립 초・중등학교에서의 공화주의 원리의 적용에 관한 법〉의회 제안서 … 248

제1장 세계화와 새로운 이민

1. 문명론과 문화적 다양성

1) 문명론

탈냉전 이후 미국 사회의 대표적인 지성 프랜시스 후쿠야마가 제시한 '역사의 종말'론에 따르면 인권, 시장경제, 현대 기술, 대의민주주의, 시민권, 문화다원주의, 정교분리, 관용 등을 의미하는 서구의 자유주의가 최종적으로 승리하였고 이제 인류문명의 발전이 최고에 다다랐다(Fukuyama, 1992).

또 다른 지성 새뮤얼 헌팅턴의 '문명의 충돌'론은 후쿠야마의 견해 대부분을 수용하지만 서구의 승리가 아니라 문명 간 충돌이 현실임을 주장하였다(Huntington, 1993). 등장할 당시 큰 논란을 야기했던 이 이론은 2001년 9·11테러와 대테러전쟁을 계기로 다시 부상했다. 헌팅턴의 이론이 학계에서는 허술한 논리로 비판을 받았지만 실제 세계는 그의 진단을 입증이라도 하듯이 종족, 종교, 문명 간 갈등과 전쟁으로 얼룩지고 있다.

물론 중동, 동유럽, 아프리카 등지에서의 갈등이 문화나 문명 간 갈등에서 기인한 것인지에 대해서는 이견이 많다. 또한 불변의 문명을 염두에 둔 문명전쟁론이 오류임이 지적되기도 한다. 즉 문명은 역동적이며 변화무쌍한 특성을 지니므로 한 순간에 지나지 않은 문명 간의 관계를 경직되고 불변하는 모습으로 파악하고 문명 전쟁을 논한다는 것은 근본적으로 오류라는 것이다(뮐러, 1999).

서로 다른 문화권 간의 갈등만큼이나 문화간 교류 및 상호작용도 현 시대를 특징짓는 현상이다. 이를 배경으로 문화다양성 담론, 문명 간 대화론이 헌팅턴의 '문화의 충돌' 테제와 대척점을 이루고 있다.

자료 1-1. 새뮤얼 헌팅턴의 문명충돌론

1. 세계정치의 갈등의 성격은 이데올로기적, 경제적 성격에서 문화적, 문명적 성격으로 바뀌고 있다. 그에 따라 갈등의 주체도 중세의 군주(princes)에서 근대 이후 민족(nations)과 이데올로기(ideologies)로 그리고 최근에는 문명(civilizations)으로 변화되었고, 전쟁도 서구 사회 간 전쟁에서 서구와 비서구문명 그리고 비서구문명들 간의 전쟁으로 바뀌었다.

2. 문명은 문화적 총체이다. 문명은 가장 높은 수준의 문화적 집합체이고 가장 광범위한 수준의 문화적 정체성이다. 문명은 언어, 역사, 종교, 풍습, 제도와 같은 공통의 객관적 요인 그리고 사람들이 느끼는 소속감과 같은 주관적 측면으로 정의될 수 있다.

3. 문명적 정체성은 점점 더 중요해질 것이고 세상은 7~8개의 주요 문명

간 상호작용에 의해 만들어져 갈 것이다. 문명 간 차이는 정치 이데올로기나 정치체제 간 차이보다 훨씬 더 근본적인 것이다. 세계가 좁아지면서 이민, 문명 간 상호작용이 증대되고 그에 따라 핵심적인 정체성의 요소가 지역적(local), 일국적(national)인 것에서 문명적(civilizational)인 것으로 변화된다. 특히 베버가 '세계종교'라고 지칭한 주요 종교들에서 근본주의 경향이 강화되고 있다. 세계는 탈세속화되고 있으며 종교의 부흥, '신의 복수'가 나타나고 있다.

4. 서구는 현재 권력의 정점에 서 있다. 향후 세계의 주요 경향은 아시아화, 힌두화, 재이슬람화가 될 것이다. 이데올로기나 경제에 비해 문화는 변화하기 어렵다. "당신은 어느 편인가"에서 "당신은 누구인가"라는 정체성의 문제가 중요해지고 있다.

5. 경제적 지역주의가 심화되고 있다. 그리고 이러한 지역 차원의 통합은 지역 공통의 문명을 요구하고 있다. 예를 들어 탈냉전과 함께 문화적 동질성이 이데올로기적 차이를 넘어 중국과 대만을 가깝게 했으며 그 결과 아시아 화교경제권이 부상하고 있다. 문화차이는 인권, 경제, 환경에 대한 정책의 차이를 낳는다. 비서구 사회에서 서구적 관념이 정착하기는 매우 어렵고 그보다는 저항을 야기할 것이다. 소위 '인권제국주의'에 대한 반발이 이러한 반발의 예이다.

6. 서구문명과 이슬람문명 간 관계는 1300년간 지속된 갈등의 역사였다. 최근에는 아랍국가의 인구 증가가 서유럽으로의 이민 증가를 초래하고 있다. 한편 이슬람은 흑인과 아랍, 정교도와 무슬림, 슬라브족과 투르크족, 무슬림과 힌두교도 그리고 무슬림 간의 갈등의 경우처럼 모든 갈등에 존재한다.

7. 미래의 세계정치를 전망해 보면, 먼저 서구 사회와 그 가치에 대해 비서구 사회는 다양한 태도를 보일 것이다. 미얀마나 북한의 경우와 같이 고립을 선택하는 경우, 서구에 합류하여 서구적 가치와 제도를 수용하는 경우, 서구화가 아닌 근대화로 서구와의 경쟁을 시도하는 경우가 있을 수 있다. 서구와 그 이외 지역 간 갈등은 다음과 같은 양상을 띠게 될 것이다. 먼저 서구국가간 무력충돌 가능성은 희박하며 군비축소의 경향을 보일 것이다. 이와 달리 서구와 중국-파키스탄과 같은 유교-이슬람동맹 간의 갈등이 중

요해질 것이다. 두 진영 간 갈등은 핵무기, 생화학무기, 장거리미사일 등을 중심으로 전개될 것이다.

출처: S.Huntington, 1993, "The Clash of Civilization," *Foreign Affairs*, Summer 1993, v.72, no.3.

2) 문화적 다양성

'문화적 다양성' 개념은 어디에서나 들을 수 있고 누구나 아는 현 세계의 가장 많이 확산된 개념 중 하나이다. 문화적 다양성 개념이 만장일치의 지지를 이끌어낼 수 있었던 것은 무엇보다도 세계화가 문화적 획일성, 표준화를 야기할 것이라는 두려움 때문이었다. 이러한 두려움이 역사상 처음은 아니다. 프랑스대혁명과 나폴레옹전쟁은 독일 등 발전이 뒤늦었던 나라들에게 모든 것을 하나로 통일하는 보편주의의 확산으로 여겨졌다. 독일 낭만주의는 바로 이 보편적 힘에 대한 두려움과 거부감의 표현이었다.

역설적으로 지금은, 비록 사르코지의 집권으로 다소 약화되긴 했지만, 미국이 주도하는 신자유주의와 대테러전쟁에 프랑스가 〈문화다양성협약〉이나 전쟁에 대한 신중한 태도로 맞서고 있는 형국이다. 과거 독일이나 러시아가 영국과 프랑스의 패권주의에 맞서 서구 이외 지역의 이해를 대변하던 것과 유사하다고 볼 수 있다. 유럽 제국주의 시대에 '다양성'이라는 개념은 원시적이고 부정적이고 잔인함을 의미했다. 19세기 말에 시작된 '만국박람회'와 '식민지박람회'의 개최를 통해 영국과 프랑스는 아프리카 주민들을 통제하고 길들이기 위한 목적으로 아프리카 종족들의 일람표를 작성하기도 하였다(Mattelart, 2007: 6).

그런데 문화적 다양성 개념은 사실은 크게 차이가 나고 서로 모순되기도 하는 다양한 현실과 견해들을 뭉뚱그리는, 그럼으로써 현실의 모순을 무마하는 역할을 하기도 한다. 7~8개로 구분한 문명권 각각은 내부적으로 동질적이며 다른 문명권과는 절대적으로 구분된다는 전제에서 출발하는 헌팅턴의 문명충돌론과 마찬가지로 2001년 당시 유엔을 필두로 부상한 '문명 간 대화'론 역시 이러한 문명관을 공유하고 있다는 비판도 있다(ibid.: 97-98).

다른 문화에 대한 평가나 문화간 관계에 대한 견해는 다양하지만 문화적 다원성이 심화되고 있다는 현실 진단에는 대부분 동의하고 있다. 세계화는 소위 '문화의 세계화'를 통해 많은 사회에서 문화적 다원성을 심화시켰는데 그 중요한 계기 중 하나는 국제이주의 활성화였다.

자료 1-2. 지하드 대 맥월드

사무엘 헌팅턴 같은 이는, 비록 좀 과장되기는 하지만, 현 세계의 분할을 문명의 충돌과 민주주의와 이슬람 간의 문화적 전쟁, 나아가서 '서구와 비서구' 간의 전쟁이라고 경고한다. 그러나 이는 실제로 그러한 전쟁을 요구하고 나선 오사마 빈 라덴의 구원자적 용어를 흉내낸 것이다. 그러나 빈 라덴의 테러 집단과 그들이 무기를 들라고 요구한 가난에 찌든 제3세계 국가 간의 차이는 극단적인 지하드의 근본주의자와 어린이를 키우고 종교적 공동체를 위해 살려고 하는 일반인과의 차이라고 할 수 있다. 근본주의자들은 모든 종교 분파에서 발견되지만, 실제로 이들은 자신들이 내걸고 활동하는 바로 그 종교의 이념에 위배되는 급진적인 소수세력인 경우가 많다. 미국의 근본주의 설교자 제리 팔웰(Jerry Falwell)은 뉴욕과 워싱턴에 대한 공격을 낙태론자, 동성애자와 미국 시민자유 연맹의 방종적 자유에 쏟아진 신의 분노로 해석하고 있는데, 그가 개신교를 해석하는 것은 탈레반이 이슬람을 해석하는 것에 못지 않다.

맥월드에 대한 지하드의 투쟁은 문명의 충돌이 아니라 단일한 전 지구적 문명권에서 발생한 변증법적 긴장의 표현이다. 그 투쟁은 전통적인 종족성과 종교로부터의 이탈—이 중 많은 것이 실제로 맥월드와 그 정보오락 산업과 기술혁신으로 발생한 것이다—라는 현실에 대항하여 발생한 것이기 때문이다. 근대 언론매체 없는 빈 라덴을 상상할 수 있는가? 그럴 경우 아마도 그는 별로 알려지지 않은 사막의 쥐에 불과할 것이다. 신용카드, 세계금융시스템, 근대기술과 인터넷 없는 테러리즘을 상상해 보라. 테러리스트들은 아마도 지방 족장에게 돌을 던지는 정도밖에 별로 한 일이 없을 것이다. 우리가 직면한 전쟁은 문명 간 전쟁이 아니라 문명 내의 전쟁이며, 세계적으로 네트워크가 갖추어진 풍요한 미래에 직면해서도 개별 문화들이 문화적, 민족적 자율성을 유지할 수 있을 것인지에 대한 의문을 가지면서 각 문화권 내부의 갈등을 드러내는 투쟁이자, 근대성의 명백한 이익과 거기에 드는 명백한 비용 사이에서 고민하는 개인들의 갈등의 표현이라는 것이 이 저서의 논점이다.

출처: 벤자민 R. 바버(박의경, 이진우 옮김). 『지하드 맥월드』. 문화디자인. 2003: 13-14, 필자가 문구를 수정한 것임

2. 국제이주의 역사

고전적 이민이 종교적, 정치적 또는 경제적 원인이든 상황적 요인에 기인한 것이었다면 근대적 이민은 보다 구조적 차원의 현상이었다. 신대륙 발견 이후 근대적 의미의 이민의 역사는 서구의 세계지배와 자본주의 세계체제의 형성과 연관된 것이다.

인간의 이주 역사에서 가장 중요한 전환점은 500여 년 전 유럽의 신대륙 발견과 그에 뒤이은 이주 현상이었다. 유럽인들의 아메리카, 아프리카, 아시아 등지로의 유례없는 대량 이주는 유럽 사회의 경제적, 정치적 동기에서 기인한 것이었지만 지리에 대한 지식의 발전, 정확한 지도의 생산 능력, 항해술의 발전과 같은 기술적인 요인들에 의해 가능한 것이었다.

죄수, 군인, 농민, 상인, 수공업자, 관료, 성직자 등 많은 사람들이

아메리카, 아시아, 아프리카로 여행을 떠나거나 새로운 곳에 정착했다. 이들이 이주한 곳에서는 생산활동이 증대됨에 따라 노동력이 부족해졌고 이를 해결하기 위해 노예무역이 시작되었다. 16세기 중엽부터 시작된 노예무역은 18세기까지 1500만 명을 아메리카 대륙, 카리브해 지역, 인도양 지역으로 이주시켰다([그림 1-1]). 이 시기에 노예노동은 목화, 담배, 설탕과 같은 농작물 재배와 광물 채취에 있어서 핵심적인 역할을 수행했다. 19세기 중엽 노예무역이 폐지됨에 따라 계약노동이라는 새로운 형태의 노동 이민이 생겨났다. 그런데 이론상으로는 당사자의 자유의사에 따라 이주가 이루어지는 것이지만 실제로는 노예무역과 별반 다르지 않았다. 심지어 더 나쁜 조건에서 이루어지기도 했다. 임금은 매우 적었고 노동규율은 극도로 엄격했고 생활수준은 형편없었다.

일부는 태평양 섬들에서 호주의 사탕수수밭으로 떠났지만 대부분은 인도와 중국 출신자들이었다. 아시아에서는 '쿨리'[1)]라고 불린 이 계약노동자들은 서인도 제도, 아프리카, 북미, 인도양 섬들, 동남아시아로 떠나 농장, 도로나 철도 공사현장에서 일하거나 하인이 되었다. 인도대륙 출신자들의 경우 공식적인 노예제도 폐지 이후 약 3000만 명이 국외로 이주했다.

산업혁명은 19세기 이후 국제이주를 활성화시킨 중요한 계기가 되었다. 서유럽 국가들은 식민지배로부터 얻은 부를 토대로 산업혁명을 촉진시켰고 이것이 다시 국제이주를 활성화시켰다. 유럽의 식민지는 유럽에서는 이룰 수 없는 꿈을 꾸게 하였고 이렇게 해서 많은 유럽인

1) '쿨리'라는 말은 인도어의 날품팔이를 뜻하는 쿨리(kuli)에서 유래된 것인데, 영어에서 쿨리(coolie)로 표기한 것이 중국어에서 꿀리(苦力)로 다시 음역되어 사용되고 있다. 1830~1930년대에 걸쳐 이루어진 쿨리교역(coolie trade)규모는 최소로 잡아도 1,200만 명, 넉넉히 잡으면 3,700만 명이 넘었다(Potts 1990: 99). 쿨리로서 해외로 진출한 아시아인 노동자 수는 신대륙을 유럽화한 결과를 낳은 유럽인의 해외이민자 수보다 훨씬 많았다(Davis 1988, 설동훈, 2000: 83에서 재인용).

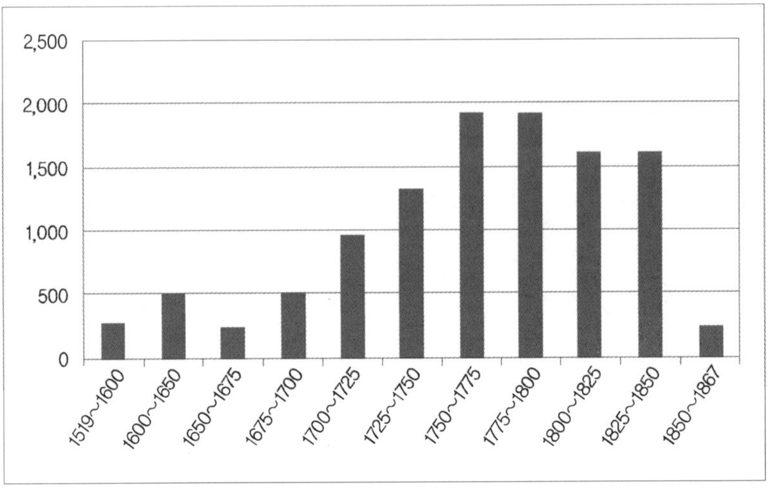

[그림 1-1] 아프리카에서 노예로 팔려간 사람의 수: 1519~1867(단위: 1,000명)
출처: Le Monde, 2009, *L'atlas des migrations* (Le Monde Hors-Série, 2008~2009): 50

들이 신세계로 떠났던 것이다. 이주민의 수는 엄청났다. 1846년에서 1890년 사이에 1,700만 명의 유럽인들이 아메리카와 오세아니아로 떠났다. 이중에는 영국과 아일랜드 출신자들이 가장 많았다. 이것은 영국이 산업혁명을 가장 먼저 경험한 지역이었다는 사실과 1845~47년 아일랜드의 감자 기근으로 설명될 수 있겠다. 독일 지역에서도 이 기간 동안 약 350만 명 정도의 사람들이 이민을 떠났는데 그것은 농촌 지역의 빈곤과 만성적인 흉작이 원인이었다.

샬레아르는 근대 유럽에서 나타난 대량이민(mass migrations)의 정치사회적 배경을 다음과 같이 설명한다. 프랑스대혁명에 뒤이은 민족들의 혁명, 즉 1민족 1국가 원리(민족성 원리)에 입각한 민족주의 운동은 몇몇 집단들을 다른 곳으로 이주할 수밖에 없게 만들었고, 산업혁명이 새로운 일자리와 장소로 농촌사람들을 끌어들였으며, 교통수단의 혁명이 사람들을 이동하기 수월하게 하였다. 이렇게 해서 소위 '대량이민' 현상이 나타났다(Blanc-Chaléard, 2001: 7).

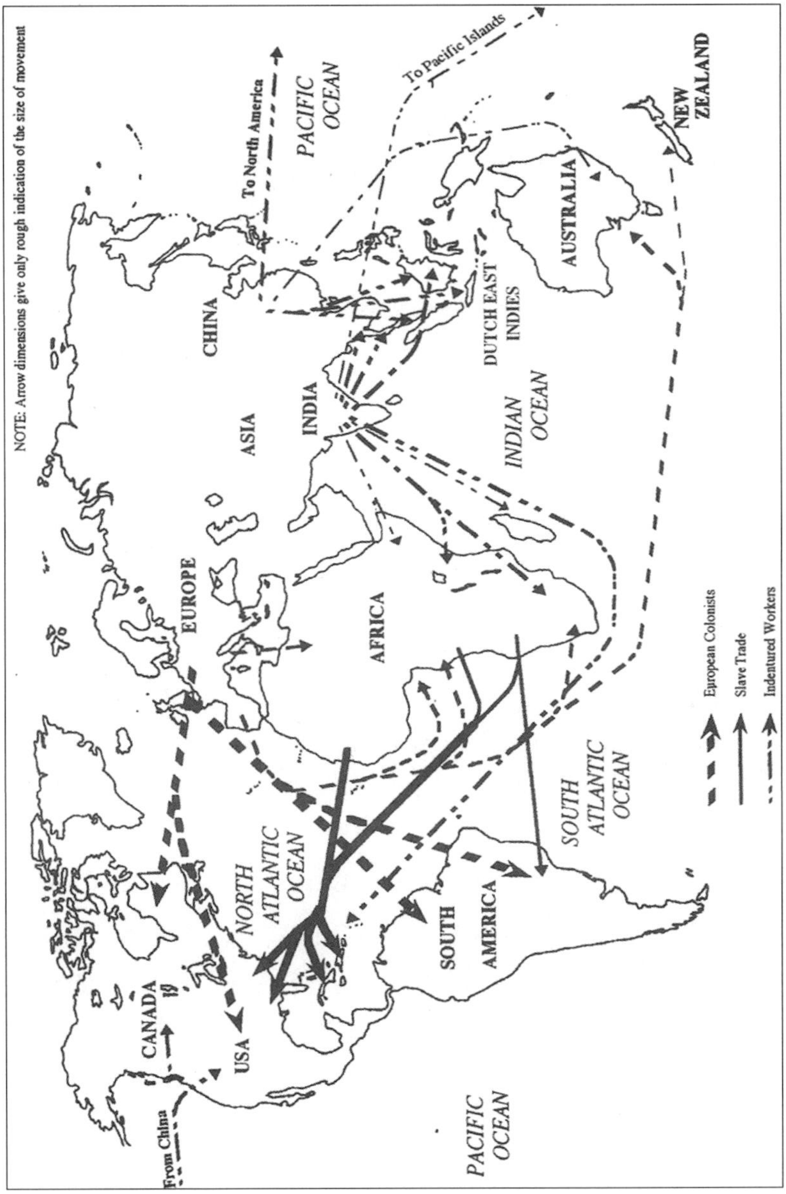

[그림 1-2] 17~19세기 식민화에 따른 국제이주의 주요 흐름
(Castles & Miller, 1998: 54)

19세기 말에서 20세기 초에 이르는 시기 국제이주의 주인공은 더 나은 삶을 찾아 대양을 가로질러 이주한 유럽인들이었다. 이 이주는 근대화, 산업화가 먼저 시작되어 노동력이 풍부했던 유럽 지역에서 미국, 캐나다, 호주, 아르헨티나 등 땅이 풍부했던 지역으로의 이주였다(Hatton and Williamson, 1994). 1846년에서 1939년까지의 기간 동안 5,000만 명 이상의 유럽인들이 조국을 떠났다. 이들의 주된 목적지는 미국이었고(38백만) 캐나다(7백만), 아르헨티나(7백만), 브라질(460만), 오스트레일리아, 뉴질랜드, 남아프리카(250만)가 그 뒤를 이었다. 한편 이 기간 동안 유럽 내부에서도 막대한 수의 사람들이 고향을 떠나 다른 지역으로 이주했다. 많은 수의 아일랜드인들이 미국, 호주 등으로 떠났지만 70만 명 정도는 가까운 영국, 웨일즈, 스코틀랜드로 이주했다. 1875년에서 1914년 사이의 기간 동안 유대인들은 러시아에서의 박해를 피해 영국으로 이주했다. 폴란드와 우크라이나 사람들은 독일로 이주해 농업노동자로 일하였다. 이들은 더 나은 조건을 찾아 루르 공업지대로 떠난 독일인들이 남겨놓은 농촌의 일자리를 메웠던 것이다(http://www.iom.int/jahia/Jahia/about-migration/migration-management-foundations/migration-history/migration-in-history, 2010년 3월 14일 검색).

서유럽으로의 이민은 20세기 후반부에 시작되었다. 그러나 1970년대까지 서유럽 국가들로의 국제이주는 대부분 서유럽국가들 사이에서 이루어졌다. 이탈리아, 스페인, 포르투갈, 그리스 등 상대적으로 노동력에 여유가 있었던 남유럽 국가들에서 노동자들이 독일, 프랑스, 벨기에, 네덜란드, 스웨덴 등 자본은 풍부하지만 노동력이 부족했던 북유럽, 서유럽 국가들로 이민을 떠났던 것이다. 남유럽 국가들의 산업화와 그로 인한 자본의 증대, 노동력의 부족은 이들 국가 역시 노동력 수입국으로 만들었다. 주로 중동, 북아프리카 지역에서 노동이민이 들어오기 시작한 것이다.

이러한 유럽 국가들로의 이주 현상은 이 지역이 토지가 풍부한 지

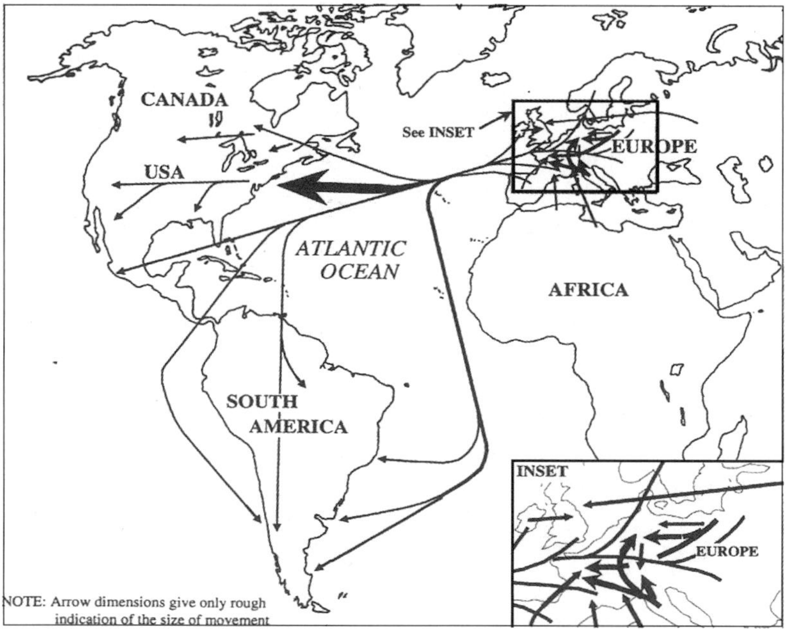

[그림 1-3] 산업화와 연관된 노동이민의 흐름: 1850~1920
(Castles & Miller, op.cit.: 59)

역이 아니라는 점에서 인류 역사상 초유의 현상이었다. 또한 이민을 받아들인 경험이 부족했고 외국인들의 영구 정착을 인정할 준비가 되어 있지 않았던 유럽 국가들은 당시 손님노동자(gastarbeiter, guestworker)로 불리었던 일시적인 이민을 받아들이게 된다. 이들은 자신들이 고향을 떠나게 만들었던 경제적인 문제가 해결되면 돌아가게 될 것으로 여겨졌다. 그러나 이민 수입국의 기대와 달리 많은 사람들이 유럽 사회에의 영구 정착을 원하게 되었다. 그러면서 고국에 있던 가족들이 합류할 수 있게 해달라는 요구도 제기되었다. 그래서 유럽의 경우 1970년대가 되면 전후 받아들였던 노동이민을 더 이상 받아들이지 않게 되었음에도 불구하고 가족 합류로 인해 외국인의 비율은 지속적으로 늘어갔다.

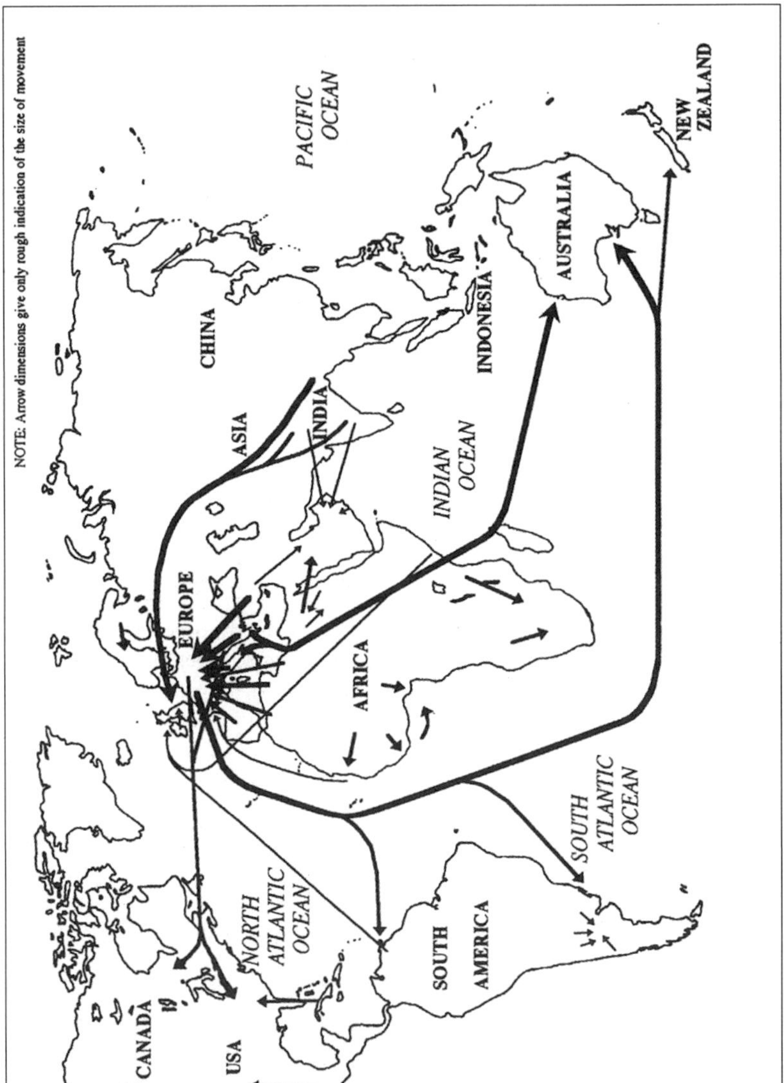

[그림 1-4] 제2차 세계대전 종전 이후 국제이주의 흐름: 1945~1973
(Castles & Miller, op.cit.: 70)

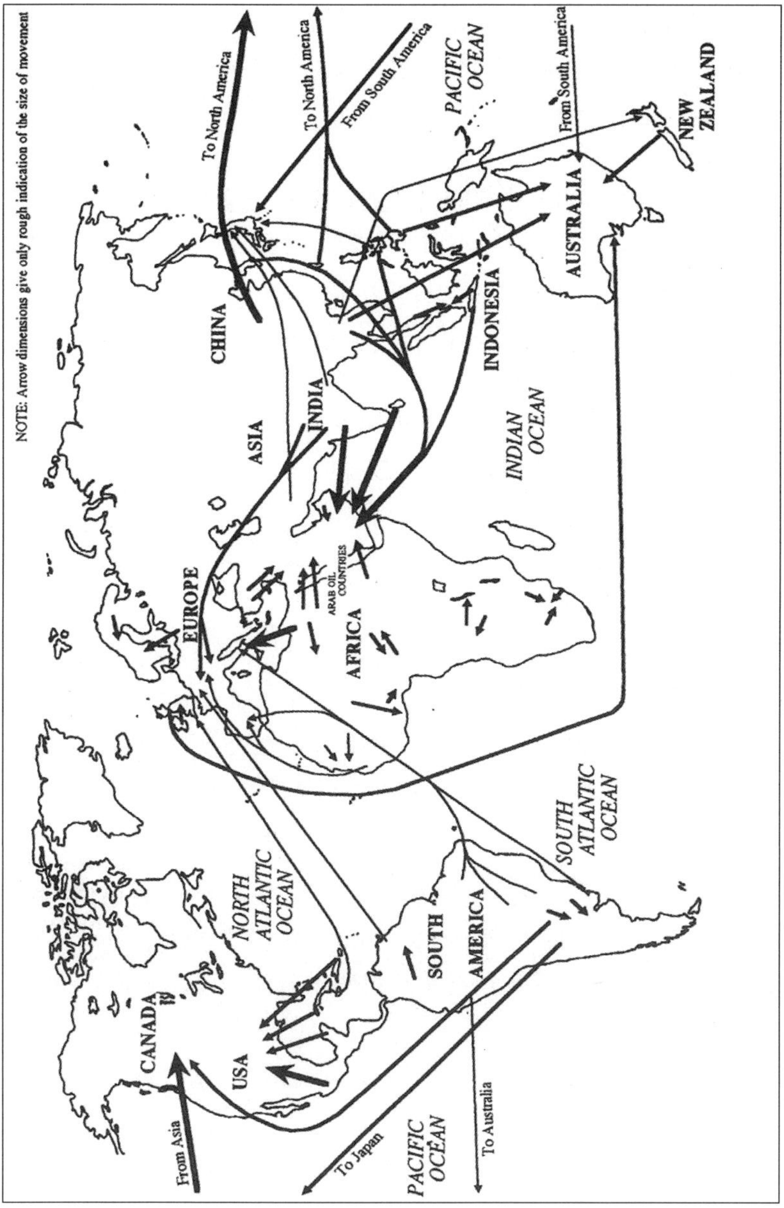

[그림 1-5] 1973년 이후 국제이주의 주요 흐름
(Castles & Miller, op.cit.: 6)

유럽으로의 이민은 순차적으로 노동이민, 가족이민, 난민의 형태를 띠었다. 유럽이민을 네 시기로 구분해 보면 다음과 같이 요약될 수 있다(Stalker, 2002).

① 1940년대 후반에서 50년대 초반의 대량 난민시대

이는 제2차 세계대전 종전 이후 1500만의 인구이동 그리고 국경변경, 특히 독일, 폴란드, 체코슬로바키아간의 국경조정이 초래한 이민이었다. 즉 전쟁에 기인한 이주 현상이었다.

② 1950년대 초반에서 1973년까지의 시기

유럽의 재건과 고도성장이 낳은 노동력 부족을 해결하기 위해 이민이 받아들여졌다.

③ 1974년에서 1980년대 중반 노동이민의 금지

1960년대 말, 특히 1973년 유가폭등에 따른 불황으로 노동이민을 더 이상 받지 않게 되었다. 이러면서 이미 입국해 있는 노동자들의 귀환을 원했지만 이들은 영구정착을 원해 계속 남아 있게 된다. 결국 이들 가족이 합류하기 위해 이민을 오는 의도하지 않은 결과를 낳았다.

이 시기 이후 지금까지 프랑스는 영국이나 독일 등과 마찬가지로 가족합류 이민이 대다수를 차지하는 이민 형태를 보이고 있다. 다시 말해 망명이나 노동이민은 전체 이민 중 극히 적은 비율만을 차지하고 있는 것이다. 입국동기에 따른 1년 이상 장기체류 이민자 분포(2004년)를 보면 가족합류 이민 76.9%, 망명 8.4%, 노동이민 5.3%의 구성을 보이고 있다(Office des migrations internationales, 2004: 14).

한편 다른 주요 이민 수용국들이 외국인의 입국을 받아들이지 않는 가운데 그리스, 포르투갈, 스페인 등 남유럽국가들이 경제가 성장하는 상황에서 이민자들이 선호하는 지역이 되었다. 물론 이러한 상황은 최근 이 국가들의 심각한 경제위기로 변화를 겪게 된다.

④ 1980년대 중반에서 2000년대 초반

동구권 붕괴와 탈냉전의 상황에서 동유럽인들이 서유럽으로 몰려들게 되었다. 그러나 노동이민이 금지된 상황에서 이들 동유럽인들 그리고 아시아, 아프리카인들의 이주는 주로 망명신청의 형태를 띠게 되었다. 그러나 망명신청자의 수가 늘어남에 따라 서유럽 정부들은 망명의 문을 좁히게 되었고 합법적인 망명이 어려웠던 상황에서 그들은 불법입국의 길을 선택하게 되었다.

최근 유럽연합으로의 이민에서 확인할 수 있는 주된 양상은 회원국 수의 증가로 인해 회원국들 간의 이동이 활발해졌다는 점이다. 폴란드, 발트해 연안 국가들, 체코, 슬로바키아, 헝가리, 불가리아, 루마니아 등 신규 가입국으로부터 임금이 높은 서유럽 회원 국가로의 이동이 용이해짐에 따라 이주민의 숫자가 급증했다. 물론 대부분 언어문제 등으로 인해 양질의 일자리를 얻지는 못한다. 이들은 주로 건설, 식품, 호텔, 레스토랑 등의 분야에 진출한다. 이와 반대로 유럽연합 이외의 지역으로부터 오는 이민자들은 일반적으로 숙련노동자가 되거나 전문직에 종사한다. 왜냐하면 이들 지역으로부터는 기업의 요구와 정부의 허가를 통해 선택받은 소수만이 이민을 올 수 있기 때문이다. 그리고 이들은 입국 이전에 일자리를 정하게 된다(OECD 국제이주 전문가 조르주 르메트르〈Georges Lemaitre〉의 인터뷰 내용, http://www.oecd.org/document/6/0,3343,en_2649_33931_44638406_1_1_1_1,00.html).

자료 1-3. 프랑스에서의 이민의 역사와 이민문제의 탄생

80년대에 들어 유럽국가들에서는 이민문제가 부상하였고 실업문제와 함께 주된 사회문제가 되었다. 그런데 이 이민문제, 이민에 관한 사회의 논의는 특히 이민 2세 문제를 중심으로 전개되었다. 독일의 터키인들, 프랑스와 벨기에의 북아프리카 아랍인들, 영국의 카리브해 지역 출신과 남아시아인 2세들이 그들이다. 이민문제는 가까운 타자에 집중되는 경향이 있다. 실제 차별, 불평등은 먼 타자, 최근 이민들에서 더 심하지만, 인종주의, 이민문제의 핵심집단은 가까운 타자인 경우가 대부분이다. 프랑스의 경우 이민문제의 탄생은 1970년대 초반 유럽 전반에 걸쳐 나타난 노동이민의 원칙적 금지와 자유왕래의 금지(프랑스의 경우에는 1974년)로 이민이 영구화된 사람들이 경험한 낮은 사회경제적 지위, 미약한 정치적 대표성, 80년대 이래의 인종차별의 분위기에서 비롯되었다.

프랑스가 이민의 나라가 된 것은 불과 1세기 전부터이다. 1860년대 당시 알제리뿐 아니라 남미에서도 식민화를 적극 추진할 때에도 프랑스는 이민을 받아들이기보다는 구대륙의 식민지나 신대륙으로 이민을 떠나는 나라였다. 1880년대 중반이 되자 상황이 달라지기 시작했다. 1886년 프랑스에 있는 외국인의 숫자가 1,127,000명으로 전체 인구의 3%가 되었다. 이러한 변화의 가장 중요한 요인은 19세기 말 프랑스의 인구문제였다. 즉 근대화 과정에서 주변국들의 인구는 급속히 증가해 3배 가까이 늘어난 나라들도 있었는데 반해 프랑스 인구는 거의 늘지 않았고 그에 따라 농촌이든 도시든 일손이 부족해졌던 것이다. 바로 그것이 19세기 말, 20세기 초 이탈리아, 스페인, 벨기에 등 주변국들로부터의 이민물결의 배경이었다. 이 추세는 계속되어 경제위기 직전인 1931년에는 미국(6.3%)보다 전체 인구 중 외국인의 비율이 높아지게 된다. 이러한 추세는 이후에도 지속되어 1974년 7월 3일 새로운 노동이민의 입국을 금지하고 난 다음 해인 1975년 당시 프랑스의 이민자 수를 보면 포르투갈인 758,000명, 알제리인 710,000명, 스페인인 497,000명, 이탈리아인 462,000명, 모로코인 260,000명, 튀니지인 139,000명 등 모두 3,442,000명의 외국인이 거주하고 있었다. 이는 프랑스 전체 인구의 6.2%에 해당하는 것이었다(Weil, 2005: 16).

이후 전체 외국인의 비율은 6% 전후, 즉 300만 명 대에서 큰 변화가 없었다. 그러나 출신국가 구성에 변화가 나타났다. 즉 70년대 이후 민주화와 경제성장을 경험한 이탈리아, 스페인 등 남유럽으로부터의 이민이 줄어드는 변화가 있었고 그것이 상대적으로 북아프리카 출신 이민자들의 존재가 더욱 두드러지게 하는 효과를 가져왔다. 출신지역을 유럽연합과 그 이외의 지역으로 구분해 볼 때 유럽연합에 속하지 않은 유럽국가(주로 동유럽국가)를 포함해 유럽 이외 지역 출신자들의 비율이 늘고 있는 경향을 보이는데 이것은 이 표에는 나타나 있지 않지만 최근에 늘어난 인도, 중국, 동유럽 출신

이민에 기인한 것이다. 프랑스 사회에서 아직 이 〈새로운 이민들〉의 문제는 부각되고 있지 않지만 마치 1950, 60년대 당시로서는 '새로운 이민'이었던 북아프리카 출신자들이 한 세대 후 이민문제의 주역이 되었듯이 시간이 흐름에 따라 이들의 문제도 본격화될 것이다.

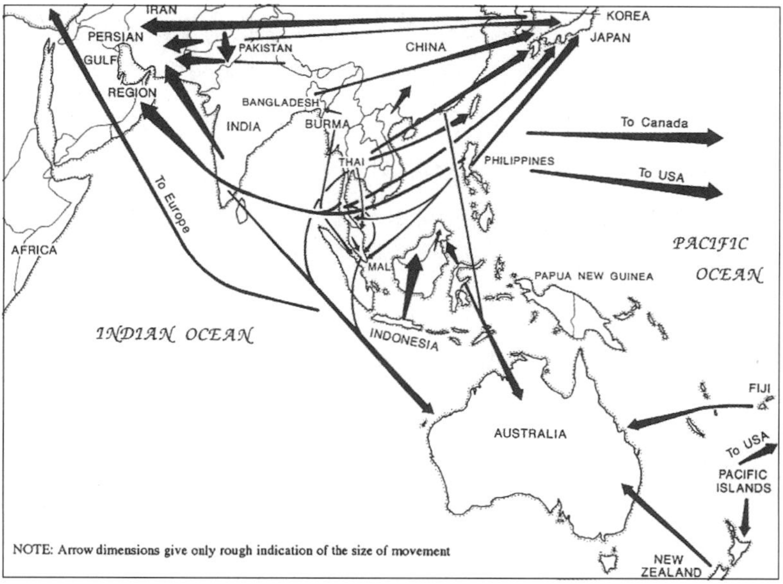

[그림 1-6] 아시아태평양 지역에서의 국제이주: 1970~2000
(Castles & Miller, op.cit.: 156)

1973년 오일쇼크는 유럽의 뒤를 이어 걸프만 국가들이 이민을 받아들이게 만들었다. 유럽의 경우와 마찬가지로 '일시적인' 노동이민을 받아들였고 주로 중동의 비산유국들과 아시아의 개발도상국에서 이민이 들어왔다. 1980년대가 되면서 아시아 국가들도 이민을 받아들이는 지역의 대열에 동참하게 된다. 일본 그리고 한국, 대만, 홍콩, 싱가포르 등 소위 '네 마리 용' 그리고 보다 최근에는 태국, 말레이시아도 자본은 풍부하고 노동력은 부족해짐에 따라 외국으로부터 노동자들을 수입하게 되었다. 유럽, 미국 등과 달리 동아시아의 경우에는 재중동포나 화교 등 이미 오래전에 이주한 종족집단을 제외하면 소수민족이 집중되어 있는 광범위한 집단거주지는 거의 존재하지 않는다. 최근의 경우에도 동아시아 국가들로의 이민은 다른 지역에 비해 더 철저하게 통제되어 있다. 대부분 국가간의 공식적인 협약에 입각해 이주만이 허용된다(Magniadas, 2007: 41-42). 물론 북미, 유럽, 일본과 같은 보다 발전된 지역으로의 전통적인 이민도 완전히 사라지지는 않았다. 그렇지만 전통적으로 이민을 많이 받아들였던 국가들 역시 1960년대부터 유입되는 이민의 양상이 변하였다. 특히 이 국가들로 이민을 보내는 지역이 유럽으로부터 아시아나 라틴아메리카로 변화한 점이 주목할 만하다(Massey et al., 2009: 4-7).

2000년대 국제이주의 양상을 몇몇 통계자료를 통해 살펴보자. 우선 전통적인 이민의 나라와 최근 이주대상으로 각광받게 된 나라들이 있다. 호주, 캐나다, 뉴질랜드, 미국 등이 전자의 대표적인 사례이다. 이 나라들은 이민자들이 수적으로 다수이고 동시에 주류사회를 형성한 경우이다. 이들 사회의 형성과정은 멸종에 가까운 토착민의 쇠퇴과정을 동반한 것이었다. 후자, 즉 신흥 이주대상 국가로는 아일랜드, 이탈리아, 노르웨이, 포르투갈 등이 있다. 그러나 이 중 아일랜드나 포르투갈은 최근의 경제위기로 매력이 감소되고 있다(http://www.iom.int/jahia/Jahia/about-migration/facts-and-figures/labour-migration-and-demographics, 국제이주기구 홈페이지 자료, 2010년 3월 11일 검색).

대륙별 국제이주민의 비율을 보면 오세아니아와 북미 등 전통적인 이민국가에서 국제이주 출신자들의 비율이 높고 유럽으로도 많은 이주가 이루어졌음을 알 수 있다.

〈표 1-1〉 대륙별 국제이주 현황(2010년)

대륙명	국제이주민(백만 명)	인구 대비 국제이주민의 비율
유럽	69.8	9.5
아시아	61.3	1.5
북미	50.0	14.2
아프리카	19.3	1.9
중남미	7.5	1.3
오세아니아	6.0	16.8

〈표 1-2〉 이주민을 가장 많이 받아들인 국가(2010년)

국가명	국제이주(백만 명)
미국	42.8
러시아	12.3
독일	10.8
사우디아라비아	7.3
캐나다	7.2
프랑스	6.7
영국	6.5
스페인	6.4
인도	5.4
우크라이나	5.3

출처: http://www.iom.int/jahia/Jahia/about-migration/facts-and-figures/regional-and-country-figures, 국제이주기구 홈페이지 자료, 2010년 3월 11일 검색

국가별로 보면 미국이 국제이주민을 가장 많이 받아들인 국가이다. 〈표 1-2〉에 있는 국가들 중에는 미국, 캐나다와 같이 최근 한국인들이 이주 대상 국가로 선호하는 국가가 있는가 하면 우리에게는 낯선 나라들도 찾아볼 수 있다. 후자의 경우는 이 나라들과 역사적, 지리적으로 가까운 관계에 있는 지역에서 선호한다고 볼 수 있다. 토박이보다 외국인의 수가 많은 산유국 사우디아라비아나 동유럽에 가장 가까

운 경제대국으로서의 독일 그리고 구 소련 붕괴에 따른 민족의 이합집산 현상 등에 의해 이주민의 수가 늘어난 우크라이나 등이 그러한 경우라고 할 수 있다.

국제이주민의 수는 작지만 인구 대비 비율이 높은 나라들에는 안도라, 마카오, 괌, 바티칸 공국, 모나코, 카타르, 아랍에미리트 등이 있다. 이들 국가들은 인구의 60% 이상이 국제이주민들로 구성되어 있다. 이 국가들은 도시국가이거나 산유국이라는 공통점이 있다. 전자의 경우는 도시에 다양한 농촌지역 사람들이 이주하듯이 다양한 국가의 사람들이 이주해 국제적이고 다원적인 사회를 형성한 경우이다. 역으로 국제이주를 많이 떠나는 나라들은 중국, 인도, 필리핀 등이다.

〈표 1-3〉 국제이민을 많이 떠나는 나라

국가	디아스포라 인구(백만 명)
중국	35.0
인도	20.0
필리핀	7.0

출처: http://www.iom.int/jahia/Jahia/about-migration/facts-and-figures/regional-and-country-figures, 국제이주기구 홈페이지 자료, 2010년 3월 11일 검색

3. 국제이주에 관한 이론

메시나와 라하브에 따르면 국제이주에 관한 이론은 국제이주 운동이 어떻게 발생하게 되었는지를 설명하는 이론과 이러한 국제이주 현상이 지속되는 원인이 무엇인지를 다루는 이론으로 구분해 볼 수 있다(Messina & Lahav, 2006: 35; 43).

① 국제이주를 초기에 발생시키는 요인에 관한 이론들

먼저 신고전주의 경제학이론에서는 국가들 간의 임금 및 고용 조건의 차이 그리고 이주에 드는 비용에 초점을 맞추어 설명한다. 이 이론에서는 이주를 수입 극대화를 위한 개인적인 결정으로 간주한다. 이와 반대로 소위 '신경제학 이주이론'(new economics of migration)은 노동시장에서의 조건만이 아니라 다양한 종류의 시장에서의 조건을 고려한다. 이 이론은 이주를 가족의 수입에 대해 가해지는 위험을 최소화하기 위해 또는 가족의 경제활동에 있어서의 자본 압박을 극복하기 위해 취해지는 가족 차원의 결정으로 간주한다.

배출-흡입이론(push and pull theory)은 빈곤이라는 방출요소와 노동력 부족이라는 유인요소로 이주를 설명하고 있다. 이 이론이 언급하는 요인들은 구조적 성격의 요인들이다. 밀어내는 힘으로는 인구 과밀, 경지 부족, 성차별 등의 요인을, 끌어당기는 힘으로는 인구 감소, 경작인구 부족, 가사노동 인력에 대한 소유 등을 들고 있다(스토커, 2004).

이중노동시장이론(dual labor market approach)과 세계체제론(world system theory)은 이러한 미시적 차원의 이주 결정 과정에 무관심하다. 전자가 국제이주를 현대경제의 구조적 요구와 연계시킨다면 후자는 이를 경제적 세계화와 시장개방의 자연스런 결과로 해석한다. 전자에 따르면 국제적인 노동력의 이동은 송출국의 저임금·고실업률과 같은 배출요인에 의해서라기보다는 노동시장이 '1차 노동시장'과 '2차 노동시장'으로 분절된 발전된 국가의 노동시장 구조에 기인하는 현상이다. 즉 저발전국 출신 노동자는 임금이 낮고 이직률이 높으며 파트타임 일자리와 임시직이 많고 기술습득 가능성이 적은 2차 노동시장(secondary labor market)으로 편입되는 경향이 있다는 것이다(Pedace, 2006). 게다가 초기에 2차 노동시장에 편입되면 향후 양질의 1차 노동시장으로 진출하기가 매우 어려운 구조적인 장벽이 존재한다. 국제이주민들이 산업화 초기 2차 노동시장을 담당했던 여성과 아동을 대체한 것이다.

세계체제론은 '상대적 과잉인구이론'의 연장선상에서 자본주의 발전을 국제노동력이동의 원동력으로 파악한다. 이 이론은 16세기 자본주의 세계경제 성립 이후 발전·확대되어 온 세계시장의 구조가 국제노동력이동을 발생시킨 근본원인이라고 본다. 이 이론에 따르면 국제노동력이동은 저발전국가의 지역간 불균등발전에 대한 대응이면서, 동시에 이러한 구조를 유지·강화시킨다(설동훈, 2000: 19-21).

② 국제이주 현상을 지속시키는 원인에 관한 이론

이민의 배경에는 다양한 원인이 존재한다. 개인적인 수입향상의 욕구, 가구 수입과 관련된 위험을 분산시키기 위한 시도, 저임금노동자에 대한 고용주의 요구를 만족시키기 위한 채용 프로그램, 주변부 경제에 대한 시장개방의 부산물로서 농민들의 국제이주 등이 그것이다. 물론 이러한 원인들이 특정 이주 현상에 복합적으로 작용하는 경우도 있을 것이다. 그러나 국제이주를 장기적으로 유지시키는 조건은 이를 촉발시키는 조건과 매우 다를 수 있다.

국가 간 임금격차, 상대적 위험, 채용 노력, 시장개방 등과 같은 요인들이 인간의 이동을 야기하는 지속적인 요인으로 작용하긴 하지만 이주과정에서 발생하는 새로운 조건들이 이주 현상을 지속시키는 요인으로 작용하게 된다. 이주민들의 네트워크 확산, 초국적 이동의 활성화를 촉진시키는 제도적 요인, 이민 수용국에서의 노동 변화가 가져오는 사회적 효과들이 그 대표적인 예이다(Messina & Lahav, op.cit.: 43).

사회적 연결망이론에 따르면 국제노동력이동이 지속됨에 따라 이주노동자들이 연결망을 결성하고, 이 연결망은 이동비용과 위험을 낮추고 기대순이익을 증가시키므로, 재차 국제노동력이동의 가능성을 증가시키는 효과를 발휘한다(ibid.: 31-32).

조직결성이론은 국제이주를 용이하게 해 주는 매개조직들의 역할을 강조한다. 일단 국제노동력이동이 시작되면 한층 더 많은 사람들이 해외취업을 원하게 되는 반면, 유입국 정부는 비자발급을 엄격히 함으로써 입국규제를 강화하려고 한다. 유입국 정부의 외국인 노동자 입국규제가 강화되면 노동자들의 해외취업수요를 충족시키기 위하여 취업 브로커와 인력충원조직들이 생겨난다. 이처럼 국제노동력이동의 암시장이 발생하면 외국인 노동자의 인권침해사례가 빈발하게 되고, 그들의 인권보장을 위한 각종 비영리 사회단체가 결성된다(ibid.: 35).

그런데 국제이주 양상이 과거와 큰 차이를 보이고 이에 영향을 미치는 요인이 매우 다양해짐에 따라 기존 이론의 설명력이 크게 떨어졌다. 예를 들어 국제이주민들은 더 이상 기계적으로 임금이나 노동조건의 차이만으로 이주를 결정하지 않게 되었다. 이주를 결정하게 된 배경 및 동기가 보다 다양해진 것이다. 이러한 배경에서 국제이주에 관한 이론은 이주를 결정하게 되는 과정에 대해 보다 관심을 기울이게 되었다. 새로운 환경에서 이주민들이 겪게 되는 일들이 중요하게 다루어졌다. 새로운 사회에의 적응이 일방적인 과정이 아니라 상호작용의 측면에서 다루어졌고 이민 정책이 이들의 삶에 미치는 영향, 이민 2세들이 겪는 또 다른 차원의 문제들이 조명되었다. 연구방법에서도 통계자료에 의존하는 연구에서 가구 대상 설문조사, 생애사, 소수민족 커뮤니티 심층조사 등을 사용하는 연구로의 변화가 나타났다(Massey et al., 2009: 15).

4. 이주 및 이주민의 유형

이주과정의 특징에 따라 이주의 형태를 구분해 볼 수 있다. 공간적 차원에서 국내이주와 국제이주로, 시간적 차원에서 계절노동자와 같은 일시적 이주에서 영구적 이주로, 이주의 자발성 여부에 따라 자발적 이주와 강제이주로, 이주의 규모에 따라 개별이주, 단체이주, 대량이주로 나누는 것이다(정재각, 2010: 49-50).

〈표 1-4〉 이주의 유형

분류기준	이주의 유형
공간	국내이주(internal migration)
	국제이주(international migration)
시간	일시적 이주(temporary migration) 예: 단기계약근로자(temporary contract worker), 계절노동자(seasonal worker), 순환이주 노동자(circular migrant worker))
	영구적 이주(permanent migration)
이주형태	자발적 이주(voluntary migration) 예: 이주 노동자, 결혼이민자, 교육이민자, 은퇴이민자
	비자발적/강제이주(involuntary/forced migration) 예: 노예제(slavery), 계약노동(indentured labour), 비호신청자/난민(asylum seeker/refugee), 국내유민(internally displaced person), 인신매매(human trafficking))
이주규모	개인이주(individual migration)
	대량 · 집단이주(mass/collective migration)

출처: 정재각, 2010: 49-50

위의 구분과 일부 중첩되는 측면이 있지만 이주민들의 특성에 따른 유형화도 많이 사용된다. 스토커에 따르면 이주민 집단은 다음 5가지 유형으로 구분할 수 있다.

① 숙련노동자, 가족합류이민, 투자이민과 같이 체류기간이 한정되어 있지 않거나 영구 정착을 위해 이주한 정착민(settler)

② 특정 기간 특정 업무를 수행하기 위해 이주한 계약노동자(contract worker)

③ 이민수입국에 해당 업무에 적합한 사람이 부족할 경우 초청하는 전문직 종사자(professional)

④ 밀입국자나 체류기간을 초과해 머물게 된 미등록 노동자(undocumented worker)

⑤ 인종, 종교, 국적, 특정 사회집단에의 소속, 정치적 견해 등의 이유로 박해받을 가능성이 크다고 판단되는 난민 및 망명신청자(refugee and asylum seeker)(스토커, 2004: 15-18)

5. '새로운 이민'과 다문화주의

1) 이민 수요의 폭증과 폐쇄적이고 선별적인 출입국정책

> "이민자들이 많이 거주하는 낙후된 도시지역에서의 갈등, 유럽과 아프리카를 이어주는 모로코-스페인 국경지대, 북미와 중남미의 경계선에 있는 미국-멕시코 국경, 서유럽과 동유럽 사이에 위치한 아드리아해 등에서 전개되는 생명을 건 중심부 세계 진입의 시도들, 불법체류자들의 시위, 유럽의 이슬람단체들, 항상 수용능력을 초과하는 외국인보호소, 소수민족 청년들의 낮은 학업성취도, 식민지 시대의 유산, 외국인 노동자에 대한 수요"(Bernard, 2002: 11).

이것은 이민과 관련된 최근의 주요 이슈들의 목록이며 그 자체로 현 세계 이민문제의 현황을 잘 보여 준다. 우선 세계화시대 이민의 외형적인 특징 중 하나는 과거에 비해 수적으로 크게 늘어났다는 점이다. 1965~1975년, 당시 국제이주는 매년 1.16%씩 증가했고 이는 당시 전 세계 인구증가율 2.04%에 못 미치는 것이었다. 그러나 1985~1990년 사이 세계의 인구증가율은 1.7%로 줄어든데 반해 국제이주는 해마다 2.59%씩 늘어났다. 그 결과 1965년 7,500만 정도에서 2000년에는 1억

5,500만 명 정도로 이민의 수가 증가한 것이다(스타커, 2003). 1980년대부터 본격화된 이 경향은 현재 이민의 대국인 독일, 캐나다, 미국, 일본 등지에서 1992~1993년에 절정을 이루었다. 그 주된 배경을 보면 1990년대 초반 동유럽 지역이 자본주의 세계에 문을 열었고 이것이 인구와 경제의 측면에서 동유럽과 중심부 국가들 간의 격차가 큰 상황에서 대량이민을 초래한 것이다. 당시 독일은 1992년 120만 명의 이민을 받아들임으로써 사상 최고의 기록을 보였었다(Bernard, 2002: 21-22). 그러다가 솅겐조약 이후 유럽연합 공통의 이민정책 노선에 따르기 위해 헌법개정을 하게 되어 2003년에는 난민신청이 1984년 이후 가장 낮은 5만 명 선에 그치는 변동을 겪었다(Weil, 2005: 28-30).

그러나 1970년대 이후에 이루어진 몇몇 국가들의 뒤늦은 독립, 소련의 해체와 다수의 신생국가 출현, 지역분쟁과 같은 요인에 따라 세계의 국가 수가 크게 늘었다는 점을 고려하면 위의 자료가 그대로 국제이주의 증가를 보여 주는 것은 아니다. 소련이 해체되고 다수의 독립국가가 탄생한 것만으로도 4,500만 명의 '외국인'을 탄생시키는 효과를 나타낸 것이다. 또한 인구의 국제적 이동은 늘었지만 누적인구(stocks)는 크게 늘지 않은 점도 고려해야 한다. 2010년 현재 외국인(foreigner)과 외국 태생인 거주민(foreign-born)을 포함한 숫자가 전 세계 인구의 3%인 1억 5,000만 명에 불과하다. 역사적으로 보더라도 수치 자체가 최근에 급격하게 커진 것은 아니다.

국제이주가 활발해졌음에도 불구하고 전체 인구 대비 체류 외국인의 비율이 크게 늘지 않은 배경 중 하나는 이러한 막대한 인구이동이 이민 수용국의 경제불황기에 나타났다는 점이다. 이러한 맥락에서 부국들은 이민을 규제하는 조치들을 심화시켰고 그 결과 불법이민 현상, 인종주의와 같은 문제들이 심각해지고 있다. 즉 아프리카인들의 강제이주가 서구사회 발전의 중요한 토대가 되었던 자본주의 초기와 달리 최근의 국제이주는 "새로운 세계화 과정과 유리되어 있는 것이다"(OECD,

2000). 즉 사람의 이동은 세계화로 인해 활발해진 자본의 이동과 달리 자유롭지 못한 것이다. 이러한 맥락에서 혹자는 현 세계의 핵심적인 문제들이 자본은 갈수록 규제 없이 자유롭게 이동하는데 노동은 오히려 반대의 양상을 띠는 모순에 따른 것이라고 설명한다. 그리고 이것이 현 세계화가 과거의 세계화 또는 국제화와 다른, 주된 특징으로 간주된다.

2) 불법이민의 일상화

제3세계 또는 빈국 사람들은 유럽연합 회원국들의 경우처럼 부국 간에는 왕래의 자유가 증대되어 이 자유를 인권의 하나로 여기는 반면, 빈국에 대해서는 철저히 장벽을 치는 모순을 쉽게 이해할 수 없다. 불법이민 현상은 시장개방과 신자유주의 구조조정에 의해 생존권을 위협받는 자신들을 고려하지 않는 현실에 대한 자연스러운 대응으로 간주된다. 목숨을 건 불법이민은 이제 생존을 위한 정당하고 정상적인 행위가 된 것이다. 한편 이민에 대한 선진국들의 장벽에 대응하는 소극적인 방법은 빈국 간 이주이다. 실제로 일반적인 인식과 달리 대부분의 이민은 제3세계에 속한 국가들 간에 이루어지고 있다. 특히 세계화 시대의 가장 큰 피해자인 아프리카인들은 1970년대 이래 지속되어 온 전쟁과 기아 그리고 질병으로 인해 다른 지역으로 이주할 필요성이 가장 큼에도 불구하고 역설적으로 가장 환대받지 못함에 따라 상황이 크게 다르지 않은 가까운 이웃 나라로의 이주를 선택할 수밖에 없다. 결국 능력이 있거나 운 좋은 소수의 이주민만이 발전국에 거주할 수 있게 되는 것이다.

그렇지 못한 사람들 중 상당수가 매년 생존을 위해 필사적으로 국경을 넘다가 희생되고 있다. 2000년 6월 58명의 중국인이 벨기에로부터 영국으로 불법이주 도중 화물칸에서 질식사했고, 2001년 2월에는 시리아에 거주하던 쿠르드인을 비롯한 불법이주자들을 태운 선박이 침몰해 806명이 죽었다. 지브롤터 해협에서 알바니아까지 1993년에서 2000년 사이 유럽연합의 경계지역에서 모두 2,000명의 불법이주자들이 사망했다(http://www.united.non-profit.nl/). 미국과 멕시코의 국경에서도 그간 수백 명이 희생되었다.

한편 이러한 상황에서 국경을 넘는 일을 도와주거나 가짜 신분증을 만들어주는 등의 불법이주 관련 사업이 번성했다. 예를 들어 멕시코에서 캘리포니아로 데려다주는 가격이 1,000달러 정도에 이른다. 아프리카인이 지브롤터 해협이나 동유럽 방면 국경을 넘어 유럽연합 내부로 들어오는 일을 도와주는 가격은 500달러 정도이다. 중국이나 동남아에서 미국이나 유럽으로 오는 데 드는 비용은 2만에서 6만 달러에 이른다. 국제노동기구 보고서에 따르면 불법이주와 관련된 산업의 매출액은 한 해에 50~70억 달러에 이르며 주로 중국, 터키, 알바니아 마피아들이 이 분야를 장악하고 있다. 이러한 루트를 통해 2000년에 유럽연합에 불법으로 들어온 사람들의 숫자는 50만 명으로 추산된다(스타커, 2003).

한국 이민문제의 핵심 중 하나인 불법체류자 문제 역시 한국 사회의 후진성이나 반인권적인 출입국정책과 외국인정책이 내포하고 있는 반인권적 요소에 기인하는 것임과 동시에 이러한 전 지구적이고 구조적인 현상의 한 부분인 것이다. 한국의 불법체류자 문제는 노동권을 침해하는 고용허가제의 산물이라는 점에서 특정인에 국한된 범법행위이기보다는 누구에게나 해당될 수 있는 구조적 현상인 것이다. 이주민 관련 전문가의 다음과 같은 말은 이러한 문제점을 잘 지적하고 있다. "3년 동안 일해야 겨우 '브로커' 비용을 갚는데, 손에 쥔 것도 없고, 다시 돌아온다는 보장도 없는 상황에서 어떤 이주 노동자가 자진 출국하겠느냐"(유성환 안산이주민센터 사무국장, 『한겨레신문』 2007년 2월 15일자 인터뷰 내용 중). 한 연구에 따르면 한국으로의 평균 총 이주비용을 보면 중국 조선족이 5,431$, 중국 한족이 4,239$, 베트남이 2,640$, 필리핀이 2,462$, 인도네시아가 1,565$이었다. 그리고 출신국가별로 이주비용 중 빚이 차지하는 비중을 보면 중국 조선족이 65.5%, 중국 한족이 60.6%, 베트남은 62.3%, 필리핀은 75.0%, 인도네시아는 46.6%였다(석현호 · 이혜경, 2003: 87-88). 출신국가별 이주비용을 고려하면 이들이 갚아야 할 빚의 정도를 짐작할 수 있다.

단속을 피하고 높은 이윤을 획득하기 위해 이루어지는 대량 · 속성 결혼중개 시스템 역시 불법적이고 반인권적인 현상이다. 1건당 1,000만 원이 넘는 돈이 오가는 상업화된 국제결혼은 이미 되돌리기 어려운 우리 사회의 하나의 현상이 됐다(『한겨레신문』 2007년 2월 2일자). 2006년 맞선 과정의 비인격적인 행위가 큰 문제가 된 후 베트남 정부는 2006년 7월 혼인법을 개정해 한국 남성과 베트남 여성의 결혼을 까다롭게 만들었다. 그러자 결혼중개업체들은 아직 집단 맞선에 대해 규제하지 않고 있는 캄보디아를 새로운 사업지역으로 개척하고 있다(『한겨레신문』 2007년 2월 5일자). 유사중개행위를 포함하면 국제결혼의 50% 이상을 담당하는 것으로 추정되는 이들 중개업체를 통한 상업화된 결혼은 최근 더욱 증가하는 추세이다. 이러한 현상의 국내적 배경을 보면, 대형 결혼정보회사의 출현으로 악화된 영업환경과 국제결혼중개가 고수익을 거두면서 국내결혼만 중개하던 업체들이 대거 국제결혼으로 이동하기 때문이다(빈부격차 · 차별시정위원회, 2006). "중개과정의 문제가 해결되지 않는 한 국제결혼 가족의 문제를 해결하는 것은 불가능하다"(소라미 변호사, 『프레시안』 2006년 6월 13일자 인터뷰 내용 중)라는 지적은 언론을 통해 낭만적으로 그려지는 결혼이주문제의 본질을 잘 일깨워준다.

이러한 핵심적인 요인들이 결혼이주문제 논의의 중심에 있지 못한 것을 보면 한국의 이민논의 및 이민정책이 '다문화'를 표방함에도 불구하고 이민문제를 인구문제, 경제문제 등의 도구로 간주하는 민족주의적, 동화주의적 패러다임이 강하게 존재한다고 생각된다. 이러한 의미에서 진정으로 글로벌한 시각은 민족주의적 인식틀을 극복하고 이민문제를 덜 이데올로기적으로 인식하는 효과적인 접근방법이다. 물론 다문화주의 역시 다른 통합전략처럼 '주류 민족에 의한 여타 민족의 지배방식의 하나'라는 근본적인 측면에서 보면 허구적인 다문화담론이 한국 고유의 현상은 아니다.

3) 이민경로의 다양화

앞에서 살펴보았듯이 외국인의 비율이 크게 늘지 않았음에도 불구하고 최근 국제이주가 문화적 다원성을 심화시키게 된 원인 중 하나는 이주경로와 이주민의 출신지역이 다양해지는 새로운 양상 때문이다.

경제적, 인구학적 불균형이라는 동인으로 세계이민의 규모와 성격을 설명하는 세계이민레짐론의 시대구분에 따르면 제2차 세계대전 종전 이후 1973년까지는 '계약노동자 프로그램'(Guestworker Programs)으로 받아들인 미숙련노동자들이 발전국들의 호황을 견인하였다(Hatton and Williamson, 2005: 393-395). 주로 쌍무협약에 의해 노동력이 충원되었고 이 기간 동안의 이민 경로는 제2차 세계대전 이전 제국주의의 구도에 따라 분절화된(segmented) 양상이 큰 변화 없이 유지되었다. 즉 구 식민지 지역에서 제국주의 나라 본국으로의 이민이 주종을 이루었다. 그러다가 1960년대 아시아인들이 서유럽과 북미로 그리고 남아메리카인들이 북미로 대거 이주하면서 이민의 경로가 다양화하기 시작했다.

이러한 이민 경로의 다양화는 소위 '세계화 시대'에 새로운 국면을 맞이하게 된다. 최근 세계의 이민 현상은 이전 시기와 다른 특징을 보이며, 그 주된 동인은 1980년대부터 진행된 탈냉전과 세계화이다. 탈냉전이 초래한 각지의 지역분쟁에서 발생한 난민, 시장개방과 신자유주의적 경제변동으로 인한 빈곤화와 불평등 심화가 초래한 대량이민이 이민의 주된 형상들이다. 이런 의미에서 사센은 '새로운 이민'(New Immigrants) 현상을 세계화의 직접적인 산물로서 자본주의 생산양식의 확산과 관계된 것으로 설명한다(Sassen, 2000) 즉 한편으로는 주변부 세계로의 자본주의 생산양식의 파급이 이 사회들의 전통적인 경제구조와 노동시장을 교란시켰고 다른 한편으로는 중심부 국가들에서 새로운 노동력 수요가 늘어남에 따라 대량이주가 나타났다는 것이다(엄한진, 2008).

최근 양상을 보면 국제이주가 자유로운 선택의 결과도, 민족·인종·문화 간 상호이해 및 공존을 위한 진보적 기능을 담당하는 것도 아님을 잘 보여 준다. 중심부의 이민억제 및 탄압정책은 중심부 자본주의의 변형의 결과이다. 그간 전후 유럽의 경제재건, 미국의 헤게모니 유지에 기여했던 값싼 노동력의 수요가 줄어든 데 따른 정책의 변화가 그 배경인 것이다. 주변부 발전의 실패로 증대된 이민 공급이 유럽에서의 비유럽 출신 노동이민의 원칙적 금지정책으로 인해 불법이민이나 빈국 간 이민이라는 결과를 가져온 것이다. 한편 국제이주는 이주민의 출신국가에 서로 다른 결과를 초래했다. 서구인들의 이주가 발전의 동력으로 작용했다면 반강제적인 비서구인들의 이주는 출신국 사회의 저발전을 심화시키는 역할을 하였다(〈자료 1-4〉).

자료 1-4. 서구인들의 이주와 비서구인들의 이주

서구인들의 비서구로의 이민과 비서구인의 서구로의 이민은 이민자들의 출신국에 서로 다른 사회적 효과를 가져왔다. 서구인들의 비서구로의 이민은 아메리카 정복과 19세기 이래 식민화과정에 수반된 현상으로 정치적, 경제적 힘의 우위에 바탕을 둔 이민이었다. 유럽의 경제발전은 급속한 인구성장을 동반한 것이었고 이로 인한 문제를 해결하는 데 있어서 무엇보다도 국제이주가 효과적인 해결책으로 간주되었다. 서구인들의 이주는 서구의 세계지배와 이들 각국의 경제, 사회, 인구문제 해결에 공헌했던 것이다.

반면에 탈식민화 이후 본격화된 제3세계에서 발전국으로의 이민은 발전국에게는 제2차 세계대전 직후 경제발전에 기여하였다면 제3세계에는 두뇌유출, 자본유출에 따라 자국의 발전에 필요한 인적, 물적 토대의 상실을 의미했다. 두뇌유출은 가뜩이나 고학력의 숙련노동자 또는 전문직 종사자가 부족한 개발도상국의 경제에 치명적인 영향을 미치는 것이다(야마모토 시게노부, 2008, 43). 강제적이었던 흑인노예의 이민이 아프리카의 발전 가능성을 근본적으로 차단했던 것처럼 20세기 후반의 발전국으로의 이민도 대부분 유사한 효과를 낳았다. 발전국으로의 이민은 자본주의 세계체제에서 주변부의 발전이 저지된 결과이자 이러한 저발전을 심화시켰다. 경제적으로 발전된 국가가 인력진출을 통해 식민지 시대처럼 경제적, 정치적 이윤을 실현하는 것과 대조적이다.

최근 국제이주의 특징 중 하나는 식민지 경험을 비롯한 역사적 연관성과 무관한 지역으로의 이민이 늘어난 점이다. 근대 이후의 이민은 신대륙 정복, 식민지 경험과 같은 정치적 요인이나 지리적 근접성과 같은 요인이 중요했고 영국의 인도인, 프랑스의 이탈리아인이나 북아프리카인, 일본의 한국인이 그 대표적인 사례였다. 그러나 세계화로 인해 그리고 TV나 인터넷에서 보이는 부유한 나라들의 모습에 이끌려 그전에는 생각지도 못한 곳으로 이동하는 것이다. 예를 들어 필리핀인들이 이탈리아로, 이란인, 레바논인들이 스웨덴으로, 베트남인들이 호주나 캐나다로, 파키스탄인들이 노르웨이로 이주하는 경향이 새로이 나타난 것이다. 물론 동남아시아인들의 한국행도 이 목록에 포함된다. 전쟁, 기아 등으로 세계화 시대에 가장 큰 어려움을 겪고 있는 아프리카인들의 경우에는 유럽, 미국으로의 이주가 어려운 상황에서 아프리카 대륙 내부에서 국가 간 이주가 활발하다. 아시아인들은 인도, 스리랑카, 파키스탄, 중국으로부터 싱가포르, 인도네시아, 일본, 호주로 떠나는 이민이나 난민이 많이 있다. 물론 이러한 새로운 경로와 더불어 고전적인 경향도 여전히 중요하다. 즉 멕시코에서 미국으로, 알제리에서 프랑스로, 터키에서 독일로, 브라질에서 포르투갈로의 이주가 여전히 활발한 것이다. 마찬가지로 이민양상이 다양해지고 새로운 양상들이 나타나지만 개별 이민 수용국별로는 여전히 전통적인 한두 나라 출신자들이 압도적인 비율을 차지하고 있다. 미국의 멕시코인, 일본의 한국인, 중국인, 필리핀인, 호주의 뉴질랜드인, 이탈리아의 알바니아인, 독일의 폴란드인, 구 유고연방 출신자, 터키인, 프랑스의 알제리인, 모로코인 등이 그 대표적인 예들이다(Bernard, 2002: 23-25).

이와 더불어 이주의 양상이 1회에 국한해 특정 국가로 이주하는 고전적인 양상에서 이제 출국과 귀환을 반복하고 당초 계획하지 않은 지역으로 다시 떠나는 등 유동적인 양상으로 변화하고 있다. 예를 들어 전통적인 이민 수용국, 즉 이민자들의 최종 목적지로 여겨져 온 프랑스 역시 얼마 전부터 영국으로 가는 아시아인들이나 독일로 가려는 터키인들의 중간기착지의 역할을 하기도 하는 것이다.

자료 1-5. 일본의 뉴커머

일본의 경우 최근에 이민이 급격히 증가한 것은 아니다. 1985년 플라자 합의에 따른 급속한 엔고를 배경으로 외국인 노동자가 일본에 들어오기 시작하였고 이를 배경으로 1990년 6월 출입국 관리 및 난민인정법(입관법)이 개정되면서 초기에 급증 현상을 보인 것이 사실이지만 바로 직후부터 현재까지 수적으로 큰 변화가 없는 것이다. 최근 이민의 특징은 양적인 증가 자체보다는 '뉴커머'(new comer)의 등장과 이민세계의 다원화 그리고 정주화와 같은 새로운 양상들이다.

뉴커머의 대부분은 아시아 출신자와 남미 출신자였고 후자의 대부분을 차지하고 있는 '일계인(日系人)'의 적극적 유입은 혈통관계에 있는 동포에 대한 우대조치 때문이었다. 일계인은 '입관법'(입국관리국법) 개정으로 3세까지에

한하여 취업활동에 제한을 받지 않는 '정주자' 또는 '일본인의 배우자' 등의 자격으로 체류할 수 있게 되었다. 이에 따라 일계인은 어떠한 규제도 받지 않고 취업활동이 가능해졌다. 사실상 일계인에 한하여 노동자로서의 체류가 합법화된 것이다. 이와 함께 일본인 남성과 결혼한 아시아계 여성들이 수가 늘었는데 중국, 필리핀 출신자가 대다수를 차지하고 있다.

다원화 양상을 살펴보면 한국인, 조선인은 1989년 681,838명에서 2005년 598,687명으로 감소하였다. 전체 외국인 중에서 차지하는 비중에서도 같은 기간 69.2%에서 29.8%로 2배 이상 줄어들었다. 반면에 중국인은 14%에서 25.8%로, 필리핀인들은 4.0%에서 9.3%로, 대부분 일본계인 브라질인과 페루인은 각각 1.5%에서 15%, 0.4%에서 2.9%로 비중이 늘어났다(고모다 마유미, 2007: 51-64).

이상과 같은 '새로운 이민'의 부상과 그로 인한 이민집단 구성의 다양화가 다문화주의 부상의 주된 배경이었다. 다문화주의는 캐나다를 시작으로 1970년대부터 영미권 사회에서 소수민족 통합의 주된 논리로 자리잡았다. 최근에는 영미권에서 시작된 다문화주의가 전통적인 방식, 즉 '국민국가'(Nation-State)의 통일성을 중시하는 종족간 공존방식을 추구해 온 유럽대륙에도 영향을 미치게 된다.

1980년대부터 프랑스, 독일에서도 언론, 정치권 등 위로부터 자신들의 사회를 다인종, 다문화, 다원적 사회로 지칭하기 시작했다. 국가나 지방자치단체에 다문화 관련 기구가 창설되는 등 위로부터 이 개념이 확산되었다. 우리의 '다문화' 개념 중심의 이민논의도 최근의 전지구적 경향의 일부로 볼 수 있다.

제2장 이주민의 사회통합

1. 문화접변과 동화

'새로운 이민' 현상은 많은 지역에서 사회의 인종적 구성을 변화시켰고 문화의 다원성을 심화시켰다. 이러한 배경에서 문화접변, 동화, 사회통합, 편견, 인종주의 등에 대한 논의가 새롭게 주목받고 있다. 한국 사회에서는 다문화주의, 다문화정책 등 '다문화' 개념을 중심으로 논의가 전개되고 있지만 실상 그 내용의 상당 부분은 사회학, 인류학, 이민 연구, 문화 연구 등에서 이미 오래전부터 제기되어 온 것들이다.

1) 문화접변

문화접변(acculturation)은 19세기 미국의 인류학자들에 의해 사용되기 시작했고 문화주의 학파에 의해 대중화된 개념이다. 서로 다른 민족이 만나게 되는 계기는 다양하다. 식민지 정복, 군사적 점령, 다양한 종족이 하나의 국가에 공존하게 되는 국가 경계선 재설정, 국제교역, 선교활동, 저발전국가에 대한 기술원조, 원주민 강제이주, 이민을 받아들이는 나라(host country)의 종족적 다양성을 증대시키는 결과를 가져오는 자발적인 이민 등이 대표적인 형태이다. 예를 들어 미국의 경우에는 마지막 두 가지가 가장 중요한 현상이었다. 아메리카 인디언의 강제이주와 동화정책 그리고 4,100만 명이 넘는 사람들이 유럽을 비롯해 아메리카 대륙 내부에서 그리고 동양에서 온 대량이민 현상이 '민족들의 만남'(meeting of peoples)을 만들었다.

사회학자들과 문화인류학자들은 이러한 종족적 '만남'(meetings)의 과정과 결과를 동화(assimilation)나 문화접변(acculturation)과 같은 개념을 통해 묘사했다. 때때로 이 두 개념은 동일한 현상을 의미하기도 했지만 사회학자들은 동화를, 인류학자들은 문화접변을 선호했다.

'문화접변'에 대한 권위 있는 정의는 1930년대 중반에 '사회과학연구위원회'(Social Science Research Council)가 설치한 '문화접변 소위원회'에 의해 제시되었다. 이 정의에 따르면 문화접변은 서로 다른 문화를 가진 개인들로 이루어진 집단들이 지속적인 직접 접촉의 상황에 놓여 한쪽이나 양쪽 모두의 본래 문화형태에 의미 있는 변화가 초래되는 현상을 의미한다(Ferreol et Jucquois, 2004).

물론 이 문화간 상호작용은 비대칭적이다. 특히 종속적인 위치에 있는 집단이 광범위한 문화변동을 경험하는 경우가 많다. 새로이 등장한 지배민족의 문화는 그 자체를 전파할 뿐만 아니라 종속적인 사회의 기존 문화의 변형을 야기하거나 새로운 제3의 문화를 탄생시키기도 하는 것이다. 또한 외부 세계와의 접촉이 오랫동안 잊혀지거나 무시되었던 전통문화가 다시 부활하는 계기가 되기도 한다. 이와는 반대로 새로운 문화요소들과 접한 결과로, 특히 피지배사회는 문화해체의 과정을 걷기도 한다. 이것은 과거에 하나의 독자적인 문화체계가 자율성 또는 독립성을 잃게 되는 것을 말한다(한상복 · 이문웅 · 김광억, 1997: 405-407).

2) 동화

'동화'에 대해서는 일찍이 사회학자인 로버트 파크와 어니스트 버제스가 영향력 있는 정의를 내놓았다. 이들에 따르면 동화는 어떤 개인이나 집단이 다른 개인이나 집단의 기억, 감정, 태도를 획득하고 이들의 역사와 현실을 공유함으로써 공통의 삶에 통합되는 것을 의미한다(Gordon, 1964: 61-62).

고든이 제시한 동화의 7단계를 보면 첫 번째 단계는 종교를 제외한 언어, 의복, 음악 등의 주류 문화를 채택하는 단계이고, 두 번째 단계는 제일 중요한 단계로 소수민족이 사회단체, 친목단체, 공적 기관, 마을공동체, 친구, 가족관계에 진입하는 단계이며 고든은 이 단계에 도달하면 나머지 단계의 동화는 자연스럽게 이어진다고 생각했다. 세 번째 단계는 주류민족에서 배우자를 선택하는 것, 네 번째는 주류사회의 가치, 상징을 자기 것으로 여기는 단계로 이때부터 출신사회가 아니라 새로이 정착한 사회의 성원으로 여기게 된다. 다섯 번째 단계는 소수민족에 대한 적대감, 혐오증이 사라지는 단계이며 여섯 번째는 차별이 사라지는 단계이며 일곱 번째는 시민적 동화(civic assimilation)라는 최종의 단계이다(ibid.: 70-71).

동화가 반드시 주류사회의 지배집단이나 지배문화를 대상으로 이루어지는 것은 아니다. 알바와 니(Alba and Nee, 2003)는 '분절화된 동화'(segmented assimilation) 이론을 통해 이민자들이 과연 미국 사회의 어떤 부분에 동화되는가에 관한 문제를 제기하였다. 이 이론은 새로운 이민이 미국 사회에 통합되는 세 가지 방식을 구분한다.

첫째, 중간계급에의 통합을 동반한 빠른 문화접변,
둘째, 영원한 가난과 저층계급(underclass)에의 통합,
셋째, 빠른 경제적 편입과 동시에 자신이 속한 종족의 문화 보존

세 번째 경우의 예로는 캘리포니아의 멕시코인, 마이애미의 쿠바인, 뉴욕의 중국인을 들 수 있다. 주류사회에의 동화과정에서 아시아, 멕시코 이민 2세들은 유럽 출신 이민 2세의 경우와 다른 양상을 보였는데 그 배경에는 미국 사회의 변화가 있었다. 부유층과 빈곤층의 경제적 격차가 커졌고 중산층 진입의 가능성이 줄어들고 빈곤층을 대상으로 한 복지가 축소되었다. 이러한 상황에서 제도적인 인종적 구분과 차별이 상대적으로 소득이 낮은 소수민족 집단의 공간적 집중(racial segregation)을 심화시킨 것이다. 양질의 일자리가 줄어들면서 사회이동 가능성이 축소되고 이는 젊은 세대들 사이에서 비관주의와 박탈감을 낳게 되었다. 바로 이러한 요인들이 결합해 미국 사회의 지배적인 규범과 가치를 거부하는 적대적인 하위문화가 탄생했다는 것이다. 이러한 맥락에서 새로운 2세 집단, 특히 아시아계와 히스패닉계 2세들이 주류사회 성원들에게 더 이상 일시적인 저항이 아니라 위험요소로 인식되었다는 것이다.

한편 1차 사회화 기관으로서 가족은 이민자들의 경우에도 동화가 이루어지는 주된 공간으로 작용한다. 대표적인 재미동포 작가 이창래의 소설 『영원한 이방인』은 주류사회에의 적응과정에서 소수민족 가정이 수행하는 이중적 역할을 잘 보여 주고 있다. 가정은 이민자에게 위계적인 인종질서에 적응하게 학습하는 동화의 공간이자 소극적인 형태지만 이 질서 그리고 이 질서에의 동화에 대한 저항이 이루어지는 공간이다.

자료 2-1. 이창래의 『영원한 이방인』

『영원한 이방인』(원제: Native speaker)은 한마디로 사설탐정인 재미교포 2세 헨리 박이 한국계 시의원인 존 강의 뒷조사를 하면서 느끼게 되는 정체성 혼란을 그린 작품이다. 영어를 모국어처럼 사용하면서도 결코 미국인이 될 수 없었던 작가 자신의 경험을 바탕으로 영원한 이방인으로 살 수밖에 없는 이민 사회의 애환을 그린 것이다.

한국의 명문대를 나왔으나 미국으로 건너온 뒤 야채상을 하며 돈을 벌기 위해 전쟁 같은 삶을 살았던 아버지와 언어의 장벽을 끝내 넘지 못하고 늘 주눅 들어 살다가 세상을 떠난 어머니. 그들로 대표되는 이민 세대와 달리, 이민 2세인 주인공 헨리 박은 미국의 명문대를 나와 수준 높은 영어를 구사하고 미국인 여성과 결혼하는 등 언뜻 보기엔 미국 사회에 뿌리를 내린 듯이 보인다.

그러나 아들 밋이 백인 아이들과 놀다 밑에 깔려 죽는 사건을 계기로 그의 삶은 균열을 일으킨다. 그 사건을 계기로 그와의 갈등이 심화된 아내가 그의 곁을 떠나면서 건넨 목록에서도 엿볼 수 있듯이, 그는 '아주 비밀스러운 사람. 인생에서 B+ 학생, 불법 이민자, 감정이 격한 이방인, 황인종, 근래에 이민 온 사람, 이 세계에 낯선 사람으로 이류인, 배신자, 스파이'에 지나지 않는다.

그의 직업은 한국을 비롯한 아시아계 인물에게 접근해서 정보를 캐내는, 이를테면 사설탐정. 그는 정체를 알 수 없는 의뢰인으로부터 주문을 받지만 정작 자신이 캐낸 정보가 어디로 흘러가고 어떻게 사용되는지는 알지 못한다. 그는 오직 자신에게 요구되는 정보를 캐내는 일을 할 뿐이다. 그는 자신의 일을 철저히 비밀에 부친다. 심지어 아내에게까지도.

그러던 중, 그는 뉴욕 시장 출마가 유력한 존 강이라는 한국계 시의원의 뒤를 캐면서 심한 정체성의 혼란을 겪게 된다. 존 강은 어린 나이에 단신으로 미국으로 건너와 자수성가한 그야말로 입지전적인 인물. 그는 모국어의 굴레에서 벗어나지 못하고 가족이란 틀에 얽매였던 헨리 아버지와 달리, 완벽한 영어를 구사하고 정치란 광장에까지 진출, 민족융화정책을 펼 것을 주장하다가 그를 견제하는 세력의 공격을 이기지 못하고 끝내 파멸하고 만다. 존 강의 파멸 과정을 지켜보면서 헨리 박은 심한 갈등을 겪게 된다. 그 어느 집단에도 온전히 속하지 못하고 아웃사이더로 변방을 서성이며 살아가던 그의 삶이 더는 견딜 수 없는 고통을 호소해 오기 시작한 것이다.

하지만 이 작품은 헨리 박이 삶의 새로운 지평에 눈뜨면서 자신의 정체성을 찾아가는 희망의 메시지로 끝난다. 즉 정보원 노릇을 그만두고 새로 이민 온 아이들에게 영어를 가르치는 일을 하고 있는 아내의 일을 돕는 것이다. (출판사 서평 중)

2. 이민문제의 부상과 이주민 통합의 모델

"우리들은 노동자들(workers)을 원했다. 그러나 온 것은 인간들(human beings)이었다"(Ruffin, 1984: 293).

막스 프리쉬(Max frisch)의 이 말은 주류사회에의 이민자 통합이 무엇을 의미하는지 잘 보여 준다(야마모토 시게노부, 2008). 최근 한국 사회에서 '통합'이라는 표현이 정책 당국이나 학자들에 의해 언급되고 있는 것도 노동이민을 단순히 노동력으로만 생각할 수 없는 현실을 반영하는 것이다. 이러한 통합의 문제가 제기되면서 이민과 관련된 사안이 주류사회 자신의 문제가 되는 것이다.

일반적으로 이민 현상이 사회적 논의의 대상으로서의 '이민문제'가 되는 것은 이민자들의 체류가 장기화되고 더 나아가 영구적이 되어 주류사회로의 통합의 문제가 제기되면서부터이다. 처음에는 행정부나 사법부의 해당 부처, 교육기관 등 공적 부문을 담당하는 집단들이 이민에 관한 논의를 제기한다. 그리고는 다양한 주체들이 개입하여 사회적 이슈가 된다. 이 주체들에는 이민문제를 정치논의의 호재로 여기는 정당들, 노조원의 이해를 대변해 많은 경우 외국인 노동자 유입에 반대하는 노조, 풍부하고 순종적인 노동력을 필요로 해서 이민에 호의적인 일부 업종의 기업주, 인권의 이름으로 개입하는 사회단체, 도덕적 요구들을 내세우는 종교단체, 비판적인 지식인, 선거를 의식해 정치권이 무시할 수 없는 일반 시민들이 있다(Schor, 2004: 9). 다양한 집단이 개입한다는 것은 동일한 이민 현상에 대해 다양한 입장이 제시될 수 있음을 의미한다.

이민 현상이 대중적인 관심을 끌게 되는 것은 일반적으로 불황기에 생활수준의 하락을 겪는 서민들이 이민자들을 경쟁자로 인식하여 이들과의 경쟁에 두려움을 느끼게 되면서부터이다. 그리고 이러한 대중적 정서에 민족주의 담론이 가미되면 그간 일부에 국한되었고 금기시되던 외국인 혐오증이 대중적으로 확산되는 현상이 나타난다.

이주민들은 편견과 차별, 언어문제, 경제문제, 문화적 차이 등으로 인해 주류사회 통합에 어려움을 겪게 된다. 이러한 문제는 국가와 이중적으로 연관되어 있다. 국가의 정책은 통합을 어렵게 하는 장애물이자 통합을 촉진시키는 역할을 한다. 복지국가 유형론과 유사한 방식으로 이민정책 및 통합모델의 유형화가 있어 왔다. 유형화는 주로 일시적인 이주 노동자(를 상정하는 모델) 대 영구적인 이민(을 상정하는 모델), 혈통주의(에 입각한 모델) 대 출생지주의(에 입각한 모델), 소수민족(으로 존속시키려는 모델) 대 동화(를 추구하는 모델)과 같은 기준에 입각한 것이다.

홀리필드(Hollifield, 1997)는 일시적인 이민모델(독일), 동화모델(프랑스), 소수민족모델(영국)이라는 세 유형을 제시하고, 캐슬(Castles, 1995)은 차이에 입각한 배제모델(독일, 남유럽), 동화주의 모델(영국, 프랑스, 네덜란드), 다원주의 모델(미국, 캐나다, 호주 등 비유럽 국가)로 분류한다. 이민문제에 관한 명시적인 모델이 있는 나라와 그렇지 않은 나라, 즉 2000년대 이전 독일과 같이 반영구적인 이민의 존재 자체를 상정하지 않아 명시적인 이민모델이나 정책이 없는 나라들이 있다. 현재 한국의 경우도 과거 독일과 마찬가지로 국가에서 '이민'이라는 범주를 인정하지 않고 있으며 학계에서도 이민이라는 용어보다는 다문화, 이주, 외국인 등의 용어를 선호하는 경향이 있다. 자본주의 초기 세계 여러 지역을 지배해 본 경험이 있는 개방적인 전통의 네덜란드와 영국은 오랫동안 다문화주의적 성격이 강한 통합모델을 추구하고 있으며, 대혁명의 나라 프랑스는 여전히 공화주의 모델이 강하게 나타난다(엄한진, 2007b).

〈표 2-1〉 독일의 국적 관련 규정

귀화조건	최소 8년 이상 거주자로 다음 조건을 충족시키는 자: 순수하게 복지에 의존해 생계를 유지하는 경우가 아닐 것, 충분한 독일어 실력을 검증하는 언어 시험 통과
이민 2세 이후 세대	속인주의와 속지주의 혼합. 부모 중 한 쪽이 8년 이상 독일에 거주한 경험이 있거나 영주권을 취득한 지 3년이 경과한 자(2000년 이후부터 적용된 규정); 이민 2세의 경우 8년 이상 독일에서 교육을 받은 경험이 있는 자
이중국적	종족적 독일인(ethnic Germans)의 경우, 경제적 파산이나 출신국가가 독일인으로의 귀화를 허락하지 않는 경우와 같은 특수한 상황에 처했을 때; 자녀가 부모의 국적을 취득하게 되면 23세 이전에 독일이나 다른 나라 국적 중 하나를 포기해야 한다.

출처: Portes and DeWind, 2007: 105를 수정한 것

동유럽에서 가장 가까운 서유럽의 경제대국 독일은 사회주의권 붕괴 이후 유럽에서 가장 이민을 많이 받아들이는 나라가 되었다. 그렇지만 독일은 최근까지도 전통적인 '손님노동자' 모델을 고수했고 "독일은 이민국이 아니다"(Deutschland ist kein Einwanderungsland)라는 관념을 포기하지 않았다. 그러나 이미 독일사회의 비중 있는 한 부분이 된 이민자 사회에 대한 인정이 요구되었고 마침 낮은 출산율에서 비롯된 인구문제는 이민을 공식적으로 인정하게 만들었다. 적녹연정이 추진한 1999년의 국적법의 개혁, 2000년 IT전문 인력의 이민을 허용한 그린카드(Green-Card)제도의 도입 그리고 3년여에 걸쳐 뜨거운 논쟁 후에 만들어진 2004년의 이민법은 이러한 변화를 이끈 주된 사건들이었다(이철용, 2009b: 415-420).

자료 2-2. 공화주의

프랑스 사회통합모델은 영국, 미국, 네덜란드, 독일 모두 어느 정도는 특수성을 용인하는 것과 달리 외국 출신 국민의 완전한 문화적 동화에 기초한 것이어서 〈공화주의 모델〉로 불리어 왔다. 고대 그리스 도시국가들과 로마제국의 경험에서 비롯되어 부침을 거듭해 온 '공화주의' 개념이 함축하고 있는 내용은 첫째, 국가의 이해나 공공의 이해를 우선시한다. 둘째, 개별 사회집단 등 사회 각 부분의 이해는 전체의 이해에 종속되어야 한다. 셋째, 법, 제도 및 기관이 중요함을 강조하며, 이 세속적이고 공적인 장치들이 올바르게 작동하는 것이 사회의 유지 및 발전의 관건으로 간주한다. 그러므로 이 개념과 대척점에 있는 내용으로는 군주제, 정치의 사적 소유, 개인이나 집단의 개별적인 사적 이해, 종교세력의 권위를 국가보다 우위에 놓고, 종교이념을 세속적인 정치이념이나 사회원리보다 우선시하는 태도, 다원주의, 계급적 이해 및 행위 등이다. 이 이념이 가졌던 의의는 전반적으로 군주 개인 또는 군주와 귀족들에 의해 지배되던 시대에, 이 지배체제가 군주나 귀족들 자신의 이해에 크게 좌우되는 문제점을 비판하며, 군주, 귀족, 시민이 모두 한 사회의 권위와 경영의 주체가 되는 정치체제를 주창했다는 점이다. 즉 원조 공화주의에는 군주제, 귀족들의 지배, 시민들이 정치에 참여하는 민주주의가 공존하고 있다. 이후 변형된 근대적인 공화주의에도 어느 정도 이 측면이 남아 있다.

이 이념은 르네상스 시대 북부 이탈리아 도시국가 등에서 부활하였다. 마키아벨리는 공화국의 안정적 유지의 핵심요소로 수동적인 충성이 아니라 정치참여를 동반한 애국심, 공적 이해를 사적 이해보다 우선시하는 것을 강조했다. 이때 애국심이 의미했던 것은 당시 현실정치에 큰 영향력을 지녔던 종교, 즉 로마 가톨릭교회와 성직자들보다 세속적 정치권력인 국가에 대한 충성을 우선시해야 한다는 것이었다.

공화주의는 계몽주의 시대에 군주와 신민 간의 관계, 군주주권이나 국민주권 등에 관한 근대 정치사상 논의들에 밀려 쇠퇴하였다가 18세기 말 근대혁명(프랑스대혁명, 미국혁명)을 계기로 다시 부활했다. 그러다가 개인(주의)을 중시했던 당시 자유주의자들의 헤게모니 하에 다시 쇠퇴하였다. 자유주의만이 공화주의의 적은 아니었다. 19세기 프랑스 파시즘도 프랑스대혁명과 계몽사상에 토대를 둔 당시 공화주의(전통)에 대한 저항으로 태동한 사회운동이자 이념이었다. 즉 드레퓌스 사건에서 선명하게 드러난 공화주의 대 반공화주의의 대결이 프랑스 파시즘 대두의 주된 배경 중 하나였다. 1898년 에밀 졸라의 '나는 고발한다'와 그의 호소에 호응하여 탄생한 '인권연맹'(Ligue des Droits de l'Homme)이 있은 지 몇 달 후 탄생한 '프랑스 행동위원회'(Comité d'Action française)는 한편으로는 의회주의와 개인주의를 비판하고, 다른 한편으로는 프랑스 혁명 이전과 같이 내적으로는 사회질서가 잘 유지되고 대외적으로는 강한 프랑스의 회복을 주창하였다(Carsten, 1967: 11–17).

20세기에 들어서 군주제가 사실상 사라짐에 따라 군주제의 대척점이라는 측면이 중요했던 공화주의의 존재의미가 상실되었다. 또한 자유주의자들이 공적 이해와 전체를 강조하는 공화주의를 멀리함에 따라 현실과 정치논의에서 이 이념의 비중이 크게 약화되었다. 공화주의는 2000년을 전후해 다시 각광을 받게 되는데 그 현실적 배경을 보면 첫째, 세계화에 따른 국민국가의 상대화(세계주의, 민족주의, 지방주의의 경합), 즉 한 사회의 모든 집단에 통치력이 미치는 주권의 위기, 둘째, 새로운 양상의 사회집단 간 균열, 양극화와 배제의 문제, 사회통합의 위기, 셋째, 서유럽을 포함한 전 지구적 차원의 종교열이다. 그것은 소수인종집단에서의 종교(유럽의 경우 특히 이슬람)의 정치사회적 부상, 로마 가톨릭교회의 정치사회적 부상, 공적 영역(학교 등)에서의 종교의 재도입으로 나타났는데, 교회세력과의 투쟁, 정교분리주의가 핵심요소 중 하나인 공화주의가 이 현상에 대한 대응을 기치로 부상한 것이다.

공화주의 전통의 본산지인 프랑스에서의 논의는 주로 유럽통합, 이민문제, 극우주의와 연관해 진행되었다. 최근 프랑스 공화주의는 한편으로는 초민족적인 '유럽주의'의 부상에 대한 방어적 현상으로 다른 한편으로는 다문화주의와의 대립의 형태를 띠고 있다. 이민문제와 연관된 후자에 국한해 보면, '공화주의 진영'이라 부를 만한 일군의 지식인들은 특히 미국식 게토와 긍정적 차별 제도를 비판한다(Bonelli et Sainati, 2004). 다문화주의에 대해서는 사회집단 간 균열을 초래할 위험성이 있고, 이주민들이 직면한 양극화와 배제의 문제를 문화적 차이를 강조함으로써 은폐한다고 비판한다. 대표적인 공화주의자 중 한 사람인 따기예프(Taguieff, 2003)는 다문화주의가 시민사회의 '재종족화', 즉 시민적 측면보다 종족적 측면이 점점 더 중시되는 현상을 초래해, 사회를 구성하는 개별 집단들이 서로 상이한 문화에 의해 규정되고 이 고유문화를 강조하는 공동체주의자들에 맡겨지는 경향을 우려하며, 이런 식으로 사회가 무수한 정체성들로 파편화될 수 있다는 점을 강조한다.

캐슬즈(Castles, 1995)는 소수민족에 대한 각국의 대응방식을 다음 세 가지 유형으로 구분한다.

① 차별적 배제의 모델(differential exclusionary model)

차별적 배제는 '종족적 민족주의'에 입각한 민족 관념을 가지고 있는 국가들에서 주로 나타나는 현상이다. 지배적인 종족집단은 이민자와 그 후손들을 자국의 구성원으로 받아들이기를 꺼려한다. 이러한 태도는 가족합류이민(family reunion)을 제한하고 안정적인 체류조건을 부여하기를 꺼려하는 것과 같은 '배제적인'(exclusionalry) 이민정책, 엄격한 귀화조건, 자국은 이민의 나라가 아니라는 관념 등으로 표현된다. '차별적'(differential)이라는 표현은 이민자들을 사회의 특정 영역, 특히 노동시장에만 참여시키고 복지, 시민권, 정치참여 등에서는 배제시키는 것을 의미한다. 독일, 스위스, 오스트리아 등이 이 유형의 전형적인 사례라고 할 수 있다.

② 동화주의 모델(assimilationist model)

동화는 이민자들을 적응이라는 일방적인 과정을 통해 한 사회에 통합시키는 정책으로 정의될 수 있다. 이 관념에 따르면 이민자들은 그들 고유의 언어적, 문화적, 사회적 특성을 포기하고 주류사회의 성원들과 차이가 나지 않게 되어야 한다. 이 경우 국가의 역할은 이 적응과정을 보다 손쉽게 하는 조건들을 만들어 주는 것이다. 주류사회의 언어를 사용하도록 권하고 이민자들을 대상으로 주류사회의 언어와 문화 등을 교육하는 학교에 다니게끔 하는 것이 그 예가 될 수 있다.

그런데 대부분의 경우 동화주의는 시간이 흐름에 따라 포기되고 보다 유연한 '통합 정책'(integration policies)으로 대체되었다. 이러한 변화는 1960년대 호주, 캐나다, 영국이 경험한 것처럼 이민자들이 자신들만의 종족 공동체를 형성함에 따라 이러한 현실을 반영한 결과로 나타났다. 통합 전략은 주류사회에의 적응이 점진적인 과정이며 이 과정에서 이민자들이 속한 집단에서의 유대가 중요한 역할을 한다고 간주한다. 그럼에도 불구하고 여전히 최종 목표는 주류 문화에의 흡수인 것이다.

③ 다문화모델(multicultural model)

마지막 유형은 다문화주의(multiculturalism) 또는 다원주의(pluralism)이다. 이 유형에 따르면 이민자들은 그들의 다양성을 포기하지 않으면서 사회의 모든 영역에서 지배 집단과 동등한 권리를 누려야 한다. 이 유형에는 두 가지 하위 유형이 있다. 미국이 그 전형적인 사례인 자유방임모델(laissez-faire approach)에서는 문화적 차이와 종족 공동체의 존재가 용인되지만 그렇다고 국가가 종족 문화의 유지를 위해 지원하는 것은 아니다. 다른 하위 유형은 정부정책으로서의 다문화주의(multiculturalism as a government policy)인데 캐나다, 호주, 스웨덴이 대표적인 사례이다. 이 경우에 다문화주의는 다수집단이 종족적 소수집단의 문화적 차이를 받아들이고 이와 동시에 국가가 이 소수자들의 동등한 권리를 보증하는 적극적인 역할을 수행하는 것을 의미한다(Castles & Miller, 1998: 249-252).

〈표 2-2〉 통합정책의 6가지 가능성

	법적·정치적 영역	문화적 영역	사회경제적 영역
개인적 접근	권리의 평등	자유주의적 다원주의	기회의 평등
집단적 접근	집단의 권리	문화다원주의	형평성

출처: Entzinger, 2005: 35

엔징거(Entzinger, 2005)는 이상과 같은 모델식 논의가 다면적인 현실을 지나치게 단순화하는 점을 비판하며 보다 분석적인 접근방법을 제시한다. 그는 이주민 사회통합의 방식을 법적·정치적 영역, 문화적 영역, 사회경제적 영역으로 세분화하여 설명하고 있다. 그리고 이 각각의 영역에 대해 개인적, 집단적 접근방식으로 구분하고 있다(〈표 2-2〉).

문화적 영역의 예를 살펴보면 이 영역의 핵심 과제는 이민 현상에 기인하는 종족적, 문화적 다양성을 어떻게 조절하는가 그리고 어느 것이 국가의 통합을 위협하는 요소로 간주될 수 있는가라는 문제이다. 개인적인 접근에서 문화는 무엇보다도 사적인 사안으로 여겨진다. 이민자가 자신의 필요성에 의해 전통문화를 보존하려는 시도를 하는 것은 그 개인의 자유에 속한다. 이 모델에서 국가는 여기에 긍정적이든, 부정적이든 개입하지 않는 것으로 간주된다. 그리고 이러한 국가의 중립적 태도가 다양한 문화들이 공존하는 데 기여한다는 것이다. 국가는 반인종주의를 주창한다든가, 반차별입법을 도입하는 등 서로 다른 종교 및 종족 출신자들이 원만하게 공존할 수 있도록 하는 역할에만 그친다. 그런데 개인적 차원의 해결을 강조하는 자유주의적 다원주의가 지니는 문제는 현실을 제대로 반영하지 못한다는 점이다. 즉 1~2세대가 지나고 나면 대부분의 사람들은 지배문화에 동화되고 그들 고유의 문화는 새로운 환경에서 더 이상 존속하기 어렵게 된다는 것이다. 그러면서도 사회경제적 통합은 잘 되지 않음으로 인해 아노미와 배제를 동시에 경험하게 된다. 바로 이러한 상황을 피하게 하려는 것이 집단적 접근이다.

집단적 접근방식을 주창하는 사람들은 문화적 차이를 공공영역에서 제도화해야 한다고 주장한다. 문화다원주의의 명시적인 인정은 문화적 특성과 무관하게 모든 개인을 동등하게 대우한다는 원리를 보다 존중하는 길이라고 이들은 생각한다. 이 모델의 전제는 소수문화는 그것이 제도화를 통해 사회의 인프라의 일부가 되어야 보존될 수 있다는 것이다. 그리고 국가가 이 인프라를 발전시켜야 한다는 것이다.

이들은 소수민족의 언어와 문화를 공적 영역에서 부각시키는 것이 이들의 사회경제적, 정치적 통합 역시 촉진시킨다고 주장한다. 유럽에서 이 모델에 대한 논의는 모국어 교육문제에 집중되어 있다. 중요한 문제는 국가가 이 소수문화의 진흥에 어느 수준까지 개입해야 하는가이다. 예를 들어 소수민족 문화 전부가 해당사회 구성원들에 의해 받아들여질 수 있는 것은 아니다. 법에 의해 소수문화 표현의 한계가 정해지지만 현실에 적용 가능한 기준을 갖기는 어렵다. 게다가 같은 문화라 하더라도 사회집단에 따라 다르게 받아들여질 수 있다. 다문화주의의 제도화의 또 다른 위험은 이것이 이민집단의 문화가 겪게 되는 변동에 장애물이 될 수 있다는 것이다(Entzinger, 2005: 37-39).

한편 에이거와 스트랭(Ager & Strang, 2008)은 일반적으로 통합의 지표로 간주되는 고용, 교육, 보건 및 주거 등 직접적인 요인 이외에도 통합의 기반이 되는 권리와 시민권, 사회적 관계, 촉진자 등 다른 영역들도 중요하다는 점을 다음과 같은 그림으로 제시하였다.

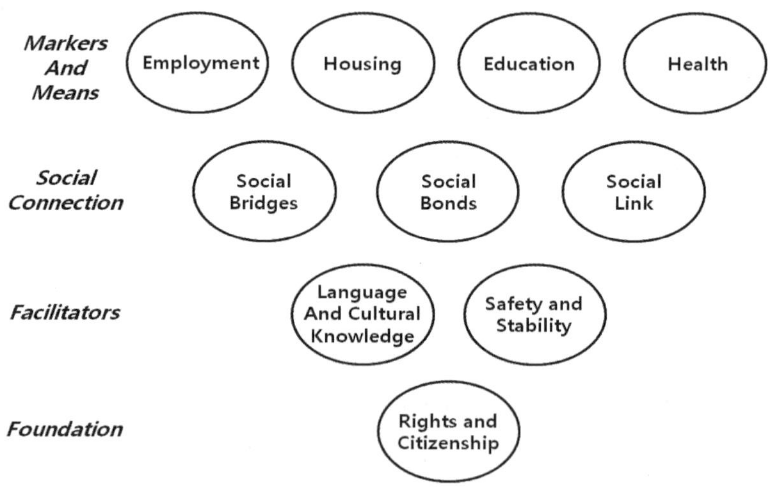

[그림 2-1] 통합의 핵심 영역을 정의하는 개념적 틀
[Ager and Strang, 2008: 170]

3. 이민정책의 최근 경향: 폐쇄적 경향과 선별주의적 개방의 공존

다문화주의가 소수민족 통합에 관한 논의에서 헤게모니를 장악하는 동안 구체적인 정책이나 현실에서는 역설적으로 다양성의 평등한 인정이 아니라 차등적 대우가 강화되었다. 미숙련노동력의 유입을 보다 철저히 막고 고급노동력 또는 특정 영역에 시급히 요구되는 노동력의 유입을 촉진시키려는 선별주의가 발전국의 이민정책에서 점점 더 중요한 구성요소가 되고 있다. 세계화 시대에 '자본의 세계화'와 달리 '사람의 세계화'는 명백한 사실이 아니다. 새 이민법을 제정하고 봉쇄정책(containment policy)의 전통을 강화시키고 있는 미국뿐 아니라 2000년대 들어 이민자들에 대한 '불관용정책'(zero tolerance policy)으로 일관하고 있는 프랑스나 자국 국적을 취득하려는 외국인들이 '시민권 취득 시험'을 치르게 한 독일 등 세계 곳곳에서 이민에 대한 장벽이 높아지고 있다. 이탈리아의 경우에도 2008년 5월에 출범한 베를루스코니 4기 정부의 주요 국정 과제 중 하나로 불안한 사회 치안질서 확립과 외국인 불법 유입 및 불법체류자 통제 등 엄격한 이민정책을 추진하는 내용이 포함되었다.

먼저 가장 전형적인 예로 미국을 보면 2005년 12월 통과시킨 새 이민법에 항의하기 위해 라틴계 이민단체들이 중심이 되어 사상 유례없는 소수민족 출신자들의 시위가 조직되었다. 미국 내 이민자들이 반발하는 새 이민법은 그동안 미국 내 불법체류자들을 규율해 온 민법적인 성격의 기존 이민법을 한층 강화해 이들을 중범죄자로 취급하는 형법적인 내용을 담고 있다. 법안에는 불법 체류자를 고용한 사업주에 대한 처벌, 불법체류자를 돕는 교회, 종교단체에 대한 처벌, 미국, 멕시코 간 국경선 3분의 1 구간에 걸쳐 새 장벽 설치 조항 등이 들어 있다. 이 가운데 이민자들이 특히 반대하는 부분은 불법체류자를 고용하거나 도와준 사업주, 종교단체 처벌 조항이다(『경향신문』 2006년 3월 27일자). 이러한 조치의 배경을 보면 미국인들 사이에는 최근 일자리 부족과 대테러전쟁 등의 영향으로 불법체류자에 대한 혐오 정서가 강화됐으며 일부 주는 이들에 대한 운전면허증 발급 중단 등 공공서비스를 제한하는 조치를 취해 왔다. 바로 이러한 사회 분위기 속에 공화당 주도의 하원이 새 이민법을 통과시킨 것이다.

서유럽의 경험을 보면 1970년대 초 불황을 배경으로 과감한 이민억제정책을 폈지만 결과적으로는 이민문제의 정치화만을 초래했으며 이민자 수는 크게 감소하지 않았다. 그런데 최근 다시 이민자들에 대한 '불관용정책'이 부상하고 있는 것이다. 프랑스의 경우 치안문제의 부상은 2000년을 전후해 나타난 현상이었고, 그 주된 양상은 소수민족집단을 위시한 배제된 집단에 대한 형사처벌의 강화 경향이었다(Bonelli et Sainati, 2004). 치안문제가 강조되는 사회분위기에 가장 큰 영향을 받았던 것은 2005년 가을 소요사태가 일어난 대도시 변두리 낙후지역 그리고 이 지역의 소수민족 계열 청년들이었다. 이러한 이민자들에 대한 강경책은 가족 재결합을 위한 입국 조건을 보다 엄격히 하고 10년간 프랑스 불법체류 시 자동으로 국적이 취득되는 기존 규정을 폐지하고 장기 체류허가를 얻기 위해서는 불어능력과 '공화국의 가치'를 존중하는지에 대한 시험을 치러야 하는 등 외국인들의 프랑스 입국과 거주를 보다 까다롭게 하는 이민법 개정으로 이어지고 있다.

독일 역시 자국 국적을 취득하려는 외국인들이 치러야 하는 '시민권 취득 시험'으로 들썩이고 있다. 바덴-뷔르템베르크주가 이민 신청자에게 실시 중인 시험은 전체 이민자의 상당수를 무슬림이 차지하고 있어 '무슬림 시험'이라고 불린다. 이들은 '9·11테러는 테러리스트의 소행인가, 자유의 투사들의 투쟁인가'와 같은 모욕적인 질문에 답해야 한다. 유럽 연합 차원에서는 독일, 프랑스, 영국, 스페인, 이탈리아, 폴란드 등 유럽 6개국 내무장관들이 독일 북동부 휴양지 하일리겐담에서 열린 선진 6개국(G6) 내무장관 회의에서 이민자 통합을 위해 해당국 언어와 문화관습을 익히겠다는 계약서에 서명하도록 하는 '이민자 통합 계약제' 도입을 검토하기로 합의했다.

스위스는 2006년 9월 24일에 통과된 새로운 이민법을 통해 이민자격을 고숙련 노동력으로 국한시켰다. 그런데 이는 실질적으로 유럽 이외 지역 출신의 미숙련노동력의 입국을 봉쇄시키는 것을 의미하는데 그 이유는 유럽연합 시민권자들의 경우 스위스와의 양자간 협약에 따라 이주의 제한을 받지 않기 때문이다. 덴마크의 경우에도 2000년 25세 이하 이민자가 덴마크에 외국인 배우자를 데려오지 못하게 하였고 2001년에는 난민인정을 받은 자라도 7년이 될 때까지는 자국의 상황이 안정될 경우 다시 돌려보내질 수 있게 하는 등 이민이나 망명신청자들이 줄어들게 하는 조치를 도입했다(Stalker, 2002).

자료 2-3. 영국: 이민의 국가에서 제로 이민사회로

영국(특히 잉글랜드)은 오랜 세월 동안 이민자와 망명객들이 선호하는 땅이었다. 고중세기 앵글족과 색슨족 외에도 주트족, 데인족, 노르만족이 브리튼 섬으로 이주하여 살았고, 근대 시기에도 플랑드르인, 왈론인, 독일인, 프랑스인, 네덜란드인들이 종교나 정치적 박해를 피해 영국으로 이주해 왔다. 그 대표적인 예로 1685년 낭트칙령 폐지 이후 8만 명의 위그노들이 가톨릭의 박해를 피해 영국으로 이주한 사실을 들 수 있다. 20세기 초까지 영국으로 들어오는 이민의 최대 공급지는 아일랜드였다. 아일랜드인이 브리튼 섬으로 들어온 것은 중세 때부터였으며 1800년 아일랜드 합방과 함께 이들의 영국 이주는 증가하였다.

1870년에서 1914년까지의 소위 '제국의 시대'(홉스봄)에는 120,000명의 동유럽 유대인들이 박해를 피해 영국으로 이주하였다. 유대인 이민자의 수는 아일랜드 이민자의 수보다 훨씬 적었지만 전통적인 유대인 혐오증이 반이민자 정서와 결합되면서 이들에 대한 영국 사회의 반발은 컸다. 영국 정부는 유대인 이민자 유입에 대한 대응책으로 1905년에 '외국인법(Alien Act)'을 내놓았고 내무장관에게 외국인의 출입과 추방에 대한 전적인 권한을 부여한 1914년 '외국인 규제법(Alien Restriction Act)'을 계기로 이민자와 망명객의 안식처로서의 영국의 시대는 막을 내리게 되었다.

제2차 세계대전은 영국 이민의 획기적인 전환점을 마련하였다. 전쟁을 계기로 '외국인'이 아닌, 그래서 '외국인 규제법'의 대상이 아니었던 서인도제도, 아프리카, 아시아 영연방 국가 출신 이민자들이 대량으로 영국으로 들어오게 된 것이다. 이들의 유입은 군수공장, 군대, 산림, 상선 등에 필요한 노동력을 공급하기 위한 영국 정부의 정책에 따른 것이었다. 이들 중 상당수는 전쟁이 끝난 뒤에도 영국에 계속 남았고, 이들은 가족이나 친지들을 영국으로 불러들였다. (…)

[그 결과] 영국은 인종적으로 흑인과 아시아인 그리고 종교, 문화적으로 무슬림, 힌두교도, 시크교도 등이 공존하는 다인종, 다문화 국가로 변화하게 된 것이다. 제2차 세계대전 종전 이후 서인도제도와 인도 대륙 등 영연방으로부터의 이민이 봇물을 이루었다가 1960년대 초 영국 정부는 영연방 출신자들을 포함해 이민규제정책을 채택하게 된다. 영국 정부는 1962년 이후 68, 71, 81년에 세 차례의 개정을 통해 인종주의에 기초한 철저한 이민규제 정책을 시행하게 되었다. 영국 이민정책의 논리는 제국을 해체하는 것이었다. 시민권을 확대시켜 나갔던 다른 국가들과 달리 영국은 대영제국 시대에 지나치게 확대되었던 제국의 시민권을 축소시키고자 노력하였다. 영국 정부와 정치 엘리트들은 제국의 신민이었던 사람들 중 누구를 배제시킬 것인가 하는 문제를 고민하게 되었고, 결국 인종주의에 기초한 규제 원칙을 만들어 내었다. 영국의 이민법은 겉으로는 인종차별이 없는 것처럼 보이지만 유색인종을 배제하고 백인종을 받아들이는 방향으로 설정되었다. (…)

80년대 후반부터는 동구 공산권의 몰락과 유고 내전 등으로 생긴 난민들이 문제가 되었다. 영국은 1960~1970년대 공산권 난민을 받아들였지만 냉전체제 종식 후에는 아무런 명분이나 이득이 되지 않는 난민들을 받아들이지 않고 있다. 1996년 '난민과 이민법'(Asylum and Immigration Act)에 따라 심한 박해의 위험이 없는 나라들로부터의 난민은 받아들이지 않고, 난민들에게는 자녀수당이나 주택보조금 등의 사회복지 혜택을 주지 않기로 결정되었다. 그리고 2001년 '반테러, 범죄 및 보안법'(Anti-Terrorism, Crime and Security Act)과 2005년 '테러방지법'(Prevention of Terrorism Act)은 이민자의 입국심사를 더욱 강화시켰다. 영국은 이상의 이민 규제법을 비롯하여 이후 난민법이나 테러방지법을 통해 이민 규제를 효과적으로 시행함으로써 '제로 이민국'이라고 불리게 되었다(정희라, 2009a: 63-71).

그러나 이상과 같은 폐쇄적인 정책이 모든 집단에 적용되는 것은 아니다. 전문인력에 대해서는 각국이 유례없는 유치경쟁에 나서고 있다. 이러한 선별적인 이민정책(Selective Immigration Policy)은 특히 캐나다, 호주, 뉴질랜드에서 뚜렷하게 나타난다. 이 나라들은 모두 학력, 기술, 연령 등에 따라 잠재적인 이민자들의 순위를 매겨놓은 제도를 채택하고 있으며 실제 이루어지는 이민유입의 상당부분이 이 체계에 입각해 이루어지고 있다. 예를 들어 호주의 경우 2004년 이민허가를 위한 최저점수가 120점이었는데 큰 배점이 부여된 항목들에는 기술, 연령, 영어구사능력, 경력, 호주 사회가 필요로 하는 직종 등이었다. 이 중에서 숙련기술이 있는 경우 40~60점이 부여되어 압도적인 비율을 차지하였다. 이러한 호주의 점수체계는 이주민의 고용 가능성(employability)을 최대화하고 반대로 이주민이 호주 복지체계에 줄 재정적 부담은 최소화하는 것을 목표로 설계된 것이다(Hatton and Williamson, 2005: 379-382).

한편 이미 1970, 80년대부터 선별이민을 추진해 온 위의 나라들의 경우 이민의 절반 정도가 (숙련)노동이민(employment-based immigrants)인데 이는 가족합류이민에 초점을 둔 미국이나 서유럽의 이민정책과 대조를 이루는 것이다. 그런데 최근에는 서유럽 역시 선별적인 방식으로 노동이민을 활성화하는 정책이 채택되고 있다. 동구권 붕괴를 계기로 유럽 최대의 이민국가가 된 독일의 예를 보면 비록 소기의 성과를 거두지는 못했지만 외국인 IT인력 수급계획을 추진하였다. 그 외에도 외국인 고급인력을 선점하기 위해 유학생이 학업을 마친 후 일자리를 갖게 되면 독일에 계속 체류할 수 있고 학업이 종료된 후 1년간은 일자리를 찾을 수 있는 시간을 주는 등 이들을 배려하는 정책들을 새로이 만들고 있다. 영국 역시 같은 맥락에서 2002년의 고급인력 수급 프로그램(High Skilled Migrants Program) 등 고급인력을 끌어들이기 위한 다양한 장치들이 등장했다. 이러한 고급인력 중심의 이민정책을 편 결과 2003년에 부여된 13만 9천 건(2002년에 비해 20% 증가)의 체류허가 중 29,600건(2002년에 비해 50% 늘어난 수치)이 숙련노동자들에 해당하는 것이었다. 가족이민의 경우 전해에 비해 20% 증가한 65,800명이었고 난민허가는 반대로 30%가 줄어든 수치였다.

숙련노동자들과는 대조적으로 미숙련 노동자들의 이민을 가능한 한 제한하고 가족이민에 대해서도 대부분 강경한 정책을 펴고 있으며 난민의 경우에는 더더욱 그러하다. 1980, 90년대에 대거 이루어진 제3세계 민주화를 근거로 소위 민주적인 국가의 수를 늘림으로써 난민인정의 폭을 줄인 것이다(De Charentenay, 2006). 형식적인 민주화가 바로 정치적 억압의 종식을 의미하지는 않는다는 점을 고려한다면 이러한 조치도 폐쇄적 경향이 강화된 것의 일환으로 볼 수 있다. 최근 프랑스 이민정책의 주안점 역시 '선택된 이민' 중심의 이민정책, 즉 자연발생적인 이민에서 '선택된 이민', '기획이민'으로의 전환에 두고 있다. 이는 한편으로는 능력을 기준으로 하는 이민정책으로 전환하여 보다 노골적으로 자국에 유용한 이민을 추구하는 것이고, 다른 한편으로는 대량이민 시대에 이민에 대한 통제력의 확보를 추구하는 것이다. 이러한 차원의 구체적인 방안으로 사기결혼 대응책, 쿼터제 도입, 고급인력 위주의 외국인인력정책 등이 도입되었다.

유럽적 맥락에서 적극적인 이민정책과 선별주의는 IT 등 특정 분야의 숙련노동력 부족과 고령화 현상이 배경이 되었다. 이민이 이 두 문제의 가장 효과적인 해결책으로 간주되었던 것이다(Docquier et Rapoport, 2007). 이러한 변화의 계기는 새로운 이민의 유입이 없다고 가정했을 때 고령화로 인해 2050년이면 유럽은 현재 인구의 60%가 줄어들 것이라는 2000년 3월 유엔보고서의 충격이었다(Wihtol de Wenden, 2002; [그림 2-2] 참조). 그리고 이러한 인구전망으로 인해 국경개방이 불가피하다는 유엔의 진단을 받아들이게 된 것이다. 물론 여기에는 90년대 말부터 나타난 완만한 경제회복이 촉진제 역할을 하였다.

토착민들이 싫어하는 직종을 맡기기 위해 외국인 노동자들을 필요로 했던 과거의 이민 현상과 달리 최근 이민 수요는 특정 분야의 전문인력 공급부족에 따른 것이라는 점이다. 그리고 이러한 맥락에서 과거와 다른 이민정책, 즉 다른 출입국 정책, 다른 통합정책이 필요하다는 점이 제기되고 최근 서유럽과 북미 등에서 전개되고 있는 기존 이민정책 및 이민자 통합모델에 대한 재검토도 이러한 변화된 상황에 대한 대응이다. 고급노동력이나 외국학생의 유치를 위한 OECD국가들 간의 경쟁이 치열하다. 즉 '이민 오기 좋은 나라 만들기'에 전념하고 있는 것이다. 이탈리아, 스페인 등지에서 최근 채택한 직종별 쿼터제가 이러한 차원의 시도들이다(Chassard, 2006). 이러한 정책변화의 결과 1990년에서 2000년까지 OECD 국가에 있어서 생산가능인구에 해당하는 이민자 수의 증가율이 3.5%인데 숙련 이민 노동자 수의 증가율은 5.3%였다(Docquier et Rapoport, op.cit.).

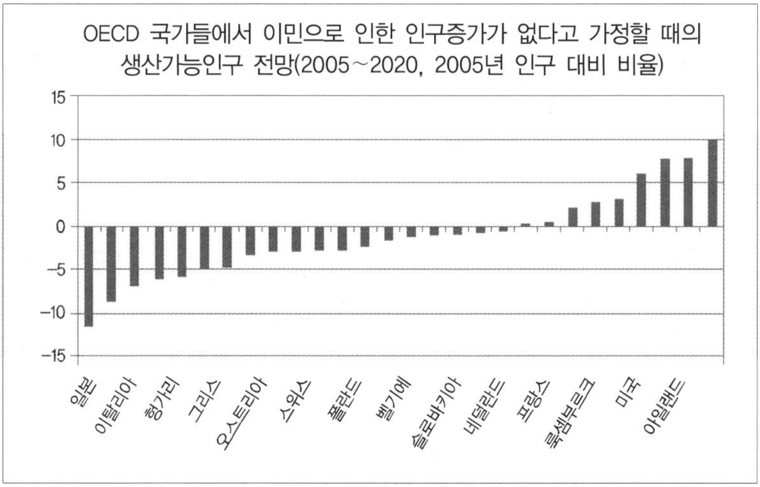

[그림 2-2] OECD의 유럽연합 인구전망

(http://www.oecd.org/document/9/0,3343,en_21571361_42931477_42955017_1_1_1_1,00.html)

한국의 경우 역시 이민정책은 특히 인구문제 차원에서 접근되어 왔다. 〈표 2-3〉은 외국전문인력과 결혼이민자를 통해 전체 인구와 생산가능인구를 확보하겠다는 전망이 이민정책의 저변에 깔려 있음을 잘 보여 준다.

〈표 2–3〉 인구변동 추이 및 체류외국인 증가 추세 분석

구분 \ 연도	2005년	2010년	2020년	2030년	2040년	2050년
전체인구	48,461,000	49,594,000	50,650,000	50,296,000	48,204,000	44,337,000
생산가능인구 (인구비율)	34,671,000 (71.8%)	35,254,500 (71.1%)	35,838,000 (70.8%)	31,892,000 (63.4%)	27,323,500 (56.7%)	22,755,000 (51.3%)
체류외국인 (인구대비)	747,467 (1.5%)	1,422,010 (2.8%)	2,539,419 (5.0%)	3,056,828 (6.0%)	3,574,237 (7.4%)	4,091,646 (9.2%)
외국전문인력	24,644 (3.3%)	71,100 (5%)	177,759 (7%)	305,683 (10%)	536,135 (15%)	818,329 (20%)
결혼이민자 (체류 외국인대비)	75,011 (10%)	132,690 (9.3%)	254,707 (10.0%)	376,724 (12.3%)	498,741 (14.0%)	620,758 (15.1%)

출처: 법무부, 『외국인정책 관련 환경변화 미래예측 보고서』, 2006년 8월

물론 이러한 양상이 최근에 나타난 것도, 한국 사회에 국한된 것도 아니다. 근대이민은 일반적으로 이민 수용국의 인구문제 및 노동력 수요 해결에 기여해 왔다. 앞서 살펴보았듯이 출산율이 전반적으로 낮은 유럽의 상황도 마찬가지다. 1974년 노동이민의 금지조치 이후 30년 만에 적극적인 이민정책을 펴게 된 배경에 고령화 현상이 있었다. 일본이 최근 이민 수용에 보다 개방적인 태도를 보이고 있는 것은 저출산 고령화 때문이다(Magniadas, 2007: 41). 그렇다고 유럽이나 일본 등지에서 이민정책이 더 개방적이 된 것이라고 단언하기는 어렵다.

프랑스의 경우 노동이민의 재개는 관광, 건설, 계절노동, 무역 등 몇몇 직종에 국한된 것이었다. 이와 함께 '능력과 재능'이라는 이름이 붙은 체류증이 신설된다. 이 법의 제정과정에서 주창된 '선택된 이민'이라는 개념은 많은 시민단체로부터 비난을 받게 된다. 이것은 2000년대 이후 유럽과 미국에서의 난민정책, 이민정책에서 공통적으로 나타나는 현상이다. 즉 이들 국가들은 공히 노동이민을 촉진시키는 정책을 채택하였는데 이것은 특히 고급노동력 또는 특정 영역에 필요한 노동력의 유입을 촉진시키려는 것이었다. 이와 대조적으로 미숙련 노동자들의 이민은 가능한 한 제한하고 가족이민에 대해서도 대부분 강경한 정책을 폈다.

서유럽의 경우 선별적인 방식의 노동력 수입정책은 한편으로는 1970년대 이래 지켜져 온 노동이민의 원칙적 금지라는 기존 노선의 수정을 의미하는 것이며 다른 한편으로는 19세기 말 이래 이 지역이 표방해 온 보편주의 전통에서 벗어나는 새로운 것이다. 선별주의 전략이 우리에게는 국익에 도움이 되는, 큰 문제없는 것일 수 있지만 서유럽 등 전통적인 이민수입 국가들의 경우 이 전략은 매우 새로운 것이고 그간 원칙적인 차원에서나마 유럽의 이민정책의 근간에 있었던 보편주의를 노골적으로 부정하는 하나의 사건이다. 이러한 새로운 상황에 직면해 다양한 담론이 경쟁하고 있다. 무엇보다도 1970년대 초 노동이민 금지 이전의 개방적인 이민정책으로의 회귀를 주장하는 공격적인 담론과 이민족들이 대거 유럽인화함으로 인해 유럽인의 인종적 이질성이 증대하는 것에 대한 우려로 국경폐쇄를 주장하는 방어적인 담론이 경쟁하고 있는 형국이다.

자료 2-4. 신자유주의와 이민정책

신자유주의는 사회마다 다양한 정도로 관철되고 있다. 그런데 대부분의 정부는 이민에 대해 매우 유사한 억압정책을 펴고 있다. 지난 20여 년간 추진된 영구정착을 위한 이민을 금지하는 노선이 최근 최고조에 달하고 있다. 신자유주의와 규제정책의 연계는 역설적으로 보인다. 신자유주의 이론은 원칙적으로 이동의 자유라는 차원에서 국제이주에 긍정적이어야 하지만 주요 이론가들은 이주문제에 무관심하거나 모순적인 입장을 취했다. 대표적인 신자유주의 이론가 프리드만의 경우를 보면 한편으로는 이동의 자유라는 차원에서 긍정적인 태도를 보였지만 다른 한편으로는 다른 영역에서 정부규제 완화를 일관되게 주창한 것과는 달리 이민에 대한 규제에 대해서는 안보의 필요성 등 다양한 요인들을 고려해야 한다며 유보적인 태도를 보였다. 더 나아가 프리드만은 복지국가 프로그램이 개인의 생산적 기여를 고려하지 않고 최저임금 정도의 소득을 보장해 주기 때문에 이민자들의 자유입국은 바람직하지 않다고 했다(Dreher, 2007: 108).

한편 선별주의는 노동시장의 논리와 모순된다는 지적이 있다. 즉 일반적으로, 선진국에서는 전문·기능 노동자와 단순노동자 간에 임금격차가 상대적으로 작은 데 비해, 개발도상국에서는 그 격차가 큰 것이 사실이다. 개발도상국에서는 첨단산업부문을 보호 육성하지만, 기존의 전통적 산업부문은 위장실업이 많이 있더라도 보호하는 경우가 많다. 또한 선진국에서는 개발도상국에 비해 전문·기능 노동자와 단순노동자 모두 임금률이 절대적으로 높은 것이 사실이다. 이를 근거로 할 때, 선진국 단순노동자의 임금률은 개발도상국 전문·기능 노동자들의 임금률보다 상대적으로 높다고 생각하고 있으므로, 단순노동자 쪽에서는 개발도상국에서 선진국으로 이동할 가능성이 높은 것이다. 그러므로 전문·기능 노동자는 적극적으로 받아들이되 단순노동자만의 수입을 금지하는 기존 정책은 이러한 경제 메커니즘에 반하기 때문에 문제가 있는 정책이라는 것이다(야마모토 시게노부, 2008).

자료 2-5. 프랑스 이민정책의 최근 경향

프랑스의 경우에도 외국인들의 프랑스 입국과 거주를 보다 까다롭게 하는 이민법 개정이 이어지고 있다. 2003년 11월 26일 개정된 〈이민의 조절, 외국인들의 체류 및 국적 관련 법〉(la loi relative à la maîtrise de l'immigration, au séjour des étrangers en France et à la nationalité)은 '통합'이라는 기준을 체류증 발급의 조건으로 설정하였다. 이 법은 또한 불법이민에 대한 단속을 강화하였다. 이렇게 이민정책이 강경해짐에 따라 특히 출입국이나 보호감호 상황에 있는 외국인들의 기본적인 권리의 보장이 더욱 어려워졌다. 게다가 소위 '불법이민'의 상당 부분은 불법입국에 의한 것이 아니라 더욱 어려워진 불법체류자의 합법화 절차 그리고 보다 엄격해진 체류증 갱신제도에 따른 것이었다.[2]

이러한 강경노선의 주역은 현 프랑스 대통령 사르코지였다. 우파인 자크 시락 대통령이 재선된 해인 2002년 내무장관이 된 후 그는 매우 강경한 이민정책을 추진했다. 그 내용을 보면 비자를 필요로 하는 나라들에서 여행자 자격으로 입국한 사람들에 대한 까다로운 입국조건을 요구하고, 결혼이나 입양 등으로 체류증을 받거나 프랑스 국적을 받을 경우에 필요한 조건을 까다롭게 하거나 소요시간이 더 길어지게 하는 식으로 이민을 어렵게 하는 조치들을 도입한 것이다. 소위 신이민법이라고 불리는 2006년 7월 개정 〈이민 및 통합에 관한 법〉에서는 이러한 경향이 더욱 강화되었다. 체류 자격에 대한 규제의 강화가 핵심 내용이었던 이 법의 주요 개정사항은 가족합류이민

---

2) 프랑스뿐 아니라 유럽 전체에서 이민정책이 강경해짐에 따라 유럽연합은 2003년 〈가족합류이민에 대한 지침서〉(directive sur le regroupement familial)라는 일종의 권고안을 채택하는 등 이러한 추세를 막아 보려는 유럽연합 차원의 시도를 하게 된다. 2003년 1월 27일 채택된 유럽연합집행위원회의 '2003/9/CE' 권고안의 경우에도 망명신청자와 관련된 최소한의 공통의 규범을 제시하는 것이었다. 이것은 1985년 쉥겐조약(Schengen Convention)을 계기로 회원국 간의 경계를 허물고 EU 전체의 국경통제에 공동대응하거나 이민정책을 공동개발 하는 등 공동대처를 강화시켜온 과정의 일부이다.

(regroupment familial)의 조건 강화,[3] 10년짜리 주민증(Carte de R sident) 취득 요건 강화 등이었다.

이 개정 법률은 통제의 강화를 의미하는 규정의 도입과 더불어 1974년 이후 중단된 외국노동력 수입의 재개를 선언한다. 이러한 개방적인 변화가 프랑스에 국한된 것은 아니다. 장기적인 차원에서 유럽 이민정책의 변화추세를 보면 1950, 60년대는 자유주의적, 개방적 경향을 보이다가, 1970년대 이후에는 억압적 경향이 강화되었다. 그러다가 최근에는 노동력 확보와 인구문제 해결을 위해 기존 정책을 수정해 노동이민을 재개하는 경향이 나타나고 있는 것이다(Stalker, 2002).

그렇다고 이민정책이 단순히 더 개방적이 된 것이라고 말하기는 어렵다. 프랑스의 경우 노동이민의 재개는 관광, 건설, 계절노동, 무역 등 몇몇 직종에 국한된 것이었다. 이와 함께 '능력과 재능'(Compétence et talents)이라는 이름이 붙은 체류증이 신설된다. 이 '신 체류증'(Une nouvelle carte de séjour) 제도는 자국이나 프랑스의 발전에 기여할 수 있는 재능이나 자격을 구비한 외국인에게 3년짜리 체류증을 부여하며 재연장이 가능하게 하는 것이다. 이 법의 제정과정에서 주창된 '선택된 이민'이라는 개념은 많은 시민단체로부터 비난을 받게 된다. 또한 이민을 받아들이는 데 있어서 '불어구사능력'이라는 조건이 강화된다. 이러한 최근 경향은 1990년대 초 국적법개정논의 당시 프랑스의 국민적 통합성을 강화시키려는 진영의 입장과 궤를 같이하는 것이다. 당시 이들은 국적 취득과 관련해 속지주의의 자동적 적용을 비판하며[4] 프랑스에서 난 이민의 자식들에게 16세가 되면 통합 가능한지 판단하는

---

3) 합법적으로 체류하고 있는 외국인이 고국에 있는 가족의 합류를 신청할 수 있는 최소기간을 12개월에서 19개월로 연장하였다. 1984년부터 시행되어 온 10년짜리 체류증의 경우에도 그동안은 프랑스에 10년 이상 합법적으로 체류한 외국인에게 또는 프랑스 국적을 가진 배우자에게 자동적으로 발급하였는데 이제 소득과 프랑스에서 경제적으로 자립할 수 있는 능력 등을 고려하는 조건부 발급으로 변하였다.

4) 1993년 7월 22일 법 개정에 따라 프랑스에서 외국인 부모 사이에 태어난 자는 16세에서 21세 사이에 '프랑스 국민이 될 의지'를 표명하는 '의지선언'을 요구받았다. 그러나 1993년 국적법의 경우 여러 부작용과 현실 적용의 문제 등등의 비판이 제기되어, 이 법의 완전한 적용을 받는 첫 세대인 1976년생 청년들이 자신의 태도를 결정하게 되는 최종 시한(경우에 따라 1997년 말 또는 1999년 말에 절차가 완료됨)이 되기 전에 폐기되었다. 1998년 5월 16일에 새로이 개정된 법률안은 "프랑스에서 이민자 혹은 외국인 부모 사이에 태어난 자는 18세에 프랑스에 일상적으로 거주하고 있을 경우, 혹은 11세 이후 연속적으로 5년째 거

선별절차를 추가하려고 시도했다. 참고로 현재 프랑스국적법을 보면 자동적으로 프랑스인이 되는 경우는 부모 중 최소한 한 사람이 프랑스인인 경우(혈통주의), 부모가 없이 프랑스에서 태어난 아이(출생지주의), 부모가 둘 다 외국인이지만 그중 최소한 한 사람이 프랑스에서 태어난 가정의 아이[5] 등이다. 국적취득이 가능한 사례를 보면 프랑스인과 결혼한 후 1년이 지난 배우자, 외국인 부모 사이에서 프랑스에서 나고 11세에서 18세까지 최소한 5년간 프랑스에 거주한 아이, 프랑스에 거주한 지 5년이 지난 모든 성인 외국인은 일정 조건하에 국적취득을 신청할 수 있다(Bernard, 2002: 298-9).

주하고 있을 경우 (자동적으로, 별도의 선서 절차 없이) 프랑스인"이라고 규정함으로써 프랑스에서 출생한 아이는 자동적으로 국적을 취득하는 1973년 국적법의 원칙으로 복원시킴으로써 속지주의를 강화시키게 된다.

5) 이 규정은 1962년까지 프랑스의 한 주였던 알제리에서 태어난 부모의 경우 등 프랑스 식민지배 하에서 태어난 부모의 아이들의 경우에 해당된다.

제3장 다문화주의와 다문화주의 비판

“주요 신문들의 기사를 검색할 수 있는 넥시스 데이터 베이스Nexis date base에 의하면 1988년까지도 다문화주의에 대한 언급은 전무했으나 89년에 33건을 시작으로 급속히 증가하여 90년에 100건을 넘었고, 91년 600건, 92년 900건, 93년 1,200건 그리고 레이크 카운티 사건이 있던 94년에는 1,500건을 기록했다. 94년이 절정이었다고도 볼 수 있지만 95년에도 1,200건을 유지한 것을 보면 다문화에 대한 관심이 지속되고 있음을 알 수 있다. 오히려 94년 이후 신문에서 이 단어를 사용하는 빈도가 줄어든 것은 어쩌면 학교 내에서의 다문화주의 현상 자체가 더 이상 뉴스거리도 되지 않는 평범하고 일상적인 현실로 변화했음을 보여 주는 것인지도 모른다(글레이저, 2009: 33). ‘우리는 이제 모두 다문화인이다(We are all multiculturalists now).’ 물론 실제로는 우리 모두가 다문화인일 수는 없다. 그러나 교육계(특히 흑인 학생들이 대부분을 차지하는 곳)에서 일하는 사람이라면 주변에서 다문화인이 아닌 사람을 찾아보기는 힘들며, 다문화인이 아닌 경우 많은 어려움을 겪을 것도 분명하다”(ibid.: 257).

다문화주의에 대해 비판적인 한 학자의 글에서 우리는 미국에서 다문화주의가 교육계의 주류 담론으로 자리 잡았음을 알 수 있다. 최근 사회통합모델에 대한 논의의 중심에 있는 것은 단연 다문화주의이다. "어떻게 우리는 정체성을 사랑하고 불평등을 무시하도록 배웠는가?"(Michaels, 2006)라는 질문도 '계급에서 정체성으로', '평등에서 차이로'의 시대정신의 변화를 잘 보여 주고 있다.

다문화주의가 처음 등장한 캐나다의 경우에는 '이중문화주의'(biculturalism)에서 다문화주의로의 전환을 권고한 1970년의 제안이 계기가 되어 1982년 권리와 자유 헌장이 제정되었다. 그에 뒤이어 스웨덴(1975), 호주(1978)에서 다문화주의 정책이 등장하였다. 아래에서는 먼저 다문화주의가 무엇인지에 대해 살펴보고 이를 도입한 각국의 경험을 살펴본다. 캐나다, 호주, 미국 등 다문화주의가 본격적으로 시행되었던 국가들의 경험 그리고 프랑스와 같이 다문화주의에 대한 부정적인 인식이 강한 가운데 '문화간 주의'라는 독특한 형태를 띤 사례를 살펴본다.

1. 다문화주의

1) 다문화주의의 전 지구적 확산

프랑스 사회학자 알랭 뚜렌느(Touraine, 1997)는 다문화주의의 원천을 종교전쟁 이후 등장한 근대 자유주의의 유산에서 찾는다. 그러면서 이제 2세기 동안의 국민국가의 역사 속에 묻혀 있는 차이에 대한 논의를 재개할 때가 왔다고 한다. 즉 신앙과 가치관에서의 다양성에 대한 관용의 원리가 그것이다. 마치 종교전쟁 직후처럼 말이다. 그리고 우리는 어렵지 않게 이러한 주장의 배경으로 유럽에 존재하는 이슬람을 떠올릴 수 있다. 이슬람이 아니더라도 다양한 문화권 출신의 사람들이 공존하는 양상은 선진국에서 갈수록 심화되고 있고 이러한 맥락에서 그에 대해 전개된 격렬한 논란과 많은 비판과 함께 '다문화주의'가 점점 중요한 이슈가 되고 있다.

1990년대 이후 탈냉전과 세계화시대를 풍미하고 있는 문명론의 일국적 형태라 볼 수 있는 다문화주의는 캐나다를 시작으로 1970년대부터 영미권 사회 소수민족 통합의 주된 논리로 자리를 잡았다. 최근에는 영미권에서 시작된 다문화주의가 전통적인 방식, 즉 국민국가의 틀을 중시하는 다문화 공존방식을 추구해 온 유럽대륙에도 영향을 미치게 된다.

프랑스, 독일, 영국, 네덜란드 등 유럽의 많은 나라들에서 이 개념의 부상은 1960년대에 온 이민집단, 특히 이슬람국가 출신자들이 일시적인 경제이민에서 영주화로 전환되는 상황과 연관성을 갖는다. 캐나다에서 다문화주의가 영토적, 언어적 소수민족에 관한 것이었다면 미국에서 그것은 동화되지 못한 배제된 집단, 특히 흑인집단에 관한 것이었다.

다문화주의가 최근의 경향이긴 해도 완전히 새롭지는 않다. 그간 대표적인 소수민족 통합모델로는 미국의 융합모델(melting-pot model), 영국의 다문화주의 모델(multiculturalist model), 프랑스의 공화주의(Republicanism)를 위시한 유럽 대륙의 국민국가모델(nation-state model), 호주의 백호주의(White Australia Policy) 등이 있었는데 1970년대 이래 부상한 다문화주의는 완전히 새로운 것이기보다 법과 제도에 있어서 인종에 따른 구분과 고려가 명시적으로 존재해 온 영국과 미국의 전통적인 통합모델이 급진화한 것으로 볼 수 있다. 미국의 경우 전통적인 융합모델과 최근 다문화주의의 영향 속에 그 대안으로 제시된 '샐러드 볼'(salad bowl)모델 간에 질적인 차이가 있다고 보긴 어려운 것이다.

한편 소수민족 통합모델을 보면 공화주의나 다문화주의 등 통합모델 자체에서 문제점이나 특성을 찾기는 쉽지 않다. 따라서 이 모델을 경험한 사회의 현실에서 논의를 전개하는 것이 효과적인 방법 중 하나이다. 예를 들어 미국의 '융합'모델은 소수민족의 통합방식의 관건이 되는 기존 주류문화가 없는, 더 정확하게는 인디언들의 절멸로 기존 사회질서가 사라진 신대륙의 조건의 산물로서 극히 예외적인 사례이다. 따라서 다른 지역과 직접 비교하기에 큰 어려움이 있다. 다문화주의 역시 1970년대에 여러 나라에서 채택되었지만 그 배경은 상이했다.

2) 다문화주의의 내용

다문화주의는 캐나다에서 종족적 소수자에 대한 통합정책의 일환으로 등장한 것이다. 그러나 이 용어는 사회의 유형 또는 이념을 의미하기도 한다. 캐나다의 한 백과사전에 나온 정의에 따르면 캐나다에서 '다문화주의'(multiculturalism)라는 용어는 적어도 세 가지 의미로 사용된다. 첫째, 종족적, 문화적 이질성을 특징으로 하는 사회, 둘째, 종족이나 문화가 다른 집단 간의 평등과 상호존중이라는 이상, 셋째, 1971년 캐나다에서 연방정부가 공표하였고 이어 많은 지방정부들도 채택한 정부정책("Multiculturalism" in *The Canadian Encyclopedia*, 2000: 1535).

다문화주의 개념의 이러한 다의성은 이에 관한 논의를 어렵게 하는 요인이 되기도 한다. 특히 〈다문화사회〉라는 객관적 현실과 〈다문화주의〉라는 이데올로기 또는 이를 바탕으로 한 정책을 명확히 구분하지 않는 것이 혼란을 가져오는 요인이 된다. 서유럽과 미국 등 모든 발전된 사회는 문화적 다양성을 지니고 있고 사회의 대다수 성원이 그러한 현실을 인정한다. 이것은 객관적 사실이다. 즉 〈다문화사회〉라는 대다수 사회의 현실과 문화적 차이에 대한 인본주의적 차원의 관용이 이민정책의 기조와 무관하게 객관적으로 존재하는 것이다. 객관적인 사회 현상으로서의 '다문화' 또는 '다문화주의'는 이민집단에 의해 형성된 객관적 사실이고 최근 전 지구적 이민 현상과 연관된 현상인 것이다. 그런데 특정 집단이 지닌 문화적 특수성이 해당 집단의 전략에 의해 또는 국가 및 주류사회에 의해 소수민족 사회통합의 주된 자원으로 동원될 때 현실로서의 다문화주의(multiculturalism)는 사회통합 전략 또는 사회통합정책이라는 의미의, 정치적 차원의 다문화주의로 전환된다. 또한 선진국들의 경험을 볼 때 다문화주의와 여러 문화의 공존을 위한 전략을 구분할 필요가 있다. 왜냐하면 다문화주의가 유일한 또는 가장 바람직한 문화간 공존전략이라고 단언할 수는 없기 때문이다. 더 나아가 경우에 따라서는 문화적 이질성을 부각시킴으로써 다문화주의가 그간의 문화간 공존을 문화간 갈등으로 변질시키는 계기가 될 수도 있다(엄한진, 2006).

다문화주의를 주창하는 정부나 학자들은 다문화주의가 종족적 소수자들에게 더 나은 통합의 기회를 제공해줄 것으로 믿고 있다. 이들에 따르면 다문화주의는 모든 시민이 자신의 정체성을 지키고 자신의 조상에 대한 자부심을 가지고 소속감을 느끼게 한다. 또한 이러한 특수성을 바탕으로 사회통합을 위한 더 많은 기회를 부여받아 모든 분야에서 적극적으로 참여할 수 있게 된다는 것이다. 차이에 대한 인정이 평등의 길이 될 수 있다는 일견 모순적으로 보이는 다문화주의 이론은 바로 동등한 권리와 개인의 자유를 핵심으로 하는 자유주의에 대한 비판으로부터 태동하였다. 다문화주의는 소수집단의 문화적 차이에 대한 절대적 존중, 소수문화에 집단적 차원의 권리를 부여한다는 원칙에 기반하고 있는데 이는 개인만을 권리의 유일한 주체로 상정하는 자유주의 전통과 대립되는 것이다.

3) 킴리카의 자유주의적 다문화주의론

대표적인 다문화주의 이론가 킴리카(Will Kymlicka)와 같이 자유주의를 표명하면서도 문화적 다원주의를 주창하는 이론가들도 있다. 그는 자유주의 원리가 개인 차원의 권리와 함께 소수 문화의 집단적인 권리에 대한 인정을 포함한다고 해석한다. 그의 다문화주의 논의는 현실에서 자유주의가 드러낸 한계에 대한 비판에서 시작된다. 미국의 경우 제2차 세계대전 이후 자유주의자들은 교회와 국가의 분리에 기초한 종교적 관용이 출신 종족에 따른 차이를 다룰 수 있는 논리도 제공한다고 생각해 왔다. 이들의 견해에 따르면, 종교와 마찬가지로 종족적 정체성도 개인의 사적 영역에 속하는 문제이지 국가의 관심사는 아니다. 국가는 사람들이 자신이 속한 종족집단 고유의 문화를 표현할 수 있는 자유를 반대하지 않지만 그렇다고 이러한 표현을 장려하고 지원하지도 않아야 한다는 것이다. 그러면서 킴리카는 국가의 중립성이나 보편적인 인권 개념 등에 기반을 둔 자유주의적 방식이 종족적, 문화적 소수집단에 연관된 중요한 문제들을 해결할 수 없는 한계를 지니고 있다고 지적하였다. 그는 다음과 같은 질문을 통해 자유주의를 반박하고 있다.

"어떤 언어들이 의회, 관청, 법정 등 공적 서비스가 행해지는 영역에서 인정되어야 하는가? 모든 종족집단은 각각 자신들의 모국어로 제공되는 교육을 받아야만 하는가? 선거구 설정에 있어서 종족에 따른 거주실태를 고려해 종족적 소수자들이 자신들이 밀집해 있는 지역에서 정치적으로 대표될 수 있게 해야 하는가? 중앙정부는 문화적으로 민감한 문제인 이민, 언어, 교육 등의 문제를 종족적 소수집단의 영향력이 강하게 작용할 수 있는 지방정부로 이전시켜야 하는가? 정부의 직위는 종족별 인구비례에 따라 배분되어야 하는가? 원주민들이 대대로 보유해 온 토지는 이들의 권리를 보호하기 위해 외부인들의 신규정착이나 개발로부터 보호되어야 하는

가? 소수자 통합의 책임은 무엇인가? 이민자들이나 망명자들에게 시민권을 부여할 때 어느 정도 수준의 문화적 동화가 요구될 수 있는가?"

그에 따르면 전통적인 인권 원칙들은 이상과 같은 문제에 대해 전혀 해답을 제시해 주지 못한다는 것이다. 예를 들어 언론의 자유는 적절한 언어정책이 어떤 것이어야 하는지 우리에게 말해 주지 않는다. 투표권은 정치적 경계가 어떻게 획정되어야 하는지 또는 중앙정부와 지방정부 사이의 권한의 배분이 어떤 사안에 대해 어느 정도로 이루어져야 하는지를 우리에게 말해 주지 않는다. 이동의 자유와 같은 자유주의의 원리는 적절한 이민 및 귀화 정책이 무엇인지를 우리에게 말해 주지 않는다. 이러한 문제들은 각 국가 내에서 통상적인 다수결 의사결정 과정에 맡겨져 왔다. 그 결과 문화적 소수집단이 불이익을 받게 되고 이로 인해 종족간 갈등이 심화되었다는 것이 그의 주장이다.

그러면서 이러한 문제들을 공정하게 해결하기 위해서 전통적인 인권 원칙들을 소수자집단권리 이론으로 보완할 필요성을 제기한다. 다문화사회에서는 독립적인 개인으로서 부여받는 보편적인 권리와 더불어 집단의 고유한 특성을 반영하여 부여하는 소수자집단의 권리 또는 집단차별적 권리(group-differentiated rights)가 설정되어야 한다고 주장한다. 그리고 이에 해당하는 권리를 세 가지로 구분한다.

① 연방제 등의 방식을 통해 소수민족에게 권력을 위임하는 자치권(self-government rights)

② 종족이나 종교와 결부된 문화적 실천에 대한 재정 지원과 법적 보호와 같은 다종족 권리(polyethnic rights)

③ 의회에서의 의석을 보장해 주는 등 소수 민족이 그들이 속해 있는 국가의 정치에 참여할 수 있는 기회를 부여하는 특별 대표권(special representation rights)

문화권은 개인의 권리를 침해하지 않는 인권의 일부로 고려되어야 한다. 물론 모든 문화가 아니라 구성원에게 실질적인 삶의 수단들을 제공할 수 있는 문화만이 집단적 권리를 가질 수 있다. 그리고 이러한 기준을 충족시키는 '다민족국가'(multination states)의 소수민족과 그렇지 못한 종족집단, 즉 개인과 가족 이민을 통하여 형성된 '다종족국가'(polyethnic states)의 종족집단(ethnic groups)을 구분한다. 전통적으로 불어권과 영어권 사회로 나뉘어져 있는데다가 제2차 세계대전 이후 비앵글로색슨계 백인이나 비백인들의 이주가 활성화된 캐나다는 두 유형 모두에 속하는 경우이다.

이러한 구분은 국가 구조에 따라 다문화주의에 대해 다른 접근이 필요함을 보여 준다. 유럽의 경우를 보면 먼저 이탈리아, 스페인은 특정 종족이 주로 거주하는 지역에 자치권을 부여하는 식으로 다원주의를 제도화하였고 벨기에와 스위스는 이민문제와는 무관한 언어적 다원주의가 정착된 나라이다. 독일에서는 터키인을 비롯한 소수민족 스스로에 의한 종족화의 양상을 띤다.

또한 그가 주창하는 문화권은 자유주의적 전통에 기반을 둔 것이다. 즉 이미 존재하는 인권, 즉 양심의 자유, 결사의 자유, 표현의 자유, 소통의 자유가 보장하는 개인이 자신의 운명의 주인이 될 권리를 더욱 풍부하게 하는 것이어야 한다(킴리카, 2010: 6-13).

그런데 문제는 이러한 문화권을 제도적으로 어떻게 인정하는가이다. 프랑스의 저명한 민족주의 연구자 슈나페는 문화권이 성립하기 어려운 이유를 다음과 같이 설명한다. 문화는 경제적인 것과 달리 구체적인 현실이 아니라 상징적인 차원의 것이기 때문에 제도화될 수 없다. 제도화될 수 있는 것은 사회적, 종교적, 언어적 실천에 관한 권리들뿐이라는 것이다. 또한 그는 현실적으로 특수주의에 대한 공적 인정은 해당 집단에 의한 끝없는 요구로 이어질 수 있다는 이유로 문화권 개념을 비판한다(Schnapper, 2000: 264, Ferreol et Jucquois(2004: 226-231)에서 재인용).

2. 다문화 시민권은 가능한가?

1) 시민권

시민이 된다는 것이 무엇을 의미하는지에 대한 논의는 정치이론의 역사만큼 오래된 것이고 그래서 다양한 논의가 있어 왔다. 가장 잘 알려진 것은 시민권을 공민권(civil rights), 정치권(political rights), 사회권(social rights)으로 구분한 마샬(T. H. Marshall)의 논의이다. 그에 따르면 서구의 역사에서 시민권은 위의 순서대로 확대되어 왔으며 20세기 들어 사회권, 즉 개인이 최소한의 경제적 복지와 사회적 대우를 받을 권리가 사회보장제도의 발달에 의해 실현되었다. 그는 이러한 시민권의 확대과정을 자본가계급에 대한 노동자계급의 투쟁과 양 계급 간 타협의 산물로 설명한다.

한편 국민국가(nation-state)의 유형에 따라 시민권 개념 역시 다르다. 이민자들이 자국 국민이 되는 것을 매우 어렵게 하는 국가가 있는가 하면 문화적 동화만 되면 시민권이나 국적을 부여하는 나라도 있다. 또 다른 유형의 국가들은 이민자들이 출신국가에서 가지고 있던 문화적 정체성을 유지하면서도 국적을 취득할 수 있도록 하고 있다. 시민권이나 국적은 단순한 형식적 지위 이상의 것이다. 그것이 어떤 정치적, 사회적 권리를 내포하고 있는지를 검토하는 것이 중요하다. 한편 시민권 획득의 문제는 취득하거나 그렇지 못하거나 하는 두 가지 경우만 있는 것은 아니다. 국제이주민들은 일정 정도의 거주기간 요건이 충족되면 시민으로서의 권리의 일부를 향유할 수 있는 일종의 '유사시민권'(quasi-citizenship)을 부여받기도 한다. 대표적인 사례가 1991년 마하스트리히트 협약에 의해 신설된 유럽연합 시민권이다.

유럽연합시민권은 유럽연합 회원국가의 국적 소유자에 국한해 부여된다. 이 제도를 도입한 주된 목적은 유럽인으로서의 정체성을 강화하고 회원국 출신자들에게 유럽의회 선거권 및 피선거권 부여나 유럽연합 기구들에서 일할 수 있는 권리 등을 부여하는 것이었다. 3개월 이상 거주자에 한해 지방선거에 대한 참정권만 부여하는 등 일국적 차원의 시민권에 비해 제한적이며 사회권 등이 배제된 부분적인 시민권이다. 또한 일부 권리만 부여될 뿐 의무가 규정되어 있지 않다는 점도 온전한 시민권이라고 보기 어렵게 만든다. 또한 유럽연합 비회원국 출신 주민들을 차별하는 비민주적인 성격 때문에 비판받아 왔다.

시민권이나 국적에 관한 각국의 다양한 법률은 크게 두 가지 상반된 원리에 근거를 둔다. 그 하나는 해당 국가 국민과의 혈연관계를 조건으로 하는 속인주의(ius sanguinis, law of the blood)이며 다른 하나는 해당 국가의 영토 내에서의 출생을 조건으로 하는 속지주의(ius soli, law of the soil)이다. 속인주의는 독일이나 오스트리아와 같이 종족적 민족주의에 입각한 국가들에서 전형적으로 나타나며 속지주의는 미국, 캐나다, 호주, 라틴아메리카 국가들과 같이 다양한 종족 집단으로 구성된 국가들에서 발달했다(Castles & Miller, 1998: 242-243).

실제 현실을 보면 대부분의 국가들에서 이 두 가지 원리가 함께 적용되고 있다. 예를 들어 속인주의의 대표적인 사례인 독일의 경우도 2000년 이후 속지주의도 함께 적용하고 있으며, 이스라엘의 경우는 유대인 이주민의 경우 귀환법(law of return)에 의해 국적이 부여되며 부모 중 적어도 한 사람이 이스라엘인인 자녀에게 국적이 부여된다. 호주나 벨기에, 영국 등도 두 가지 원리를 함께 적용하고 있다.

2) 전통적인 시민권모델 비판과 다문화 시민권

전통적인 시민권모델에 대한 비판 중 하나는 이민, 소수민족 등과 관련되어 나타났고 공통의 권리만을 고려한 기존 개념을 보완하고자 하는 것이었다. 비판의 주된 논거는 현대사회에서 문화적 다양성이 심화되었는데 다양성에 대한 인정이 기존의 시민, 시민권 개념으로는 한계가 있다는 것이었다. 시민권모델은 장애가 없고 이성애자인 백인 남성을 기준으로 하는 것이어서 이 기준을 충족시키지 못하는 사람은 배제, 주변화, 또는 동화의 대상이 되었다는 것이다. 다문화 시민권 논의는 그 대표적인 사례이다.

다문화 시민권(multicultural citizenship)은 시민권의 역사에서 사회권의 도입에 뒤이은 또 다른 확장을 의미하며 동시에 개인이 아닌 집단을 권리의 대상으로 간주한다는 점에서 시민권에 대한 기존 인식에 대립되는 것이기도 하다. 다문화주의와 함께 부상한 이 새로운 형태의 시민권은 전통적인 시민권에 문화권을 포함시키는 것이다. 물론 문화권은 해당 사회의 법을 준수하고 인권이나 민주주의와 같은 원칙을 존중한다는 조건하에 종족적 소수자집단에 부여되는 것이다.

다문화 시민권 논의는 최근 대두되고 있는 시민권에 대한 근본적인 문제제기의 일부이다. 이러한 현상의 배경 중 하나는 소위 세계화 시대에 전통적인 시민권 그리고 그 주체로서의 시민, 국민이 다른 정체성에 의해서 위협받고 있는 현상이다. 시민권(citizenship)은 시민의 정치적 행위를 의미하는 동시에 시민으로 간주되는 사람이 가지게 되는 특성을 가리키기도 한다. 그런데 최근 대부분의 사회에서 시민으로서의 충성심은 초국적(supra-national), 하위국가적(sub-national) 정체성에 의해 점점 위협받고 있다. "현 세계에서 개인은 더 이상 시민만이 아니며 점점 더 원초적인 정체성에 입각한 네트워크에 결합되고 있다"(Badie, 1997: 5).

유사한 입장에서 캐슬즈와 데이비드슨(Castles & Davidson, 2000)은 세계화가 더 이상 동질성의 신화들을 유지불가능하게 하였다고 주장한다. 더 많은 사람들이 이중, 삼중의 시민권을 가지고 있다. 그런가 하면 어떤 사람들은 자신이 거주하는 국가에서 형식적인 시민권을 가지고 있지는 않지만 장기체류자의 권리나 국제법에 의거해 시민권의 많은 부분을 향유하고 있다는 것이다. 또 다른 사람들은 형식적으로는 시민이지만 이 지위에 상응하는 권리들을 충분히 향유하지 못하고 있기도 하다. 또한 많은 사람들이 실업, 빈곤, 성차별주의, 인종주의로 인해 온전한 사회참여로부터 배제되고 있다. "누가 시민인가?"라는 질문에 답하기가 점점 더 어려워지고 있는 것이다.

이러한 맥락에서 최근 시민 및 시민권에 대한 논의가 활발하게 전개되고 있는데 논점 중 하나는 어떻게 시민권력을 통해 세계화를 관리할 수 있는지에 관한 것이며 이에 대해 두 입장이 있다. 한 진영은 점점 더 글로벌화되고 있는 경제에서 국민국가가 변하고 새로운 역할에 적응하기 때문에 현재의 국민국가 시민권을 수정하고 강화해야 한다고 주장한다. 다른 진영은 우리가 국민국가 시민권을 넘어서고 그것을 새로운 지역(regional) 및 세계(global) 시민권으로 보완해야 한다고 생각한다(ibid.: 228).

다문화주의자인 킴리카는 후자의 입장에서 민주주의에 '세계시민주의적'(cosmopolitan) 또는 초국가적(transnational) 개념을 도입할 것을 주장하였다. 즉 자유주의적 국민 만들기가 과거에는 민족적 차원에서 민주주의를 공고화하고 증진하는 데 기여하여 왔지만, 우리가 지금 필요한 것은 보다 광범위한 전 지구적 관점의 민주시민권이라는 것이다. 그리고 유럽연합(EU), 유엔(UN) 또는 월드뱅크(World Bank) 같은 초국가적 또는 국제적 기구들을 강화하는 것에서 세계시민주의적 시민권의 가능성을 본다. 그러면서도 킴리카는 한편으로는 초국적 시민권 논의에 정당성을 부여하는 이론적 준비가 되어 있지 않고 다른 한편으로는 이 새로운 시민권이 일국적 시민권에 부정적 결과를 초래할 수 있다는 점을 지적한다(킴리카, 2006: 433).

3) 한국의 '국경 없는 시민권' 논의

한국에서도 다문화 시민권과 유사한 논의가 존재한다. 외국인 노동자에 대한 시민권 부여를 주창하는 안산의 '국경없는 마을'이 대표적인 예이다(http://www.bvillage.org, (사)국경없는 마을 홈페이지). 이들은 국제적 노동이민이 증가하는 상황에서 혈통 중심의 국적 부여가 아니라 정치적 공동체의 성원으로서 그에 상응하는 의무를 충실히 이행하는 사람에게 시민권을 부여하는 새로운 시민권 개념을 제기한다. 이 개념에는 현재와 같이 획득하기 어렵고 온전히 향유하지도 못하는 폐쇄적이고 억압적인 일국 차원의 시민권을 넘어서 세계시민의 일원으로서의 '국경 없는 시민권'이 포함되어 있다.

오경석과 정건화에 따르면 국경 없는 시민권의 개념화는 신자유주의적인 지구화에 대한 비판으로부터 비롯되었다. 세계화는 불가피한 과정이지만 신자유주의와는 구분되는 대안적인 방식의 세계화가 필요하다는 것이 '국경없는 마을' 박천응 목사의 입장이다. 신자유주의적인 세계화가 유동성과 권리 행사에 있어서 자본과 노동 사이의 심각한 불균형에 기초하고 있다면, 대안적인 세계화란 국경을 넘는 노동력 이동의 자유와 타국에서의 이주 노동자의 권리가 자본의 수준에 버금가게 보장되는 세계화를 뜻한다. "국경을 넘나들며 노동할 수 있고 어느 곳에서라도 정착할 수 있는 권리"의 개념화, 그것이 바로 국경 없는 시민이 된다. 국경 없는 시민권이란 결국 국민 국가의 폐쇄적 영토성, 자족성을 약화시키는 세계화 국면에서 전통적인 일국적 시민권을 초국가적인 정치 공동체와 개인 사이의 관계로 개방적으로 확장시키려는 개념적 시도라고 할 수 있다(오경석 · 정건화, 2006: 79).

물론 '국경없는 마을'의 입장은 시민권을 문화적 측면에서 재정의하는 다문화 시민권 논의와 거리가 있다. 그보다는 근대 민족을 폐쇄적인 종족적 성격의 공동체가 아니라 자유, 평등, 인권, 민주주의와 같은 근대적인 가치를 공유하는 정치적 공동체로 인식하는 본래의 시민권 개념과 유사하다. 논리적 결함에도 불구하고 이들의 시민권 논의는 '국민'과 '시민', '국적'과 '시민권'의 연계를 파괴하려는 한국 사회 일부의 경향을 잘 보여 준다. 시민이나 국민과 함께 '주민'이라는 범주를 도입해 종족적 소수자들의 문제를 해결하자는 서경식(2009: 21-22)의 주장도 국적, 시민권에 대한 전통적인 관념을 재구성하는 시도라고 할 수 있다.

3. 분배인가, 인정인가?

'분배인가 인정인가', 즉 재분배를 통한 평등의 실현과 개별 집단 고유의 특수성의 인정 중 어느 것을 우선시할 것인가는 20세기 후반 이후 사회논의의 핵심적인 쟁점이었다. '계급의 정치'(class politics)와 '정체성의 정치'(identity politics), '재분배의 정치'(politics of redistribution)와 '인정의 정치'(politics of recognition)와 같은 구분은 이러한 논의를 상징적으로 보여 주는 개념들이다.

'정체성의 정치' 논자들은 20세기 후반부터 인정을 강조하는 정체성의 정치가 정치적, 경제적 평등을 추구했던 계급의 정치보다 중요하게 되었다는 논리를 편다. 1960년대 미국, 유럽 등 선진국에서는 노동운동과 같은 구 사회운동이 아니라 여성운동, 원주민운동, 반인종주의운동, 환경운동, 평화운동, 학생운동과 같은 '새로운 사회운동'이 전면에 부상하게 된다. 이들은 자기가 속한 집단의 경제적 요구보다는 전지구적 차원의 문제 또는 자신들의 정체성에 대한 인정의 문제를 제기하였다.

재분배의 정치와 인정의 정치에 대한 논의도 동일한 시대적 상황의 산물이다. 경제적 위계구조에 내재하는 불평등에 대한 투쟁은 노동계급 동원을 통한 재분배의 정치(politics of redistribution)를 탄생시켰다. 낸시 프레이저(Fraser, 1998)에 따르면 재분배의 정치는 사회의 경제체제에서 비롯된 사회경제적 부정의에 초점을 맞춘다. 여기에는 첫째, 타자의 의해 노동의 결과물이 전유되는 '착취', 둘째, 원하지 않는 노동을 할 수밖에 없거나 또는 노동시장으로부터 완전히 배제되는 '경제적 주변화', 셋째, 생계유지에 필요한 적정한 수준의 물질적 여건의 결여를 의미하는 '경제적 박탈'이 포함된다. 이것을 해결하는 방법은 경제적 재구조화이다. 즉 소득재분배, 노동 분업의 재구조화, 또는 자본간 경쟁의 규제가 이에 해당된다. 주로 공공정책을 통해 실현되는 재분배 정치의 대상은 시장이나 생산수단과의 특수한 관계에 의해 경제적으로 결정되는 계급 혹은 계급과 유사한 집단들이다.

마샬의 시민권 권리 개념은 경제적 불평등에 이와 같은 정치적 투쟁의 의미를 부여하는 데 우선적 의도가 있었다. 그러나 영국 사회에는 마샬이 많은 주의를 기울이지 못했던 또 다른 위계구조가 있었다. 이것은 신분에 따른 위계구조(status hierarchy)였다. 신분제도가 사라진 현대 서구 사회에서도 흑인, 갈색인, 또는 황인보다는 백인이, 무슬림보다는 기독교인이, 여성보다는 남성이, 동성애자보다는 이성애자가, 장애인보다는 정상인이 되는 것이 현실적으로 더 나은 것이다. '인정의 정치'는 '문화적 부정의'에 대한 동성애자, 종교적 소수자, 이민자, 소수 민족들의 저항을 가리키는 표현이다. 이들이 경험하는 문화적 부정의에는 첫째, 문화적 다수집단의 세계해석을 강요하는 문화적 지배(cultural dominance), 둘째, 자신들의 문화적 정체성에 대한 암묵적인 불인정(nonrecognition), 셋째, 일상생활에서 경험하는 경멸(disrespect)이 있다. 문제해결의 방법은 사회적으로 천대받는 집단의 손상된 정체성과 문화를 재평가할 수 있도록 문화에 대한 평가기준을 수정하거나, 또는 문화적 다양성에 긍정적 의미를 부여하는 것이다.

프레이저는 이 두 가지 방향의 접근을 대조하고 있지만 둘 간의 밀접한 연관성도 지적한다. 즉 우리가 분석적 목적으로 재분배의 정치와 인정의 정치 간의 차이를 구별할 수 있긴 하지만, 현실세계에서 이 양자는 연결되어 있다는 것이다. 어떤 집단들은 이 양자의 위계구조 모두에서 최하층 또는 거의 최하층에 근접해 있어서, 재분배와 인정을 위해서는 두 차원의 운동을 결집해야 한다는 것이다.

그러나 '재분배냐 인정이냐'라는 논의 구도 속에서 이 두 측면 간의 연관성은 상대적으로 소홀히 다루어져 왔다. 인정과 재분배에 관한 낸시 프레이저와 악셀 호네트의 논쟁을 살펴보자. 우선 이들은 자본주의의 세계화가 가져온 문화적 다양성 심화와 정체성의 정치화를 배경으로 '인정'이 이 시대의 핵심적인 개념이 된 점을 인정한다. 그런데 '인정'이 포드주의 시대의 핵심 개념이었던 '재분배'와 맺는 관계에 대한 논의가 충분히 이루어지지 않았음을 지적한다.

국민국가의 틀이 당연시되던 서구 복지국가에서 사회집단 간 갈등은 자원의 분배에 초점이 두어졌고 보편주의적인 개념과 사상에 의존해 전개되었다. 차이의 문제는 주변적인 지위에 머물렀고 정의는 평등한 분배와 동일시되었다. 그러나 오늘날 인정의 문제를 무시하기는 어렵게 되었다. 그렇다고 분배의 부정의가 사라진 것은 아니다. 오히려 경제적 불평등은 심화되었다. 이러한 조건에서 인정의 문제와 재분배의 문제가 맺는 관계에 대한 해명이 요구되고 있는 것이다.

악셀 호네트는 인정이 근본적인 것이며 분배는 인정에서 기인되는 이차적인 요인이라고 간주한다. 따라서 재분배에 관한 사회주의적 이상은 인정을 위한 투쟁의 하위 범주로 고려해야 한다고 주장한다. 이와 반대로 낸시 프레이저는 분배가 인정의 문제로 환원될 수 없다고 생각한다. 이로부터 그는 이 두 범주가 공히 근본적인 것이며 다른 하나로 환원될 수 없는 독립적인 '정의'의 두 차원으로 간주하는 접근방법을 제안한다(Fraser and Honneth, 2003: 1-3).

4. 차이의 정치와 공동체주의

다문화주의와 연관된 이념 중 하나는 공동체주의이다. 공동체주의 모델은 집단의 원초적인 차이를 초월하는 보편주의적인 법보다 소수문화나 소수 종족집단의 요구와 권리를 우선시하는 '차이의 정치'(the Politics of Difference)론에 기반을 두고 있다. 이 모델은 샌델(M. Sandel), 월저(M. Walzer), 테일러(Ch. Taylor)와 같은 미국의 사상가들에 의해 큰 영향을 받았다. 공동체주의의 논리는 이민자들이 처음에는 종족공동체의 틀 속에 있을 때 더 잘 사회에 통합된다는 것이었다. 이러한 인식을 토대로 종족적 성격의 단체가 장려되었다.

테일러는 그의 유명한 논문 「차이의 정치(1992)」에서 독일 낭만주의의 사상적 토대를 제공한 헤르더의 논의로부터 차이의 정치를 설명하고 있다. 헤르더는 당시 프랑스 등 서유럽의 보편적 '문명'에 직면한 독일인들이 가야 할 방향을 제시하고자 하였다. 그에 따르면 모든 인간에게는 자신만의 길이 있다. 나는 누구의 모방이 아니라 나만의 방식으로 나의 인생을 살도록 요구된다. 나 자신 외부에서 삶의 방식을 발견할 수 없다. 나 자신에게 진실하다는 것은 나 자신만의 독특함(originality)에 진실하다는 것이다. 독특함은 나만이 형성하고 발견할 수 있는 것이다. 그것을 형성하면서 나는 나 자신을 정의하게 된다. 나는 나만의 잠재력을 깨닫게 된다.

헤르더는 그의 '독특함'(originality) 개념을 개인과 민족이라는 두 가지 수준에 적용시킨다. 다른 사람들 사이에 존재하는 개별적 인간 그리고 다른 민족들 사이에 존재하는 '문화를 가진 민족'이 그것이다. 개인과 마찬가지로 '민족'(Volk)은 자신, 즉 자신에게 고유한 문화에 진실한 것이어야 한다. 독일인들은 누구로부터 파생된 존재가 되려고 해서는 안 된다. 즉 2등 프랑스인이 되려고 해서는 안 된다는 것이다. 비서구 사회의 경우도 마찬가지다. 유럽 식민주의는 '제3세계'가 외부에 의해 방해받지 않고 그들 자신이 될 기회를 제공해야 한다.

테일러는 헤르더의 논의에 기대어 차이의 정치론을 편다. 그에 따르면 차이의 정치에서 우리가 인정해야 하는 것은 특정 개인이나 집단이 가지고 있는 정체성, 즉 어떤 누구와도 다른 자신의 특징이다. 그런데 바로 이 차별성이 그동안 무시되고 간과되었고 다수자의 정체성에 동화되어 온 것이다. 이러한 동화는 진본성(authenticity)이라는 가치를 침해하는 것이다. 차이의 정치는 차별의 종식과 2등 시민에 대한 거부로 이루어진다.

테일러는 독특함, 진본성과 함께 존엄성(dignity) 개념을 도입한다. 이 개념의 최초의 영향력 있는 주창자 중 하나였던 칸트의 경우 우리 내부에 존재하는 자신에 대한 존중의 근거는 자신의 삶을 어떤 원칙에 입각해 이끌어갈 수 있는 합리적인 행위자로서 우리 모두의 지위이다. 이는 모든 인간, 모든 민족이 자신의 삶을 합리적으로 살아갈 수 있는 능력을 보유하고 있다는 것을 의미한다. 그리고 이러한 능력으로 인해 모든 인간은 존경의 대상이 될 수 있는 것이다. 차이의 정치 역시 모든 개인과 집단이 보편적으로 가지고 있는 잠재력에 대한 인정을 근거로 하는 것이다.

공동체주의가 발전한 미국에서 이 흐름은 다문화주의적 경향을 이끄는 대표적인 세력 중 하나이다. 미국의 '공동체주의자들'(communitarians)은 종족적, 종교적, 문화적 공동체에의 소속을 서구 민주주의의 토대인 개인 차원의 권리만큼이나 중요한 권리로 인정받게 하려고 시도한다. 이들에게 미국이 주창해 온 보편주의는 바로 주류문화가 낳은 자민족 중심주의로 비판된다. 이들은 문화적 정체성의 다양성이 보편적인 법의 틀 안에서 보장되기를 요구한다(엄한진, 2007a).

한편 현대적인 공동체주의(communitarianism)는 1971년 롤스의 저작 『정의론』의 출판에 대한 비판적인 반응의 형태로 학계에 등장하였다. 롤스에 따르면 정부의 주된 임무는 개인들이 자유롭게 선택한 삶을 이끌어 나가기 위해 필요한 자유와 경제적 자원을 공정하게 보장하거나 분배하는 것이다. 비판은 이러한 롤스의 자유주의적 입장이 공동체를 저평가하는 것에 초점을 둔 것이었다. 공동체주의는 자유주의 이론의 보편주의적 측면을 비판한다. 정의가 무엇인지를 논의할 때 특수한 사회적 맥락을 고려하지 않는 자유주의자들을 비판하는 것이다(http://plato.standford.edu/entries/communitarianism(Stanford Encyclopedia of Philosophy)).

공동체주의 진영에서의 가장 포괄적인 자유주의 비판은 샌델의 저서에서 발견할 수 있다. 샌델은 미국의 주류 정치철학인 자유주의를 비판하면서, 미국 사회가 안고 있는 각종 사회적 병폐는 만연된 개인주의와 자유주의가 근본 원인이라고 분석한다. 존 롤스의 『정의론』을 정면으로 비판하면서 명성을 얻은 그는, 자유주의자들의 개인에 대한 추상적 이해는 본래의 인간성과는 거리가 먼 왜곡된 인식이라고 말한다. 즉 자유주의자들이 가정하는 사회 이전에 존재하는 원자화된 인간상은 지나친 가상적인 전제에 불과하며, 진정한 인간의 실질은 공동체인 사회와 떨어질 수 없는 존재로서 사회 내에 존재하는 다양한 가치관의 영향을 받아 비로소 하나의 개인으로 형성된다고 주장한다.

5. 다문화주의의 다양성

다문화주의는 '문화'의 다양성을 중시한다는 공통점이 있지만 각 사회에 고유한 맥락에서 등장하였다. 또한 같은 다문화주의라도 다양한 하위유형이 있을 수 있다. 매클라렌(McLaren, 1994)은 다문화주의를 보수적 · 조합주의적(conservative and corporate) 다문화주의, 자유주의적(liberal) 다문화주의, 좌파 자유주의(left-liberal)적 다문화주의, 비판적 · 저항적(critical and resistant) 다문화주의로 구분한다.

그의 유형 분류에 따르면 보수적 · 조합주의적 다문화주의는 백인 등 주류 종족을 중심으로 해당 사회의 통합을 추구하는 경향을 가리키는 것으로 아메리카 흑인들을 노예, 하인, 즐거움을 주는 존재로 여기는 식민주의적 관점, 그리고 그에 결부된 서구인들의 제국주의적 태도에 입각해 있다. 이런 시각에서는 아프리카를 야생적이고 야만적인 대륙으로 여긴다. 자유주의적 다문화주의의 시각에서는 백인, 흑인, 히스패닉, 아시아계 사이에 자연적 평등이 존재한다. 이 유형은 인종간 지적 평등, 모든 인종이 지니는 인지적 차원의 유사성, 내재적인 합리성을 전제로 한다. 그런데 이들이 자연적으로는 동등하지만 미국 사회의 경우와 같이 인종적으로 매우 불평등한 것이 현실이다. 매클라렌은 이것을 유색인종의 문화에 대한 억압이 아니라 사회적, 교육적인 기회의 불평등에 기인한다고 설명한다.

자유주의적 다문화주의는 서로 다른 종족이나 인종간에 자연적 불평등은 존재하지 않으며 사회에서 생겨난 불평등을 제도로서 극복하고자 한다. 좌파 자유주의적 다문화주의는 문화적 차이를 강조하면서 주류인 자유주의적 다문화주의가 인종간 평등을 강조하면서 인종간 문화적 차이를 경시한다고 비판한다. 그런데 매클라렌은 좌파 자유주의적 다문화주의가 차이를 먼 과거에 존재한 고유 문화로 인식함으로써 '다름'(otherness)을 신비화한다고 비판한다.

그가 속한 비판적 · 저항적 다문화주의의 입장에서 볼 때 사회를 변혁시키려는 정치적 기획 없는 다문화주의는 기존 사회질서에 대한 또 다른 형태의 순응일 수 있다. 단순한 '개혁'에 머무는 자유주의적 다문화주의나 좌파 자유주의적 다문화주의가 이러한 경우에 해당된다고 비판한다. 비판적 다문화주의는 보수주의자와 자유주의자는 동일성을 강조하고 좌파 자유주의자는 차이를 강조한다는 일반적 인식은 잘못된 대조라고 비판한다. 동일성에 기초한 정체성과 차이에 기초한 정체성 모두 본질주의적 논리라는 것이다. 즉 이 두 경향 모두에서 개인적 정체성은 개인이 속한 집단의 본질이라고 여겨지는 몇 가지 요인에 의해 결정되는 고정된 것으로 여겨진다는 것이다.

비판적 · 저항적 다문화주의는 또한 문화를 갈등 없는, 조화로운, 합의된 것으로 보기를 거부한다. 이 경향은 다양성 그 자체가 목표라고 생각하지 않는다. 다양성은 당대 사회의 지배적인 문화에 대한 비판과 사회정의 실현이라는 실천적 차원에서 논의되어야 한다고 주장한다. 차이는 언제나 역사, 문화, 권력 그리고 이데올로기의 산물로 간주된다. 차이는 집단들 사이의 권력 관계에서 발생하는 것이기 때문에 차이를 부각시키는 해당 사회의 특정 요인들로부터 설명되어야 한다는 것이다(McLaren, 1994: 53).

아직 비판적 · 저항적 다문화주의 또는 정체성 정치(identity politics)라는 적극적인 시도가 나타나지 않고 있는 한국 사회 이민담론의 지형은 보수적, 자유주의적, 좌파 자유주의적 관점이 경합하고 있는 것으로 평가될 수 있을 것이다. 또한 한국 다문화 담론 및 정책에 내포되어 있는 온정주의는 주류 종족 중심의 통합을 추구하는 제국주의적 태도를 지니고 있다는 점에서 보수적 · 조합주의적 다문화주의에 해당된다고 볼 수 있다.

유사한 방식으로 미국 다문화주의를 다음과 같이 구분하기도 한다. 첫째, 공동체주의적 다문화주의(communitarian multiculturalism). 공동체주의자들은 다문화주의를 개인주의의 부작용으로부터 공동체를 보호하고 공동체가 추구하는 공공선과 가치를 확인하는 적절한 방식으로 이해하며 소수집단의 예외적인 문화적 권리를 주창한다. 둘째, 자유주의적 다문화주의. 이들은 이주민들의 문화적 차이를 인정하는 것이 자유주의 내에서 충분히 가능하다는 점을 강조하며 정체성과 권리를 분리해 자유주의적 틀 안에서 다문화주의를 포용하고자하는 공통점을 가지고 있다. 셋째, 비판적 다문화주의. 미국 사회의 주류 문화에 대한 도전과 비판을 전개한다는 의미에서 비판적 다문화주의라고 이름 붙여졌다. 여기에 속하는 사람들은 융합모델(melting-pot model)을 종족적, 인종적, 민족적 문화가 각각의 정체성을 가지고 공존하는 모자이크 모델로 대체하고자 한다(곽준혁, 2007: 126-153).

한편 라코른느는 다문화주의를 동일한 가치의 공유와 평등을 강조하는 공화주의도 포함하는 광의의 의미로 사용한다. 즉 다문화상황에 대한 모든 대응방식을 포함시키는 것이다. 그는 이렇게 광의로 이해된 다문화주의를 국민적 통합 또는 문화적 다양성을 강조하는 정도에 따라 고전적 다문화주의(classical multiculturalism), 온건한 다문화주의 또는 문화적 다원주의(moderate multiculturalism or cultural pluralism), 급진 다문화주의(radical multiculturalism)의 세 가지 유형으로 구분한다(Lacorne, 2004). 그에 따르면 고전적 다문화주의의 주된 특징은 출신 종족이 무엇인지와 상관없이 공통의 가치를 교육하고 동등한 권리와 기회를 부여하는 것이다. 소수민족우대정책(affirmative action)에 대해서는 형평성에 어긋난다는 이유로 거부한다. 프랑스 등 유럽 대륙의 국가들이 전통적으로 취해 온 이 입장의 대척점에는 캐나다 다문화주의 정책과 같이 종족집단 고유의 특징을 공적 영역에서도 중요하게 고려하는 급진 다문화주의가 존재한다.

6. 프랑스의 '상호문화주의'와 '상호문화교육'

1) 다문화교육의 다양한 형태

서구 사회에서 종족적, 문화적, 종교적 다양성 문제에 대한 교육적 대응방식은 다양하다. 그것은 해당사회의 시민권 개념, 가치체계 등에 따라 다르다. 문화적, 종교적 다양성에 대해 개방적 태도를 가지게 하고 인종주의에 대한 투쟁을 강화시키기 위해 고안된 대표적인 교육형태로는 '다문화'(multicultural) 또는 '상호문화'(intercultural) 교육, 반인종주의 교육, 발전교육, 글로벌교육, 평화교육, 이중언어교육, 민주주의 교육, 시민권교육 등이 있다(Ouellet, 2002). 이 중에서 가장 중요한 두 모델인 '다문화모델'과 '상호문화모델'은 미묘하지만 일련의 차이점을 지닌다. 다문화모델은 영미권, '상호문화' 접근방식은 불어권(프랑스, 캐나다의 퀘벡주, 벨기에 등)에서 주류를 이루는 것인데 이 양자 간의 차이는 '문화주의'(culturalism)와 '상호문화주의'(interculturalism)의 차이와 일맥상통한다.

문화주의(culturalism)는 다양한 의미를 지니는데 그중 하나는 단순화한 설명으로 정치, 경제 등 현실의 다른 차원을 고려하지 않고 문화적 설명만을 강조하는 경향을 말한다. 이런 점에서 문화주의는 "문화에 대한 소아병적 인식"이라고 비판되는 것이다. 문화를 절대시하는 이러한 접근방식에서 문화는 개인이나 집단의 행위를 설명하는 유일한 요소로 간주된다. 이러한 문화주의는 문화에 대한 새로운 접근방식으로서의 '상호문화주의'와 구분된다. 다문화가 어떤 고정된 차이에 대한 확인에 머문다면 '상호문화'는 문화에 대한 동태적인 인식의 길을 연다. '상호문화주의'에서는 상호작용이 문화나 정체성에 대한 정의의 핵심요소로 인식된다. 또한 상호문화주의(interculturalism)는 캐나다 퀘벡주의 경우처럼 다양성을 존중하지만 공통의 공적 문화의 교육을 중시하는 경향이다. 이런 점에서 다문화주의와도 차이가 있는 것이다.

압달라 프레세이유는 다문화 교육에 있어서 문화주의적 경향에 대해 다음과 같이 비판한다. 그는 1970년대 이래 이민자 자녀의 교육과 관련된 다양한 제도들이 도입되었지만 여전히 다음과 같은 고전적인 질문이 제기된다고 지적한다. "다른 문화권 출신 학생에 대해 교사는 교육자여야 하는가, 민족학자(ethnologist)여야 하는가?" 교육학에서 문화주의는 차이의 지나친 강조로 인해 소통을 불가능하게 하는 위험성이 있다. 교사에게 필요한 것은 타 문화에 대한 지식보다는 타문화 출신 학생이 처한 총체적인 개별 상황에 대한 구체적 분석이라는 것이다(Abdallah-Pretceille, 2004).

2) '상호문화'(intercultural)에 대한 논의

현대사회는 사회화, 정체성의 형성이 다양한 형태를 띨 수 있다는 점에서 과거와 구분된다. 이러한 현대사회의 특징은 문화적, 언어적, 사회적, 종교적 이질성을 심화시키는 요인이 되었다. 이제 우리는 자신의 내부에 다수의 문화가 공존하는 '다원적 인간'의 부상을 목격하게 된 것이다. 이러한 측면에서 보면 상호문화 현상은 고정된 문화간 차이보다 개인주의의 발전과 주체의 부상이라는 현상과 연관되어 설명되어야 하는 것이다. 프랑스 사회학자 미셸 비비오르카는 근대를 특징지었던 '동질적인 사회'라는 모델의 해체를 '역사적 전복'이라는 개념으로 표현했다(Boulay, 2008: 64).

최근 나타나고 있는 '상호문화적 장'(intercultural field)의 부상은 바로 이상과 같은 현대사회의 변화와 연관된 사회적 요구에 대한 대응으로 이해되어야 한다. 유럽연합집행위원회가 2008년을 '문화간 대화'의 해로 지정한 것도 이러한 시대상을 반영하는 것이다. 프랑스의 경우 문화간 관계에 대한 논의는 상당부분 이민 현상과 연관되어 이루어졌다. 실제 문화적 다양성의 심화는 상당부분 이주민들의 정주화의 결과였다. 그 결과 문화간 관계에 대한 논의는 이민 출신 주민이 밀집되어 있는 대도시 외곽의 문제, 인종주의 등 이민 관련 논의와 연관되어 진행되었다. 프랑스에서 '문화간 관계'(l'interculturel)는 문화적 다양성(diversité culturelle), 다문화성(multiculturalité), 문화간 대화(dialogue interculturel), 소수문화 인정(reconnaissance des cultures), 서로 다른 종족 출신 간의 결혼(mixité), 편견(préjugés), 문화적 스테레오 타입(stéré otypes culturels), 차별(discriminations) 등과 같은 다양한 현상을 아우르는 개념으로서 사회적으로 매우 민감한 논쟁을 야기했다(Poinsot, 2008: 1). 현재의 문화간 관계에 대한 논의의 지형을 보면 한편으로 '문화적 민주주의' 개념을 중심으로 한 이민담론, 다른 한편으로는 시민단체들을 중심으로 다양한 문화적 실천에 대한 인정을 주창하는 흐름으로 구성되어 있다(Hammouche, 2008).

'상호문화적'(intercultural) 측면을 '타자성'(otherness)에 관한 것으로 광의로 해석한다면 이에 대한 논의는 오래전부터 존재해 온 것이다. 그러나 이 개념을 서로 다른 문화와 연관된 개인들 사이의 또는 집단들 사이의 관계라는 협의의 의미로 사용하면 이에 대한 논의는 겨우 20~30년 전부터 시작되었다. 끌로드 끌라네(Claude Clanet)는 문화적 다원성은 새로운 사실이 아니지만 최근의 양상은 새로운 변화에 의한 것이고 문화적 이질성을 심화시키고 있다는 점을 강조한다. 그리고 그 배경에 있는 세계화, 즉 경제적, 인적, 문화적 이동과 관계의 심화를 지적한다(Boulay, op.cit.: 63-64).

'상호문화적'이라는 개념이 상대적으로 최근에 등장한 개념이어서 아직 그것의 의미와 적용 범위에 대해 학문적, 사회적 합의가 이루어지지 않았다. 이 문제는 이주 및 이주민의 범위를 획정하는 것과 중첩된다. 즉 노동이민, 난민, 장단기 유학생, 관광객 등 매우 다른 성격과 지위를 가진 집단들 중 어떤 집단을 '상호문화관계'라는 영역에 포함시킬 것인가에 대한 논의가 필요한 것이다(Hammouche, op.cit.: 6-7). 또한 문화간 관계에 해당하는 사안들의 범위에 대한 논의도 필요하다. 국적을 취득하지 못한 이주민들의 투표권문제부터 직장이나 공공장소에서의 전통적인 의복의 착용문제나 종교의례의 실천, 성과 가족에 관련된 문화적 차이에 대한 인정 등 매우 다양한 사안들이 포함될 수 있기 때문이다.

3) 상호문화교육

프랑스의 경우 '상호문화적'(intercultural)이라는 표현, '상호문화교육'이라는 개념은 1975년 공식적으로는 처음으로 공교육에 도입되었다. 1970년대부터 '상호문화교육', '상호문화교육학', '상호문화활동', '상호문화과정'이라는 개념의 사용이 늘어났고 그 결과 1980년대에는 '상호문화교육'이 중요한 이슈가 되었다. 1973년 노동이민의 원칙적 금지조치가 시발점이 되었다. 이 조치 이후 나타난 이주 노동자들의 정주화 현상은 학교에 새로운 도전을 야기했다. 즉 자유왕래가 불가능해짐에 따라 대부분 프랑스에 정착하기로 한 이주 노동자들의 2세들은 프랑스에서 태어나 이제 영원히 프랑스에 정착하게 된 것이다. 막대한 수의 이주민들의 자녀가 프랑스 공교육의 구성원이 됨에 따라 '상호문화관계'에 대한 논의가 시급해진 것이다. 특히 학교가 서로 다른 규범들 간의 갈등과 공존의 장이 된 것이다. 새로운 교육체계가 논의되었고 그 결과 소위 '상호문화교육학'이 등장한 것이다. 상호문화교육에 대해 제시된 대표적인 정의를 보면 먼저 '상호문화'라는 개념은 서로 다른 문화들 간의 평등하고 문화적 정체성을 어느 정도 유지하는 식의 관계 및 상호작용 과정을 의미한다. 문화간 교육은 문화가 다른 학생들 사이의 긍정적인 상호작용과 이해의 관계를 형성하기 위한 목적으로 교사나 학교가 시도하는 행위들을 의미한다(Kerzil, 2002: 123-4). '상호문화 상황'은 서로 다른 문화권 출신의 개인, 집단, 제도가 만나고 상호작용하는 상황을 의미한다(Clanet, 1993: 21).

대표적인 '상호문화교육' 주창자인 압달라 프레세이유(Martine Abdallah-Pretceille)는 상호문화 교육을 이렇게 설명한다. 먼저 동질화라는 프랑스 학교의 전통에 대항해 다양성과 복합적 정체성을 프랑스 사회의 문화적 자산으로 여겨야 한다는 것이다. 다원성을 고려한 교육은 인종폭력을 방지하는 수단이 될 수 있으며 현대사회가 문화적, 시민적으로 더욱 풍부하게 되는 토대가 될 수 있다는 것이다. 상호문화 교육은 이질성을 정상적인 것으로 설정하고 오히려 동질성을 강제적인 것으로 간주한다. 상호문화교육학은 학교 등 교육기관은 이주민의 자녀의 문화적 특수성을 인식해야 하며 이 특수성이 교육기관의 일상에 영향을 줄 수 있다는 점을 고려해야 한다고 주장한다. 그런데 이때 문화란 무엇인가? 상호문화교육학은 상호문화 현상을 이주민 가정의 학생들이 구체적으로 학교에서 보여 주는 다양한 행태로부터 이해해야 한다고 주장한다. 이러한 접근방식은 지배문화 대 피지배문화, 민중문화 대 학교문화의 이분법을 극복할 수 있게 해준다(Boulay, op.cit: 74-75).

학교교육에 '상호문화활동(activités interculturelles)'을 도입하는 것은 교육 영역에 문화간 현상에 대한 문제의식이 반영되었음을 의미한다. 이 활동은 이주민 자녀들의 출신 문화와 언어를 학교에서 가르치는 것으로 이들 고유의 문화적 정체성을 존중하는 방식으로 이들을 학교에 적응시키기 위한 것이었다. 이는 또한 이들이 부모를 따라 출신국가로 귀환할 경우에 본국에서의 적응을 원활하게 하려는 목적도 있었다. 그러나 모든 학생들을 대상으로 교육할 목적으로 설정된 소수 언어 및 문화 교육은 정규 교과과정으로 자리 잡지 못하고 주변화되었다. 압달라 프레세이유(Abddallah-Pretceille, 2004: 37)는 이러한 시대분위기를 다음과 같이 묘사한다. "1970년대의 열광이 지나간 이후 '상호문화' 개념은 현재 교육영역에서 금기시되거나 거부의 대상이 되었다"(엄한진, 2009b).

7. 다문화주의의 국가별 사례: 캐나다, 미국, 프랑스, 호주, 일본

1) 캐나다

먼저 이 모델이 탄생했던 캐나다의 예를 보자. 처음부터 이민자들의 천국이었을 것 같은 이 나라도 제2차 세계대전 이전까지는 영국이나 프랑스 출신이 아닌 이민에 대한 양대 종족집단의 반감이 컸고 아시아 이민을 금지하는 등 제한적인 이민정책을 가지고 있었다. 특히 1930년대 경제위기는 다른 나라들처럼 이민의 문을 굳게 닫도록 만들었다. 그리고 제2차 세계대전 종전 이후가 되면 문화충돌을 우려한 민심을 반영하여 동화정책을 펴게 된다. 대다수 '새로운 이민들'이 영어나 불어를 배웠고 공교육을 통한 통합이라는 기조 속에 이들의 사회경제적 지위도 어느 정도 확보되었다. 그러다가 경제성장을 배경으로 그간의 이민제한 정책을 수정하게 된다. 여전히 영국과 서유럽을 우선적으로 하였지만 조금씩 남유럽 이민 그리고 동유럽 난민 등 다른 유럽인들도 받아들이게 된 것이다. 1967년이 되면 이민에 대한 호의적인 여론을 배경으로 비유럽 이민, 특히 아시아와 카리브해 지역 출신자들에 대한 장벽도 없어지게 된다. 그 결과 현재 매년 입국하는 이민의 출신국가별 분포에 있어서 비유럽 이민의 수가 유럽 출신 이민자들의 수보다 3배 이상 많다. 인구 중 외모에서 확연히 차이가 나는 비유럽 소수종족집단(visible minority)의 비중이 커진 것이다(http://www.mta.ca/faculty/arts/canadian_studies/francais/realites/ multi/index. htm).

이러한 배경에서 종족적 다양성, 즉 프랑스나 영국 출신이 아닌 사람들의 높은 비중이 캐나다 사회의 주된 특징의 하나가 되었고 외부에서 캐나다를 대표적인 이민의 나라, 다양성의 나라로 여기게 된 것이다. 그리고 바로 이 다양성 증대라는 현실변화에 대한 대응이 1971년부터

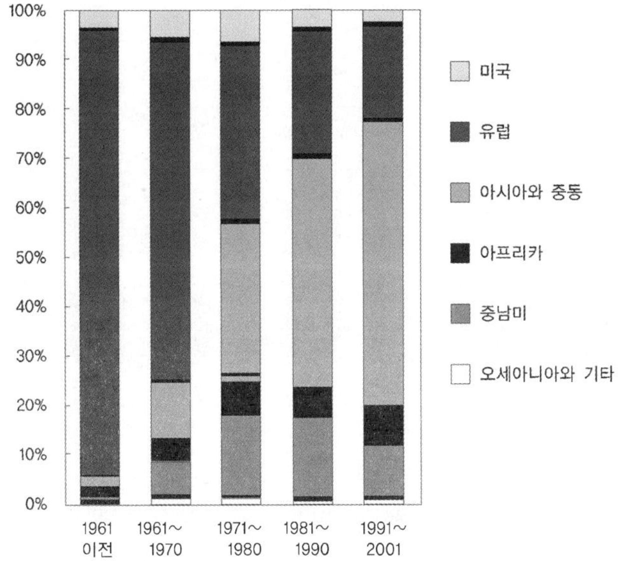

[그림 3-1] 캐나다 이주민 출신지역의 연도별 변화

출처: *Statistics Canada*

트뤼도(P. Trudeau) 정부하에서 등장한 본격적인 다문화주의 정책인 것이다. 영국과 프랑스 출신자들 간의 양문화주의(biculturalism)에서 비유럽 출신자들을 포함시키는 다문화주의로의 전환이 주창되었다. 이 정책은 기존의 동화정책을 수정하고, 캐나다인들이 문화다양성을 받아들이도록 계몽하고 동시에 캐나다 사회에의 보다 온전한 통합도 장려하는 것이었다(Cuccioletta, 2001). 이 정책의 지향은 코즈모폴리턴적인 정체성을 형성하는 것으로 소위 '인정의 정치'(the Politics of Recognition)(Taylor, 1992)라고 불린 일련의 정책들을 동반하였다. 전통춤 경연대회 등 소수 종족집단의 전통문화 지원, 종족공동체 육성 등이 대표적인 예이다(엄한진, 2007a).

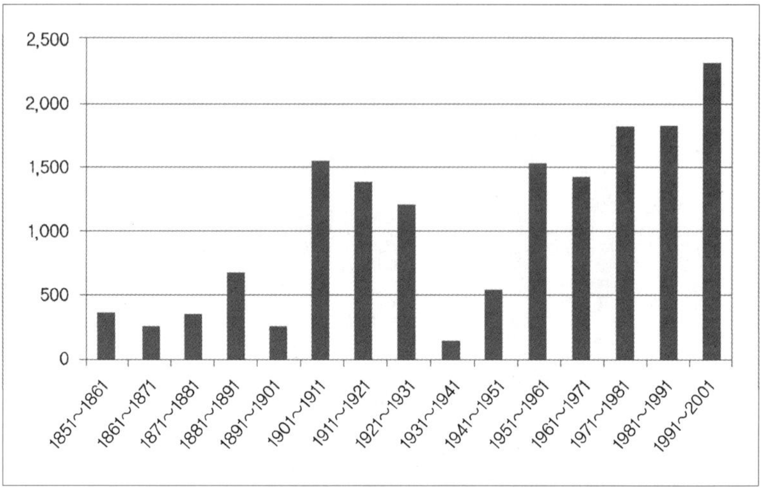

[그림 3-2] 캐나다로 오는 이민자 수의 변화(단위: 1,000명)

출처: *L'atlas des migrations* (Le Monde Hors-Série), 2008-2009: 147

2) 호주

호주는 1970년대 초반 백호주의를 폐기하고 다문화주의를 채택하였다. 백호주의는 본래 골드러시 시기에 중국인의 이민을 억제하기 위한 각 주의 법이 1901년 호주 연방의 성립과 동시에 이민제한법(Immigration Restrict Act)으로 수렴된 것이었다. 백호주의는 1949년 최초로 비유럽 난민을 받아들이면서 균열이 생기기 시작했다. 1958년 개정된 이민제한법은 그동안 논란이 끊이지 않았던 구술시험을 폐지하였고 1966년에는 호주에 유익한 능력의 소지자라는 전제가 있긴 하였지만 비유럽이민에 대폭 문호를 개방하게 된다. 결국 남아프리카공화국의 아파르트헤이트와 함께 대표적인 인종주의 제도였던 백호주의는 1973년 노동당정부에 의해 공식적으로 폐기된다. 그리고 1978년이 되면 그간 진척되어 온 다문화주의가 공식적인 정부정책으로 천명된다. 이러한 변화의 배경은 첫째, 제2차 세계대전 이후 이민의 본격화와 이민집단 구성의 다원화, 특히 아시아계 이민의 증가였다. 이러한 배경에서 그간의 동화정책에 대한 비판이 제기되었다. 둘째, 아시아 중시정책과 영연방 탈퇴정책이다. 물론 영연방으로부터의 탈퇴는 성사되지 않아 호주는 지금도 영국의 왕이 국가원수인 입헌국주제 국가이다. 1970년대 들어 아시아 국가들과의 교역이 확대되어 아시아의 일원으로서 재정립할 필요성이 제기되었다. 그리고 이에 걸림돌이 되는 백호주의를 철폐해야 했던 것이다.

그러나 이러한 변화가 가져온 성과는 미미했다. 다문화주의를 채택한 상황에서도 구조적 불평등이 지속되었고 인정의 측면에서는 상당한 진전을 보였으나 재분배의 영역에서는 답보상태를 보여 이주민 사회통합의 양대 요소 간의 불균등한 발전이 나타났다. 이와 함께 2000년대 들어서는 반동의 흐름이 나타났다. 4회 연속 집권한 우파 하워드 정부(1996~2008)는 이민자들에게 호주화할 것을 요구하고 영어구사 능력에 대한 요구와 시민권 테스트의 도입 등을 통해 이를 뒷받침하고자 하였다. 다문화주의를 비판하는 진영의 논리는 이 정책이 영국적 호주문화를 훼손시키고 호주의 아시아화를 초래한다는 것이었다. 이러한 논리는 경제적, 문화적 세계화에 따른 주류 국민들의 불안감 증대를 배경으로 세력을 넓혀 나갔다(이용승, 2007: 33-38).

자료 3-1. 호주 인종폭동

2005년 크로눌라 폭동은 호주 시드니 교외 해변지대인 크로눌라(Cronulla)와 그 주변에서 발생한 일련의 인종주의적 성격의 집단 간 충돌을 말한다. 2005년 12월 11일, 언론을 통해 인근지역에서 온 중동 출신 청년들의 폭력 소식을 접한 5,000명가량의 사람들이 모여들었다. 처음에 평화롭게 진행되던 집회가 폭력적인 양상으로 변하게 된다. 일부 백인 청년들이 중동계로 보이는 한 남자를 호텔까지 쫓아가 폭행했고 다른 두 중동 출신 청년이

기차에서 폭행을 당했다. 이후 며칠간 상호간에 보복이 이어졌다. 이에 따라 사회 각계에서 비난성명이 잇따랐는데 호주 사회 내부에 존재해 온 인종주의가 언급되었고 또한 폭력에 가담한 사람들에 대한 비난이 퍼부어졌다. 사건발생 직후 코스텔로 재무장관은 "호주의 가치를 존중하지 않은 무슬림의 시민권은 박탈되는 것이 마땅하다"는 자극적 발언을 한 데 이어 존 하워드 연방수상은 재임 10주년 기념 언론과의 인터뷰에서 "호주에 왔으면 호주화되는 것이 당연하며 호주의 가치를 인정할 생각이 없으면 아예 호주로 오지 말아야 한다"고 밝혀 논쟁이 격화되었다(출처: http://en. wikipedia.org/wiki/2005_Cronulla_riots).

이 사건은 백호주의의 대안으로 제시된 호주의 다문화주의 실험의 한계를 보여 줌과 동시에 종족적 소수자 고유의 정체성이 주류사회에의 통합을 원천적으로 불가능하게 하는 장애요소인지에 대한 논쟁의 한 사례이다.

3) 미국

전통적으로 미국 사회는 종족적, 인종적, 계급적 차이가 미국이라는 독특한 환경 속에서 용해되어야 할 뿐 아니라 실제 용해될 수 있다는 '미국식 보편주의'를 신봉해 왔으며, 그 결과 다문화주의가 고려될 수 있는 정치사회적 조건이 쉽게 제공되지 않았었다. 변화는 1960년대 민권운동에서 비롯되었다. 미국에서 다문화주의는 이 민권운동을 배경으로 제기된 소수민족의 '인정의 요구'에 대한 위로부터의 응답이었다. 1965년 도입된 '소수집단우대정책'(Affirmative Action)이 대표적인 사례이다(〈자료 3-2〉). 그러다가 1980년대에 등장한 다문화주의적 경향이 공교육체계 이외에 종족공동체 차원의 교육체계를 부분적으로 용인하는 정책을 도입하면서 '차이의 정치'(the Politics of Difference)의 지지자들과 사회결속을 강조하는 사람들 간의 대립이 나타났다. 후자는 다문화주의가 미국을 종족들로 나뉘게 하고 종족갈등을 초래한다고 비판하였다. 미국에서 다문화주의는 특히 교육 영역에서 쟁점이 되었다.

다문화주의가 부상할 수 있었던 또 다른 배경은 1990년대의 정치사회적 변화였다. 1990년대 이후 이주민의 증가로 인한 미국 내 노동시장의 불안정이 다문화주의에 대한 관심을 불러일으킨 것이다. 특히 1992년 로드니 킹 사건이 촉발한 LA사태는 인종갈등의 심각성을 인식하는 계기로 작용하였다(곽준혁, 2007).

자료 3-2. 미국의 소수집단 우대정책

소수집단 우대정책은 여성이나 종족적 소수자들이 전통적으로 배제되어 왔던 고용, 교육, 사업 분야에의 진출을 촉진시키기 위해 취해지는 조치들을 의미한다. 이 조치들이 특정 인종, 성, 종족을 우선시하는 선택을 수반할 때 심각한 논쟁을 야기하게 된다. 이 정책이 가장 발달한 미국의 경우 이를 둘러싼 격렬한 논쟁이 두 차례 있었다. 첫째는 1972년경에 시작되어 1980년이 지나서야 종결된 논쟁이고 둘째는 1990년대에 재개되어 2003년 여름 당시 문제가 되었던 소수집단 우대정책을 지지하는 대법원의 판결로 막을 내렸다. 전자의 경우는 성과 인종에 근거한 우대조치에 관한 논쟁이었는데 성이 연관된 배경은 초기 단계에 이 정책이 대학 입학에 관한 것뿐만 아니라 공장, 소방서, 회사의 입사에 관한 조치들을 포함하고 있었기 때문이다. 후자는 인종과 종족과 관련된 논쟁이었다. 이것은 2000년을 전후한 시기에 제기된 주요 이슈가 대학 입학에 관한 것이었기 때문인데 이때만 해도 대학 입학에서 여성들에 대한 배려는 더 이상 필요하지 않았던 반면에 흑인이나 히스패닉의 경우에는 특별한 배려가 필요했던 것이다.

출처: http://plato.standford. edu/entries/affirmative-action, Stanford Encyclopedia of Philosophy).

미국에서 다문화주의적 입장을 가진 사람들은 동화나 '용광로'(melting pot, 〈자료 3-3〉)와 같은 개념이 다수자의 문화를 소수자에게 강요하는 것이라고 비판하면서, 그 대신에 '샐러드 볼'(salad bowl)

이나 '영광스런 모자이크'(glorious mosaic)와 같이 한 국가의 인구를 구성하는 여러 인종과 민족들이 각기 자신들의 독특성을 지킬 수 있는 방안을 제시하였다(글레이저, 2009: 37). 이들은 문화적 정체성의 다양성이 보편적인 법의 틀 안에서 보장되기를 요구한다. 이들 중 일부는 보다 급진적으로 개인에게 자신의 정체성을 선택할 권리가 부여되는 '포스트종족 사회'(post-ethnic society)를 대안으로 제시한다.

자료 3-3. 용광로 모델

"미국인이 누구인가"라는 질문은 일찍이 18세기 초에 제기되었다. 프랑스에서 이주해 온 헥터 크레베코르는 1782년 『미국 농부로부터의 편지』에서 미국을 유럽 사회의 가치, 신념, 관습 그리고 전통의 외피로부터 자유로운 '신비한 장소'로 그리며 다음과 같이 말하고 있다. "도대체 미국인은 누구란 말이냐? (…) 그는 모든 구세계의 편견과 매너를 뒤로하고 자신이 유지하고 있는 새로운 삶의 방식과 자신이 따르는 정부 그리고 자신이 유지하고 있는 새로운 지위로부터 새로운 가치관과 매너를 받아들이고 있다. … 여기에서 여러 나라에서 온 사람들은 새로운 종류의 사람으로 용해되고, 언젠가는 그들의 힘으로 이 세상을 크게 변모시킬 것이다." (…) 1909년 영국계 유대인이었던 이스라엘 쟁윌(Israel Zangwill)은 희곡 『용광로(Melting Pot)』에서 주인공을 통해 "여기에 위대한 용광로가 있나니, 동과 서, 북과 남, 열대지방과 온대지방, 한대지방과 적도지방, 회교도 지역과 기독교 지역, 이 모든 것을 깨끗하게 불길로 녹이고 용해시키는 위대한 연금술사여!"라고 외치며 "미국은 신이 주조한 용광로 중에서 가장 거대한 용광로이다. 이곳에서 모든 종류의 유럽인들은 용해되고 다시 주조된다 (…) 독일인과 프랑스인, 아일랜드인과 영국인, 유대인과 러시아인 모두가 함께 용해된다! 하느님이 미국인을 주조하고 있다"고 말했다(황혜성, 2009: 129–130).

한편 미국은 캐나다나 호주 등과 달리 다문화주의의 제도화가 한편에서는 사회경제적 성격의 논리, 다른 한편에서는 정체성에 관한 논리에 입각해 이원적으로 전개되었다. 전자는 '소수집단 우대정책'(affirmative action)의 형태로 나타났고 주로 쿼터제의 방식으로 실행되었다. 주로 소수민족과 여성을 대상으로 한 것으로 분배적 정의의 원리에 입각한 것이다. 이는 사회적 평등의 논리, '부정적 차별'(negative discrimination)에 대한 비판의 연장선상에 있는 것이었다. 후자는 '인정의 정치' 차원의 논리로서 인간의 존엄성의 가장 기본적인 표현이라고 간주되는 문화적 차이에 대한 인정을 주창한다. 캐나다의 다문화주의의 경우처럼 자신이 속한 소수민족집단 고유의 문화를 보존, 육성함으로써 현실의 문제를 극복하려는 '정체성 정치'가 소수민족문제의 해결 방안으로 제시된다(Ferreol et Jucquois, 2004: 226-231).

4) 프랑스

서구 사회에서 다문화주의는 동시대 사회 전반의 문화적 변화의 일환이었다. 다문화주의 모델의 대척점으로 여겨지는 공화주의 모델의 나라 프랑스에서도 다문화주의 시대가 있었고 최근 프랑스가 보이는 강경한 공화주의는 1980년대를 거치면서 '온건한 차이주의'(différentialisme)에서 '급진적인 공화주의'로 전환한 결과이다. 즉 줄곧 공화주의를 표방해 왔지만 프랑스는 오랫동안 브르타뉴 공동체나 북부지방의 이탈리아 공동체가 큰 거부감 없이 존재해 왔고 포르투갈 출신 이민들의 성공적인 프랑스 사회 통합도 상업적 연결망 등 종족공동체에 기반을 두고 이루어지는 등 문화적 차이 및 종족공동체에 대해 관용적이거나 적어도 크게 문제시하지는 않았다. 즉 공화주의가 다문화사회와 모순적인 것은 아니다. 공화주의 체제에서 국적은 인종, 종교, 문화가 아닌 자유, 민주주의 등 보편적인 원리에의 자발적인 동의를 의미하는 것으로 개개인이 서로 다른 집단과 정체성을 넘나들 수 있는 사적 권리를 보장하고 있다. 그리고 공화국 차원에서 문화적 다양성도 존중될 수 있다.

그러나 이러한 제5공화국의 관용성은 1968년 5월을 계기로 비판받게 되고 짧은 다문화주의 시대가 도래한다. 당시 프랑스 다문화주의는 68혁명에서의 권위주의적 문화와 국가의 억압성 비판 그리고 이 혁명 이후 등장한 특수주의와 다른 문화에 대한 관심의 산물이었고 현재 한국사회의 다문화주의처럼 당시 유럽, 미국, 캐나다 등지에서 매우 큰 반향을 일으켰다(Blanc-Chaléard, 2001: 90). 68년 혁명 이후 프랑스 사회의 일부는 지배문화 속에서 다양한 문화들이 사라질 수 있는 위험성을 들어 〈동화〉 개념을 비판하며 문화적 차이를 찬양했다. 〈모자이크 프랑스〉, 〈다원적인 프랑스〉 등 새로운 사고가 당시에 큰 반향을 얻었다.

그러나 일부 사람들은 불평등과 인종주의의 부상이라는 사회적 맥락에서 차이를 중시하는 것이 차별로의 길을 여는 것으로 우려했다. 이렇게 해서 공화주의적 평등에 기초한 '통합'(intégration)이라는 이상이 1983년 〈아랍 출신자들의 행진〉(la marche des Beurs)[6]으로 상징되는 보편주의적 입장의 이민사회운동의 사상이 되었고, 그 선봉에 섰던 반인종주의 단체들은 사회적, 법적 차원에서의 동화라는 전통적인 대의를 보존할 필요성을 강조하게 된다. 여기에다가 1989년 〈히잡 사건〉과 그것이 촉발시킨 정교분리주의에 대한 논의를 거치면서 전통적으로 외국인에 관용적이었던 일부 사람들이 정교분리주의 원리를 근거로 등을 돌리게 되었다.

1980, 90년대에는 68혁명 직후와는 다른 맥락에서 프랑스 지식인의 일부가 다문화주의 모델로 개종하게 된다. 이들의 다문화주의는 세계

6) 이는 "인종차별반대 권리평등촉구 행진(Marche contre le Racisme et pour l'Égalité des Droits)"을 가리키는 관행적 표현으로 1983년 프랑스 최초로 전국적인 차원에서 일어난 반인종주의 시위였다. 리옹 남쪽 교외 주거지구인 망게뜨(Minguettes)에서 일어난 경찰의 인종주의적 성격의 폭력사건에 항의해 일어난 폭동이 계기가 된 이 시위의 주된 요구사항은 10년간 유효한 체류증과 외국인 투표권의 요구였다.

화에 적합하지 못하다고 비판받게 된 프랑스식 국민국가모델을 대체하는 대안으로 제기된 것이다. 인간의 유동적이고 융합적인 측면을 강조하면서 다문화사회가 포스트국가사회, 포스트민족사회로 이행하는 바람직한 현상이라고 주장하였다. 한편 이 현상, 즉 참여적 지식인의 개종 현상은 1990년대 말 프랑스에서도 본격화된 미국화, 앵글로색슨화의 한 징표라고 비판을 받았다(엄한진, 2009b).

프랑스 사회의 다문화주의는 종족적 소수집단의 통합에 대한 한 처방으로 제시된 것이다. 그러나 종족적 이질성에 대한 인정보다 시민으로서의 동질성을 강조하는 프랑스 사회에서 다문화주의는 사회적 공감대를 얻기 어려웠다. 그 형태도 고정된 것으로 인식되는 개별 문화들 간의 차이의 확인에 그치는 영미권의 다문화주의와 달리 구체적인 상호작용을 문화의 핵심으로 간주하는 '상호문화주의'(interculturalism)의 양상을 띠고 있다. 예를 들어 '문화간 교육'은 이주민 가정의 학생들이 구체적으로 학교에서 보여 주는 교사 및 학생들과의 다양한 상호작용의 행태 등 일상에서 경험하는 다문화성에 초점을 둔다. 2000년대 초 프랑스의 현실은 '공화주의 대 다문화주의'라는 이분법으로 쉽게 설명하기 어려운 복합적인 양상을 띠고 있다.

자료 3-4. 프랑스의 종족 구성

프랑스의 종족 구성을 보면 먼저 근대 이전부터 거주해 온 토착민족으로 골족이라는 다수 종족과 브르통, 사부아, 바스크족 등 소수종족이 존재한다. 여기에 근대 이후 이주해 온 소수민족들이 존재한다. 이주 시기별로 보면 이탈리아인과 유대인 등 유럽의 인근지역 거주자들이 19세기부터 이주해 왔고 제2차 세계대전 및 식민지 독립 이후에는 알제리, 튀니지, 모로코 등 지리적으로 가까운 구 식민지 국가들로부터 프랑스의 전후 경제발전에 필요한 노동이민이 정부 간 협약을 통해 공급되었다. 유사한 시기에 아프리카의 구 프랑스 식민지에서도 이민이 들어왔고 1970년대까지 독재를 경험했고 상대적으로 저발전 상태에 있던 인접국가 스페인, 포르투갈로부터도 다수의 이주민이 들어왔다. 1970년대에는 한때 프랑스의 식민지였던 인도차이나가 공산화되면서 베트남, 라오스 등지에서 난민이 이주해 왔다. 보다 최근에는 중국, 인도 등 아시아로부터의 이민이 늘어나고 있는 추세이다.

5) 일본

일본의 다문화주의는 '다문화공생'이라는 이름으로 1990년대 초에 등장하여 1990년대 말경부터 급속히 확산되었다. 그 사회적 배경은 '뉴커머'를 중심으로 한 외국인비율 증가와 출신국적의 다양화, 뉴커머의 정주화 경향, 국제결혼의 증가와 같은 현상들이었다(한영혜, 2005). 1999년 일본정부는 외국인의 이주 및 영주를 촉진하고 유학생에 대한 지원을 강화하는 정책을 실시했다. 이러한 적극적인 이민정책이 제기된 배경에는 고령화, 저출산에 의한 일본의 노동인구 감소문제가 있었다. 정부 차원에서 외국인 문제는 주로 저출산 고령화에 의한 노동인구 감소에 따른 외국인 노동력 활용방안 또는 외국인의 체류관리라는 관점에서 논의되어 왔다. 시민사회에서는 이러한 정부의 다문화공생 정책 논의를 비판하면서 외국인을 지역주민으로 그리고 함께 살아가는 '사람'이라는 관점을 제기하였다. 예를 들어 국립 사회보장 · 인구문제연구소가 발표한 2006년 3월 '다문화공생 추진에 관한 연구회 보고서'는 외국인을 '노동력'이나 '관리대상'으로 보지 않고 지역에서 함께 생활하는 '주민'으로 간주하자는 제안을 하였다(고모다 마유미, 51-64).

8. 다문화주의 비판

사실 한 사회가 그 속에 다양한 문화를 수용한다는 사고에 대해 극우파가 아닌 이상 누가 반대할 수 있을까? 그래서 우리의 경우에도 다문화논의는 별다른 반론 없이 진행되고 있는 것이다. 그런데 문제가 없을 것 같은 다문화주의에 대해 극우파들뿐 아니라 자유주의자, 공화주의자, 좌파 등 다양한 진영에 의해 강력한 비판이 제기되어 온 이유는 무엇일까? 아래에서는 다양한 진영에서 다양한 방식으로 제기된 다문화주의 비판을 게토화의 위험성을 근거로 한 비판, 다문화담론의 폐쇄성에 대한 비판, 세계화의 일환으로 다문화주의를 비판하는 경향, 문화주의적 측면에 대한 비판, 지배 이데올로기로서의 측면에 대한 비판 등을 중심으로 살펴본다.

1) 게토화의 위험성

캐나다에서 시작되어 영미권과 기타 지역으로 확산되어 온 다문화주의는 소수집단의 차이의 권리의 절대적 존중이라는 원칙에 기반하고 있다. 이것은 '시민적인 민족'(civic nation), '시민 공동체'라는 관념에 토대를 둔 공화주의와 극단적으로 대립되는 것이다(Schnapper, 2003). 특히 다민족적인 유럽의 경우 이러한 논리는 종교, 언어 등과 무관한 법 앞의 평등이라는 이념을 손상시키는 효과를 지닌다. 그리고 지금과 같은 식의 다문화주의는 소수종족 집단의 가치와 규범에 따라 생각하고 살 수 있는 권리를 주창하는데 이는 인정의 정치, 더 나아가 분리독립 주창으로 귀결되기도 한다. 바로 이러한 측면, 즉 다문화주의가 국민국가의 공화주의적 합의를 침해하고 있다는 점이 공화주의 진영의 다문화주의 비판의 주요 골자이다.

다문화주의는 각 사회집단에는 그 집단 고유의 삶의 방식이 있으므로 보편주의적인 복지나 동화정책과 같이 동질적인 국민을 상정하는 정치는 다민족사회나 점점 더 종족적으로 다원화되고 있는 현실에 적합하지 않다는 논리를 편다. 따라서 공화주의자들은 이러한 다문화주의자들의 논리가 국민국가 또는 복지국가의 약화 그리고 사회적 균열을 정당화하는 역할을 한다고 비판하는 것이다.

공화주의나 자유주의, 또는 좌파의 다문화주의 비판에서 공통적으로 발견할 수 있는 것은 다문화주의적 접근방식이 초래할 수 있는 게토화(ghettoisation)에 대한 우려이다. 다문화주의는 종족적 정체성을 보존하고, 더 나아가 이 요인을 적극적으로 부각시키면서 사회통합을 추구한다는 긍정적인 측면과 동시에, 종족적 요인에 따른 공간적, 사회적 분리(racial segregation)라는 부정적인 효과를 함축하고 있다는 것이다.

다문화주의는 영국, 스웨덴, 네덜란드 등의 경험이 보여 주듯이 차이의 강조를 통해 주류사회와의 융합을 저지하고 소수민족집단의 사회적 성격의 문제를 인종적 차원의 문제로 만들거나(영국), 통합이 주류사회에의 통합이 아닌 이민자가 속한 종족집단에의 통합이 되기도 하는(스웨덴) 한계를 나타냈다. 일반적으로 모범적인 사례로 평가받고 있는 스웨덴의 사회통합모델 역시 스웨덴 사회에의 통합보다는 출신문화에의 통합을 의미하고 출신 민족에 따른 공간적 분리가 확연하게 존재한다. 잘 통합된 스웨덴의 터키 출신자는 여전히 터키인이면서 스웨덴인인 것이다(Sayad, 1999). 이러한 점을 근거로 다문화주의가 그것이 표방했던 인종주의나 종족간 불평등 해소에 기존 모델들보다 더 나을 것이 없다는 비판이 제기되는 것이다.

최근 호주 다문화주의에 대한 비판이 제기되었던 주된 배경 역시 다문화주의를 채택한 상황에서도 종족간의 불평등이 지속되는 현실이었다. '인정'의 측면에서는 상당한 진전을 보이나 '재분배'의 영역에서는 답보상태를 보이는, 즉 두 측면의 불균등한 발전이 비판의 근거였다(이용승, 2007). 미국에서도 다문화주의에 대한 비판은 그것이 사회적 연대를 해치고 분열과 갈등을 조장할 것이라는 우려에서 비롯된다. 한 예로 온건한 자유주의자들은 다원주의도 서로 다른 것을 수용하는 공통분모가 존재해야 하며 그렇지 않으면 미국도 발칸화될 것이라고 주장한다(곽준혁, 2007: 137-9).

캐나다 다문화주의에 대한 비판 중 가장 강력한 것도 캐나다의 다문화주의 정책이 역설적으로 소수민족 통합을 저해하는 소수민족의 종족성 중시 전략이었다는 지적이었다. 캐나다의 예는 차이가 중요한 요소가 되고, 이렇게 부각된 차이에 대한 다른 종족집단이나 주류사회의 반감이 커지고, 이런 식으로 사회문제가 종족문제로 변형되어 사회통합력을 약화시키는 '발칸화'(Balkanization)의 측면을 전형적으로 보여준다. 닐 비손다스(Bissoondath, 1994)는 캐나다의 경우조차 다문화주의 정책은 정신적 게토화를 낳았다고 지적한다. 1994년에 출간되어 큰 반향을 일으킨 『환상을 팔기』(Selling Illusions)에서 트리니다드 토바고 출신의 캐나다 시나리오 작가 겸 소설가인 비손다스는 다문화주의를 신사적이고 은밀한 방식의 아파르트헤이드라고 비판한다. 즉 종족집단들은 언제나 그들의 종족적 특수성을 보존할 것이라는 스테레오 타입에 의존함으로써 다문화주의는 이미 둘로 갈라진 나라를 더 쪼개는 결과 이외에 어떤 것도 산출하지 못했다는 것이다.

한편 이러한 방식의 비판은 『유대인 문제』(Marx, 1972)에 대한 맑스의 논의에서 그 원형을 발견할 수 있다. 이 저작에서 그는 차이가 생산되는 정치적 맥락을 고려하지 않는 차이의 인정 전략을 비판한다. 19세기 초 유럽의 유대인 집단의 통합에 관한 논의에 개입하면서 그는 특정 집단의 특수한 권리의 인정을 위해 보편적인 측면을 보류하는 것이 아니라 집단 간 갈등의 원천을 극복하는 것이 근본적인 해결책이라고 주장하였다. 즉 자본주의적 생산관계가 낳는 집단 간 이해관계의 차이를 소멸시키는 것이 관건이라는 것이다.

2) 다문화주의 담론의 폐쇄성

앞서 언급한 대로 다문화주의는 이 시대의 주류담론의 반열에 올랐고 그에 대한 비판은 상당한 용기를 필요로 할 만큼 쉽지 않은 것이 되었다. 캐나다의 사례에 대한 비손다스의 논평은 이러한 다문화주의 담론의 폐쇄성을 잘 보여 주고 있다. 그는 1993년 당시 한 단체가 실시한 여론조사 결과를 언급하면서 다문화주의 정책이 제대로 작동되지 않음을 지적했다. 이 조사에 따르면 캐나다인 대부분은 다문화주의적 공존정책이 작동되지 않고 있으며 미국식의 융합(melting pot)정책으로 대체해야 한다고 생각하였다. 이 조사를 통해 드러난 또 다른 점은 캐나다인들이 점점 더 이민자들에 대한 관용이 약해지고 있다는 것이었다. 대부분이 다양성의 존중보다 캐나다 사회 공통의 가치를 이민자들이 수용하는 것이 더 중요하다고 생각했다.

그런데 그에 따르면 이러한 현실에도 불구하고 다문화주의에 대한 비판은 인종주의로 간주되었다. 예를 들어 당시 전국단위의 정당으로서는 유일하게 공개적으로 다문화정책을 비판했던 개혁당(Reform Party)은 인종주의 세력으로 비난받았다. 그는 특히 자신과 같은 비백인이 다문화주의를 비판할 경우 '배신자'라는 낙인이 찍힐 위험을 감수해야만 한다며 다문화주의 논의가 관용적이지 않은, 강압적인 양상을 띠고 있음을 고발하였다. 당시 캐나다인들에게 다문화주의는 유일하게 정당한 방안이었고 다른 방법이 있다는 것은 생각할 수조차 없었다는 것이다. 비손다스는 이러한 양상을 구소련이 자신들의 공산주의가 완전무결한 정치체제라는 생각에서 어떠한 체제에 대한 비판도 용인하지 않았던 것과 비교하기도 한다.

캐나다 다문화주의 현상의 속성에 대한 비판과 함께 비손다스는 이러한 강압적인 다문화주의가 개인이나 사회에 미치는 영향에 관심을 기울인다. 그는 캐나다 다문화주의 정책이 이민자들에게 자신들의 조상이 살던 '그곳'이 캐나다와 같은 이민지보다 더 중요한 의미를 지니고 있음을 강조함으로써 '여기' 캐나다의 온전한 시민이 되려는 의지와 노력을 무력화시킨다고 비판하는 것이다. 유사한 점보다 다른 점을 강조함으로써 캐나다인들을 그들의 먼 기원에 따라 여러 집단으로 나뉘게 하였다는 것이다(Bissoondath, op.cit.: 1-7).

자료 3-5. 비손다스의 캐나다 다문화주의 정책 비판

문화는 생명체이다. 그것은 지속적으로 변화하는 살아 있는, 숨쉬는, 다면적인 존재이다. 문화는 매일 달라지며 결코 어제나 오늘이나 동일한 것이 아니다. 정체는 불가능하다. 그 내부로부터 성장하지 못하는 문화는 불가피하게 자신이 아니게 된다. 결국 민속(folklore)으로 전락하게 된다. 문화는 다양한 방식으로 주조되는 복합적인 존재이다. 차보다는 커피, 와인보다는 맥주, 책보다는 영화, 다큐멘터리보다는 시트콤, 보호무역보다는 자유무역, 모험정신보다는 고립주의에 대한 선호. 협상을 통한 변화나 무력을 통한 변화에 대한 선호. 이 어떤 것도 필연적이지 않다. 문화는 사소한 것들에서 평가되어야 한다. 민중의 숨결 하나하나가 고려되어야 한다. 그렇지 않으면 민중과 그들의 (풍부한) 역사는 몇몇 공통분모들로 축소된다. 스테레오 타입이 그것이다.

다문화주의 정책의 어떤 다른 결과도 내가 문화의 단순화라고 부르는 것만큼 역설적인 것도 없다. 캐나다 다문화주의의 공식적인 모습은 화려하고 매력적이다. 그것은 캐나다 전역에서 개최되는 '종족'(ethnic) 축제에서 열정적으로 그 모습을 드러낸다. 예를 들어 토론토의 '축제장소'(Caravan)에서는 다양한 종족집단이 교회나 종족단체에서 공간을 빌려 '여권'을 구입해야만 입장이 허용되는 자신들의 '민속관'(pavillions)을 만든다. 입구에서 여권에 '비자' 도장을 받아 입장이 허용되면 당신은 신세계(New World)의 가격으로 구세계(Old World)의 음식을 먹게 된다. 그리고 '전통공예품'과 '역사적 유적' 모형을 빠르게 구경하고 나면 전통의상을 입은 선남선녀들이 보여 주는 전통음악(종종 밀밭에서의 사랑에 대한)과 전통춤(종종 추수에 관한)이 펼쳐지는 '문화' 쇼를 관람하게 된다. 이 민속관에는 충분한 양의 전통이 있다. 쇼가 끝나고 나면 캐나다의 문화적 다양성을 보여 주는 또 다른 종족의 민속관으로 이동하게 된다. 이것은 일종의 여행이다. "2시면 이번에는 키에프다"라는 식의 세계일주인 셈이다. 이 하루의 여행이 끝나면 여러분은 플로리다주 디즈니랜드에 있는 정글여행의 캐나다판을 경험했다는 부끄러움을 느끼더라도 용서될 수 있다. 이것은 슬픈 스펙터클이다. 정글일주이다.

이러한 접근방식 저변에 깔려 있는 것은 문화를 상품으로 생각하는 관념이다. 전시될 수 있고 상연될 수 있고 감동을 주고 구매되고 그리고 잊혀지는 것. 그것은 문화의 저급화, 장난감과 모조품으로 전락한 문화를 상징한다. 무대에서 공연된 전통춤은 민중의 문화생활이 아니라 맥락에서 유리된, 관음증을 만족시키기 위해 주조되고 포장된 문화인 것이다.

출처: Bissoondath, 1994: 81–83

3) 문화주의적 측면 비판

문화주의는 일반적으로 1960년대 경에 태동한 영국 문화 연구의 이론적 경향을 가리킨다. 특히 텍스트를 분석함으로써 당대 사회 구성원들의 사고와 행위를 재구성해 내는 것을 문화 연구의 목표로 삼는다(스토리, 1994: 70-71). 그런데 문화주의의 또 다른 의미는 특정 사회의 문화를 그 사회의 다양한 현상의 가장 중요한 설명요인으로 고려하는 것이다. 이때 문화 또는 문화적 정체성이 시대와 장소에 따라 다양한 모습을 띠는 가변적인 것이 아니라 고정된 것으로 간주된다. 이런 의미에서 본질주의(essentialism)라고 부르기도 한다. 각 문화는 그에 고유한 인성을 가지고 있다는 루스 베네딕트류의 문화유형론(베네딕트, 1980)이나 '발전의 문화적 차원'에 대한 논의들은 비서구 사회의 저발전을 설명하는 매력적인 도구로 쓰여 왔다. 최근에는 헌팅턴류의 문명론이 미국의 대외정책과 그 속에서의 세계 여러 지역의 비극을 '문화적으로' 설명해 주고 있다.

최근 세계의 이민논의를 보면 문화를 언어와 식생활 등 몇몇 요인에 국한해 고려하든 또는 보다 포괄적인 것으로 인식하든 이주와 관련된 다양한 문제들의 가장 중요한 원인을 이렇게 고정불변한 것으로 간주된 문화적 차이에서 찾는 경향이 지배적이다. 그런데 문화는 생각보다 다면적이며 유동적인 것이고 세계화는 이러한 측면을 더욱 심화시켰다. 그래서 우리는 "지역 간 교류와 영향이 갈수록 커지고 있는 현대사회에서 문화를 순수한 형태로 존재하고 그 집단만이 가지고 있는 어떤 것으로 정의한다는 것이 가능하고 유용한 방식인가?", 세계화와 함께 그런 식의 "문화 개념은 더욱더 효과적이지 않게 되는데 왜 지금 상당부분 전통적 방식으로 이해되는 '문화' 개념이 이민문제 논의에서 가장 중요한 어휘가 되었나?"(Cuccioletta, 2001)라는 질문을 던질 수 있다.

유럽 좌파의 일부는 다문화주의 그리고 이 이데올로기의 저변에 있는 '문화주의'(culturalism)가 미국 주도의 신자유주의 세계화와 맺는 연관성에 초점을 두고 이 의문에 답하고 있다. 먼저 다문화주의는 세계화 시대의 사고이며, 이 시대가 우리에게 주는 환상적인 미래상의 한 부분이라고 간주한다. 이와 함께 다음과 같은 물음을 제기한다. "왜 문화주의와 제국주의가 서로를 강화시키는 관계에 있는가?", "평등과 해방의 자리에 차이가 들어설 때 생기는 희생은 어떤 것인가?"(Amin, 2005) 그리고 이에 대해 문화주의와 다양한 문화론적 사회해석이 자본주의 체제와 역사를 정당화하는 데 기여해 왔다고 답한다. 문화주의와 다문화주의 그리고 정체성 정치에 대한 대표적인 비판가인 바야르(Bayart, 2005)는 그의 책 『문화정체성이라는 환상』(The Illusion of Cultural Identity)』에서 정치, 경제 현상에 문화적 차원이 매우 중요하긴 하지만 '문화적 정체성'이라는 고정된 파악이 사실은 항상 유동적인 정체성을 왜곡시킨다는 점을 지적한다. 문화는 생각보다 유동적인 것이다. 더욱이 지역간 교류와 영향이 갈수록 커지고 있는 현대사회에서 문화를 순수한 형태로 존재하고 그 집단만이 가지고 있는 어떤 것으로 정의한다는 것은 가능하지도 않고 유용한 방식도 아니다.

4) 세계화의 일환으로서 다문화주의

다문화주의를 세계화와 연관시키는 설명은 특히 극우주의자들의 다문화주의 비판에서 선명하게 나타난다. 극우주의는 시대와 장소에 따라 다양한 양상을 띤다. 자본주의 시장질서를 옹호하기도 하고 이를 비판하며 민족경제나 공동체적인 경제를 주창하기도 한다. 전쟁을 선호하는 등 외부 세계에 대해 공격적인 태도를 보이기도 하고 외부 세계와의 단절을 추구하기도 한다. 일반적으로 극우주의의 상징처럼 여겨지는 인종주의적인 태도도 모든 극우세력에 공통적인 것은 아니다. 그런데 적어도 유럽의 경우 최근 극우주의의 주된 특징은 바로 이민에 반대하는 것이다. 20세기 후반 유럽에서는 두 차례 극우세력의 부상이 있었는데 첫 번째는 1980년대 정치의 위기가 그 배경이었고 1990년대 두 번째 부상은 이민문제를 계기로 한 것이었다(Betz, 2004: 54-55). 후자의 경우 극우세력은 이민문제나 이민정책에서 과감히 지배적 사고에 반기를 들었는데 그중의 하나가 다문화주의 문제였다.

프랑스의 국민전선은 그들이 '세계주의'(mondialisme)라고 지칭하는 이념을 민족과 민족정체성을 파괴하여 '지구를 완전히 지배하기 위해 정보와 커뮤니케이션의 세계화라는 현상을 이용하는, 전체주의적 유토피아'라고 여겼다. 이탈리아 북부동맹 역시 "이민과 다문화주의란 민족들을 파괴하려고 고안된 더 큰 세계화 과정의 일부로서, 민족들의 잔해 위에 영어권이 지배하는 전체주의적 지구촌을 건설하려는 것을 목표로 한다", "한편으로는 이슬람, 다른 한편으로는 미국에 의한 식민화가 위대한 유럽 문화를 위험에 처하게 한다"는 식으로 이민과 다문화주의를 미국 주도의 세계화와 결부시켜 비판하였다. 실제 이러한 극우파의 반대로 인해 네덜란드나 덴마크에서처럼 최근 급성장한 극우정당의 압력이 큰 사회의 경우 '단문화주의'(monoculturalism)로 회귀하는 현상이 나타나기도 한다.

미국 사회에서도 유사한 양상을 확인할 수 있다. 미국 인종주의자들이나 보수강경파들은 백인들이 다국적 기업에게 배반당했다는 논리를 편다. 그리고 이들은 국내외적인 현 정치 갈등을 차이, 특수성, 정체성의 옹호자들과 다국적 기업, 미디어, 국제기구, 국제행정부 등에 기초하는 국제화된 '신계급'의 보편주의, 다문화주의자들의 대결로 인식하고 있다. 이들이 제시하는 대립구도가 다문화주의를 보편주의보다 특수주의에 가까운 것으로 간주하는 일반적 인식과 배치되어 보이긴 하지만 다양한 집단간의 평등한 공존의 논리를 국민국가를 약화시키려는 외부세력의 음모로 본다는 점에서 유럽 극우파의 논리와 크게 다르지 않다.

5) 통치 이데올로기로서의 다문화주의

다문화주의가 내포하고 있는 권력의 측면, 지배 이데올로기, 통합 이데올로기로서의 측면에 대한 비판도 있다. 데이(Day, 2002)는 다문화주의가 국가가 미리 정하고 확산시킨 범주들을 통해 강요된 다양성이라고 평가한다. 그에 따르면 다문화주의도 국민통합 기제의 하나이다. 인류 역사 내내 지배문화는 여타 문화를 동화시키려고 했다. 이 과정에서 헤겔의 주인과 노예에 대한 논의가 전형적으로 보여 주듯이 '우리와 그들'이라는 위계질서적 구분(the I/Other distinction)을 토대로 사회성원들이 분류되었다. 사회는 많은 경우 개인들을 범주들로 구분하고 개인은 이 범주의 일원이 된다. 그리고 정치권력과 지배계급은 자신 이외의 성원들을 자신의 고유한 속성을 지닌 개인이 아니라 이 범주에 입각해 인식하였다. 다문화주의 역시 지배와 통합을 위한, 주류사회에 의한 차별화과정의 일환이다. 국가정책의 형태를 띤 다문화주의는 국가통합(national unity)을 위한 고전적인 범주화와 동화의 연장선상에 있다는 것이다.

다문화주의가 현실을 은폐하는 이데올로기로서의 기능을 수행한다는 비판도 있다. 앙(Ien Ang, 1996)은 호주 정부의 다문화주의 담론, 특히 문화적 다양성을 찬양하는 수사와 관용 논의가 현실에서 호주 사회 아시아인들이 경험하고 있는 불안정한 상황을 은폐한다고 비판한다. 다문화주의 담론 그리고 경제적인 동기에서 아시아의 일원임을 표방하는 것이 과거의 인종주의적 배제와 달리 아시아 및 아시아인에 대한 긍정적인 평가를 가져왔다. 그러나 앙은 호주 정부의 긍정적인 자기평가와 달리 두 가지 차원에서 아시아인들의 문제적 상황을 지적한다. 그는 먼저 구조적인 차원에서 '다문화민족'(multicultural nation)이라는 개념이 지니는 내적 모순 그리고 이 개념이 내포하고 있는 조화로운 '다양성 속의 통합'(unity-in-diversity)이라는 환상을 지적한다. 주관적 차원에서 다문화주의 윤리가 다수자와 소수자 간의 갈등관계를 해결하지 못한다는 점을 지적한다.

이 밖에도 다문화주의는 보편적으로 적용되기에 적절하지 않은 측면도 있다. 다문화주의는 광대한 영토, 다민족적 성격이 강한 지역, 분권적 전통이 강한 연방국가들에 보다 용이하며 그래서 미국, 캐나다, 영국, 호주 등지에서 발달한 것으로 볼 수 있다. 한국 사회에서 다문화주의가 실제로는 동화주의적 성격을 띠고 있다고 평가되는 원인 중 하나도 세계의 다른 지역에 비해 종족적인 다원성이 약했던 역사적, 문화적인 특수성에서 찾을 수 있다. 한국의 경우 다문화주의의 적용가능성에 대한 논의가 그 어느 사회보다 필요하다고 할 수 있다.

아래의 다문화가정 CF 내레이션은 한국에서 통용되는 '다문화' 개념에 동화주의나 국가주의와 같이 일견 모순되어 보이는 경향이 존재함을 잘 보여 준다. 물론 앞에서도 보았듯이 이러한 양상이 한국의 후

진성에 기인한 예외적인 현상이라고 볼 수만은 없다. 다문화에 대한 비판적 논의에서 보았듯이 다문화가 종족적 소수자들의 자율성을 강화시키는 효과를 지니는지에 대해서는 다양한 의견이 있을 수 있다.

> 베트남 엄마를 두었지만, 당신처럼 이 아이는 한국인입니다.
> 김치가 없으면 밥을 못 먹고
> 세종대왕을 존경하고 독도를 우리 땅이라 생각합니다.
> 축구를 보면서 대한민국을 외칩니다.
> 스무 살이 넘으면 군대에 갈 것이고,
> 세금을 내고 투표를 할 것입니다. 당신처럼.
> 우리 사회에 행복 하나 더하기.
> 이 캠페인은 하나금융그룹이 함께합니다.
>
> 김치를 정말 좋아하는 한국인
> 한강을 누구보다 사랑하는 한국인
> 한국의 아기를 낳은 한국인
> 대한민국이 좋아 대한민국이 된 사람들입니다.
> 다문화 가정, 우리와 다르지 않은 소중한 이웃입니다.
> 우리의 따뜻한 시선으로 더 행복한 대한민국이 됩니다.

제4장 한국 종족적 소수자의 역사: 화교에서 결혼이주 여성까지

"멀리 있어 더 생각나는 할아버지와 부모님, 인생에는 시련이 많이 있다는데 저는 극복할 수가 없네요." 지난 11일 밤 9시께 경기 평택의 한 공장 기숙사에서 베트남 출신 이주 노동자 응우옌(32)은 짧은 유서를 남기고 생을 마감했다. 재입국 허가를 받아 다시 한국 땅을 밟은 지 52일 만이었다. 2006년 한국에 온 응우옌은 자동차 부품공장에서 일하다 3년의 취업기간이 지나 본국에 돌아갔다가 지난 1월 재입국했다. 예전에 일했던 자동차 부품공장에 다시 취업했지만 경기침체의 파고는 거셌다. 일감이 없다는 이유로 두 달여 만에 해고됐고, 고용지원센터를 전전하며 새 일터를 찾아야 했다. 당장의 생활비조차 막막했다. 응우옌은 동료 노동자의 기숙사에서 더부살이를 시작했고 부족한 생활비도 꿔야 했다. 동료들은 "고향에 있는 동생 부부와 가족들의 생계를 모두 응우옌이 부담하고 있었다"며 "그 때문인지 직장을 잃고 나서 절망감에 빠져 있었다"고 전했다. '외국인 근로자의 고용 등에 관한 법률'에 따라 2개월 안에 재취업을 못하면 미등록 체류자로 강제출국 대상이 된다. 엎친 데 덮친 격으로, 외국인 등록증과 빌린 생활비가 든 지갑을 소매치기 당했다. 스스로 목숨을 끊기 불과 몇 시간 전의 일이다. 숨진 응우엥의 겉옷 안주머니에서는 고용지원센터에서 내준 20여 개 업체의 구인 소개장이 들어 있었다("재취업 기한 쫓긴 이주 노동자 삶 접어", 『한겨레신문』 2009년 3월 20일자).

종족적 소수자의 이러한 현실이 최근 갑자기 생겨난 것은 아니다. 중국 등 아시아 출신 노동이민을 받아들이기 시작한 지도 이미 20년이 지났고 그보다 더 이전에 화교와 혼혈인들이 있었다. 한국 현대사와 함께해 온 이들의 경험을 살펴보는 것은 최근의 다문화 열풍을 1세기 이상 진행되어 온 종족적 소수자들과의 공존의 역사 속에서 평가할 수 있게 한다.

1. 한국의 종족적 소수자

한국인 및 한국 사회와 연관성이 있는 종족적 소수자에는 이주 노동자, 결혼이주 여성, 화교, 혼혈인, 탈북자, 유학생 등 한국 사회 내부에 존재하는 집단이 있고 재외동포, 해외입양아와 같이 외부에 존재하는 집단이 있다. 이중에서 한국 사회 내부에 존재하는 집단을 국적과 종족성에 따라 구분해 보면 다음과 같다. 국적을 기준으로 국민과 외국인이 구별된다. 국민은 종족성에 따라 한국계 국민과 비한국계 국민, 즉 혼혈인과 귀화한 외국인으로 나뉜다. 한국계 국민 중에는 정치사회적 경험에 따라 구별되는 북한 이탈 주민이 있다. 외국인 중에는 종족성을 기준으로 재외동포로 인정되는 집단이 있다. 그러나 같은 종족적 정체성을 갖고 있어도 재외동포의 법적 지위를 온전하게 가지지 못한 중국 및 구소련 거주 동포들이 있다.

〈표 4-1〉 종족적 소수자의 유형

		국적	
종족성		있음	없음
	같음	북한 이탈 주민	외국 국적 동포, 재외동포 자격 없는 동포
	다름	혼혈인, 귀화자	비한국계 외국인

출처: 이철우, 2003: 41을 수정한 것임

〈표 4-2〉는 〈표 4-1〉 중 특히 외국인 부분을 유형별로 세분화해서 보여 주고 있다. 외국인에는 동포, 외국인 근로자가 다수를 차지하며, 다음으로 결혼이민자, 외국인 유학생, 난민, 영주자격자 등 순으로 나눌 수 있다. 현재 외국인 신분의 체류자의 분포를 보면 유형별로는 단순기능인력과 결혼이민자가, 종족적인 측면에서는 동포의 비중이 절반 정도임을 알 수 있다. 그리고 국적취득자의 대부분은 결혼이민자이며 정주화를 원치 않는 정책의 결과 이주 노동자의 한국 국적 취득은 요원한 일임을 알 수 있다.

〈표 4-2〉 장기체류 외국인 유형별 통계(2007년 12월 31일 현재)

구 분		외국인수 (등록외국인 + 국적취득자)	등록 외국인			국적 취득자 (누계임)
			소 계	동 포	비동포	
총 계		**753,381**	**691,093**	**342,823**	**348,270**	**62,288**
결혼이민자		146,508	102,217	33,038	69,179	44,291
외국인 근로자	단순기능인력	376,940	376,940	233,065	143,875	
	전문인력	27,517	27,517	727	26,790	
유학생		37,440	37,440	2,660	34,780	
투자자		7,244	7,244	419	6,825	
재외동포(F-4) 자격		32,625	32,625	32,625	0	
기타 국적취득자		125,107	107,110	40,289	66,821	17,997

출처: 법무부. 차용호(2008: 36)에서 재인용

종족적 소수자는 해당 사회의 상태와 한계를 보여 주는 리트머스 시험지와 같은 존재이다. 민주주의의 상태, 사회적 불평등과 배제의 구조, 인권의 실태, 정체성의 성격 등에 대한 정보를 제공하는 것이다. 이 장에서는 종족적 다수자들의 대응방식의 변화를 중심으로 해방 이후 한국의 종족적 타자의 역사를 살펴보고자 한다. 이 역사를 설명하는 방식으로 우선 생각할 수 있는 것은 진화론적인 설명일 것이다. 이주민, 특히 결혼이주 여성에 대한 한국 사회의 높은 관심과 배려는 '배타적인 태도에서 개방적인 태도로의 변화'라는 식의 설명으로 충분할 것처럼 보인다.

그런데 미등록 노동자들의 높은 비중과 심각한 인권침해 현실, 최근 이주민이나 그 자녀들이 직장과 학교에서 겪는 차별, 인터넷에서 확산되고 있는 재중동포나 중국 출신 이민들에 대한 반감은 한국 사회가 단일민족 신화에서 벗어나 다른 종족 및 문화에 개방적인 방향으로 변화할 것이라는 진화론적 시각에 의문을 제기한다. 오히려 현 상황은 외국인과의 접촉 자체가 없는 상황에서 나타나는 막연한 두려움에서 접촉경험의 증가로 인해 형성되는 구체적인 반감으로의 변화로 더 잘 설명될 수도 있다.

인과관계가 명확한 것은 아니지만 한국 체류 외국인 수의 증가세가 최근 둔화되고 있는 것도 이러한 분위기 변화와 무관하지 않을 것이다. 지난 7월 법무부의 한 보도자료에 따르면 2010년도 상반기 국내 체류외국인 수가 1,208,544명을 기록해 사상 처음으로 120만 명을 넘었다고 한다. 올 상반기 입국자의 입국 목적별로 보면 재외동포, 유학생, 전문인력의 입국은 각각 56%와 23%, 11.7% 증가했지만 단순 취업자의 입국은 6.9% 감소하였다.

체류기간별로 보더라도 올해 상반기 총 체류외국인은 전년 동기대비 4.6% 증가하였지만 등록외국인(91일 이상 장기체류)은 0.4% 증가에 그친 가운데, 외국인 유학생과 결혼이민자는 전년 동기 대비 각각

8.4%와 8.2% 증가하였다.

장기체류 외국인의 증가세 감소는 이미 수년 전부터 나타난 현상이다(〈표 4-3〉). 결혼이민자마저도 아직은 약간씩 늘고 있기는 하지만 증가세가 크게 둔화된 상황이다. 우리 국민의 국제결혼 건수 및 전체 혼인건수에서 차지하는 비중은 2005년을 정점으로 해서 조금씩 줄어들고 있다. 게다가 2010년 7월에 발생한 베트남 출신 여성 결혼이민자 살해사건에 뒤이은 국제결혼 규제조치는 국제결혼 감소 경향을 더욱 심화시킬 가능성이 있다.

〈표 4-3〉 등록 외국인 연도별 증감 현황

(12월 기준)

구 분	2005년	2006년	2007년	2008년	2009년	2010년
인 원	485,144	631,219	765,746	854,007	870,636	918,917
증감률	-	⬆ 30.1%	⬆ 21.3%	⬆ 11.5%	⬆ 1.9%	⬆ 5.5%

출처: 법무부 출입국·외국인본부 홈페이지

이러한 추세는 이민자들에게 비우호적이고 선별적인 정책을 펴는 최근 전 지구적 경향과 무관하지 않다. 그간 한국이 미숙련노동자들에게 문을 닫고 있는 이민 선발국의 대안으로 각광을 받아왔지만 점차 전문인력이나 동화가 용이한 동포 중심의 선별적인 이민정책을 펴고 있다.

종족적 소수자에 대한 한국인들의 관용이 가지는 한계와 인종주의의 징후는 혁명에서의 '테르미도르'(스카치폴, 1981), 즉 혁명으로 전복되었던 구체제의 복귀나 반혁명 경향의 대두, 또는 신흥종교의 경로에서 나타나는 '일시적인 열광의 국면에서 냉정한 정상적인 국면으로의 이행'(Weber, 1995)을 떠올리게 한다. 그리고 이러한 '정상화' 또는 '일상화'는 화교, 혼혈인 등 이주 노동자의 대량 유입 이전 한국 사회에서 극단적인 배제와 은폐의 대상이었던 종족적 소수자의 역사를 떠올리게 한다. 사실 최근 상황을 보면 결혼이주 여성에 집중된 종족적 소수자에 대한 논의 속에서 이들의 역사가 복원되기보다 최근 소수자들과는 별개의 것으로 다시 한 번 배제되는 측면이 있다. 이런 맥락에서 종족적 소수자들의 과거와 현재, 이를 구성하는 다양한 집단들의 경험을 연관지어 사고하는 것이 요구된다.

2. 극단적 배제와 탈주: 화교, 기지촌 여성, 혼혈인의 경험

본격적인 노동이민의 유입과 결혼이민 현상이 나타나기 전까지의 종족적 소수자의 역사는 극단적인 배제로 특징지을 수 있다. 화교, 기지촌여성과 그들의 자녀에 대한 극단적인 차별과 멸시 그리고 일반사회로부터의 공간적 추방이 그 배제의 기제들이었다. 한국 거주 화교는 직업의 자유, 소유권과 같은 시민권이 극단적으로 제한된 상징적인 집단이며 기지촌 여성과 그들의 자녀는 비이성, 악마로 간주되어 사회에서 격리된 서구의 근대 초기 광인의 역사를 연상하게 하는 또 다른 극단을 보여 준다. 이들은 푸코(Foucault, 1961)가 얘기하는 17세기 광인들처럼 사람들의 의식으로부터도 추방되었다. 해외입양아, 기지촌여성과 그들의 혼혈아동, 화교 등 현대 한국 사회의 종족적 타자와의 관계에서 중요한 부분을 차지하고 있는 집단들의 공통된 특징 중 하나는 이들이 얘기되지 않는 집단이었다는 사실일 것이다. 그리고 이러한 극단적인 배제에 대한 대응은 극단적인 것일 수밖에 없었다. 미국행이 인간으로 살 수 있었던 유일한 희망이었던 기지촌 여성, 대부분이 해외입양의 길을 떠난 그들의 자녀들, 한국으로부터의 재이주를 선택할 수밖에 없었던 화교들의 선택이 그것이었다. 그렇지 않으면 자신들을 인간으로 보지 않는 주류사회의 시각을 내재화한 자포자기의 삶, 자살이나 마약 등 극단적인 선택만이 그들에게 가능한 것이었다.

자료 4-1. 푸코의 권력 논의

'감금공간'의 역사, 배제된 자들에 대한 지배방식의 변화를 통해 근대 권력의 작동방식을 다룬 푸코의 이론은 한국의 종족적 소수자에 대한 논의에 유용하다. 푸코의 『광기의 역사』(Foucault, 1961)는 광인들의 대감금과 사회로부터의 광기의 추방과정을 다루면서 이 현상을 '악마'들을 이성이 승리해가던 서양에서 쫓아내려는 시도로 해석했다. 즉 '비이성'을 상징하는 집단들을 사회에서 추방함으로써 이성과 비이성 사이에 넘을 수 없는 경계를 설정하고 이 비이성을 이성의 이름으로 통제하는 의미를 지녔다고 설명했다. 이러한 사례를 통해 이성이 지배하고 배제시키는 속성을 지녔음을 주장했다.

1657년 프랑스 전역에서 생겨난 '종합병원'이 그 이름이 의미하는 바와 달리 단순히 동성애자, 광인, 가난한 자 등 사회적으로 배제된 자들을 감금하고 사회질서를 유지하는 기구였다면 1793년 생겨난 정신병원은 '치료' 공간이었다. 그러나 이 치료는 과학, 즉 과학적 의학지식에 입각한 치료가 아니라 과학의 이름으로 행하는 감금과 통제였다. 의사는 과학자로서가 아닌 현자, 즉 도덕과 법의 수호자로서 치료를 수행했고 정신병원은 의사의 신격화와 환자의 객체화, 비합리적 성격의 지배가 이루어지는 공간이었다. 광인은 자유의지가 박탈되어 어린이로 취급되었고 아버지나 판사를 대신하는 의사의 의지에 맡겨지게 되었다.

『감시와 처벌』(Foucault, 1975)에서는 『광기의 역사』와 달리 억압과 직접적 지배가 아닌 "규범화"(normalization, 정상화)를 통한 권력을 강조했다. 정치권력의 주권을 형벌을 당하는 자의 몸을 통해 외적으로 세상에 보여 주기 위한 공개처벌에서 감옥에의 감금으로의 처벌방식이 변화하게 된 직접적인 계기는 이러한 군주의 주권 확인 방식에 대해 주민이 이 제한 없는 폭력에 자신도 위협을 느끼고 죄인에게 동지애, 동정심을 느끼게 되는 문제가 점점 심각해져 이 처벌방식이 정치권력에 비효율적이 됨에 따라서였다. 이러한 변화는 또한 이성의 탄생이라는 시대적 배경에서 설명될 수 있다. 이성과 자유를 찬양하는 계몽의 시대에 처벌도 인간화된 것이다. 여전히 육체를 대상으로 하지만 이제 처벌은 신체에 고통을 주는 대신 감시하고 길들이는 것을 위주로 한 것으로 변화된 것이다. 그러나 이러한 처벌의 인간화가 온정적인 이성의 산물만은 아니었다. 구체제가 감당하기 어려웠던 급속한 사회변동, 특히 많아지고 다양해진 주민을 통제해야 하는 필요성에 따른 것이었다. 이를 위해 권력은 사회 각 영역에 대한 정교한 개입을 시도했던 것이다.

안전 기술(security technology)에 대한 푸코의 논의 역시 권력기제에 대한 관심의 연장선상에 있다. 근대권력은 점차 '안전' 차원의 것으로 되었고 푸코는 이를 안전사회(société de sécurité)라고 명명했다. 이 개념은 안전테크놀로지에 의해 주도되는 권력 메커니즘을 의미한다. 안전 기술은 기존의 법과 훈육 장치들이 더 잘 작동하게 하는 기능을 한다. 이런 의미에서 안전테크놀로지는 사회통제의 기제이다. 그런데 서구 사회의 경우 안전기술은 시대에 따라 다른 형태를 보였다(Foucault, 2004: 11-13).

중세시대의 경우 한센병(나병) 환자를 대상으로 하는 안전 기술의 주요 기제는 한센병 환자와 일반인 두 유형으로 구분한 후 전자를 사회로부터 절대적으로 배제시키는 것이었다. 일제 강점기에 시작되어 아직도 한센병 환자를 소록도라는 섬에 가두어 두고 있는 한국은 이러한 전근대적 배제 전략의 전형을 보여 주고 있다. 그러다가 질병치료는 감금공간의 경우와 유사하게 정상화를 통한 치료로 변화한다. 더 나아가 푸코는 훈육에 의한 정상화와 안전장치에 의한 정상화를 구분하였다. 훈육에 의한 정상화는 '규범적인 것'에 대한 '규범'의 우선성을 특징으로 한다. 즉 고정된 규범이 중요하고 이로부터 정상적인 것(le normal)과 비정상적인 것(l'anormal)의 구분이 가능한 것이다. 따라서 엄밀히 구분하자면 정상화(normalisation)라기보다 규범화(normation)이다. 이에 반해 안전테크놀로지는 고정된 규범에서 출발하지 않는다. 여기에서 규범은 유동적인 것이며 가변적인 현실의 분포도가 규범의 역할을 한다. 처방 역시 상대적인 성격을 띤 것으로 훈육의 경우와 달리 절대적인 기준에 입각한 교정이기보다는 질병치료나 건강관리의 경우처럼 열악한 집단이 양호한 집단에 근접하도록 처방하는 것이다. 따라서 훈육에 의한 정상화보다 안전테크놀로지에 의한 정상화가 보다 온전한 의미의 정상화라는 것이다.

1) 화교의 경험과 근대 시민권의 종족적 차원

먼저 화교들의 역사에서 배제의 양상을 확인해 보자. 우리가 화교라고 부르는 중국인들이 본격적으로 한국에 정착해 살기 시작한 것은 1882년 임오군란 이후였다. 당시 조선의 정국에 개입한 청나라 군대를 따라 들어온 40여 명의 중국 상인들이 한국 화교의 선조로 여겨진다. 중국 상인의 특권적 지위와 독점적 지배력이 1894년 청일 전쟁에서 청이 패배하면서 급격히 쇠퇴했지만, 화교의 숫자는 꾸준히 늘어났다. 1910년 1만 1,818명에 불과하던 화교 수는 1920년에는 2만 명을 그리고 1930년에는 6만 명을 넘었으며 1942년에는 8만 명을 넘어섰다(박경태, 2007: 147-150). 해방 직후에 반짝했던 무역업의 쇠퇴 때문에 그리고 60년대 초반부터 시작된 이런저런 토지 소유 제한으로 많은 화교 농민들이 농촌을 떠나면서 화교 직업의 주류는 식당업으로 변화했다(ibid.: 159).

〈표 4-4〉에서 우리는 직간접적으로 화교 자본, 화교 공동체의 형성을 구조적으로 어렵게 만든 정책과 제도들을 확인할 수 있다. 1961년 외국인토지법에 의한 토지소유의 전면 금지는 화교들의 경제기반을 박탈했으며 그들의 직업을 제한하는 결과를 가져왔다. 1968년 법 개정으로 일정 규모 이하의 주거지와 상업용 토지를 소유할 수 있게 되었으나 이는 소규모 중국음식점 등 영세한 사업 이외의 것은 불가능한 규모였다. 토지소유의 상한은 1998년에야 철폐되었고 그나마도 한국 사회의 경제난 극복이라는 관심에서 비롯된 것이었다. 한국 화교의 경험은 근대 시민권의 주체가 보편적인 인간이나 계약을 통해 맺어진 정치적 주체로서의 시민이 아니라 지배종족의 구성원에 국한될 수 있다는 점을 전형적으로 보여 주는 사례이다.

체류자격의 문제에서도 화교들은 심지어 한국에서 태어난 경우에도 짧고 불안정한 체류자격 때문에 불안해해야 했다. 1999년까지는 3년을 상한으로 하는 거주 자격(F-2), 1999년부터 2002년까지는 5년 상한의 거주 자격을 부여받고 주기적으로 이를 갱신해야 했다. 2002년에서야 영주자격(F-5)이 도입되어 화교들은 체류자격의 갱신 없이 영구히 체류할 수 있게 된다(이철우, 2003: 33).

〈표 4-4〉 화교와 관련된 법령 및 정책

연도	법령 및 정책	내용
1950	창고봉쇄령	외국인의 부두 창고 사용 금지로 화교 무역에 악영향
1953	제1차 화폐개혁	현금을 많이 보유한 화교들에게 불리
1961	외국인토지소유금지법	토지를 헐값에 매각하거나 한국인 부인이나 친구 명의로 바꿨다가 사기 당함
1962	제2차 화폐개혁	
1968	외국인토지소유금지법 개정	주거용에 한하여 1세대 1주택 200평까지 소유 가능
1970	외국인 토지취득 및 관리에 관한 법	1가구당 1주택(200평 미만), 1점포(50평 미만)까지만 허용, 그러나 임대 불가
1973	가정의례준칙	결혼식 피로연, 회갑연 등 금지, 중국 식당에 불리
1973	쌀밥 판매 금지령	면 종류만 판매 가능, 3개월 만에 취소
1970년대	서울 도심 재개발사업	차이나타운 완전 해체
1977	부가가치세 시행	세금제도에서 화교 등에게 불리하게 작용
1998	외국인토지소유제한 해제	화교를 위해서가 아니라 외환위기 때 해외 투자 유도하려고 실시
2002	영주권 제도 도입	화교가 한국에 영주하는 존재로 받아들여짐
2004	주민투표법	합법 체류 외국인의 지방자치단체 활동에 대한 제한적 참여 허용

출처: 박경태, 2007: 158

한국 사회의 갖가지 제약과 차별 그리고 변화하는 경제적 조건에 대한 적응 실패는 화교의 재이주를 초래했다. 1970년대에 접어들면서 미국, 호주, 대만, 일본 등지로 재이주를 모색하는 화교가 급속하게 증가했고 그 결과 화교 인구는 1972년을 고비로 감소 추세로 돌아섰다(박경태, 2007: 162). 1960년대 말 2,000명 이상에 달하던 학생이 지금은 500여 명에 불과하게 된 한성화교소학교의 경우가 화교 사회의 쇠퇴를 잘 보여 준다. 국가기관에 의한 우리 사회의 화교 차별에 대한 최초의 조사결과는 현실의 일단을 보여 준다. 국가인권위원회가 한국 화교 700여 명을 대상으로 심층조사를 한 결과 응답자의 77%가 '취업 단계에서 차별을 느낀다'고 대답했다. 79%는 승진에서 차별을 느끼고 기업 입사 때 서류전형이나 면접에서도 탈락하기 일쑤여서 대부분 요식업에 종사하게 된다고 밝혔다(『세계일보』 2004년 1월 9일자).

2) 한국인으로부터 추방된 한국인, 기지촌여성

혈연적으로는 한국인인 소위 '기지촌여성'들에 대한 한국 사회의 극단적인 태도의 근저에는 단일민족신화, 가부장제 그리고 미국과의 동맹이라는 절대적인 이념이 자리 잡고 있다. 여지연은 이를 다음과 같이 표현하고 있다.

> "미국의 매력이 휩쓸고 있을 때마저도 대부분의 한국인들은 기지촌과 그곳에서 일하는 양공주들을 경멸했다. 전통적인 가부장제의 사회 관행은 여성의 정절을 강조했으며 한민족은 동질적인 문화를 가지고 있다는 것에 대한 몇 백 년 묵은 자부심을 가지고 있는 분위기에서, 외국인과 관계하는 매춘 여성은 사회의 쓰레기로 폄하되었다. (…) 가부장적인 사회적 관행도, 문화적 · 인종적인 극단의 자부심도, 기지촌여성들과 군인아내들에 대한 엄청난 경멸을 전부 다 설명해 줄 수는 없다. 다름 아닌 그 가부장적인

사회적 관행과 바로 그 자부심이 일본 통치 아래 자행되었던 위안부문제를 몇 십 년 동안 비밀에 부쳤지만, 이제 그들은 제국주의 침략자들에게 당한 순진한 희생양이라고 주장되는 반면, 기지촌 여성은 여전히 사회적 천민으로 남아 있다. (…) 이런 차이를 어떻게 설명할 수 있는가? 기지촌 여성을 군대 매춘의 희생양이자 현대판 위안부로 이해하는 것은 미국에 대한 비전을 산산조각 내는 것일 수도 있다. 이러한 시각은 한국인들에게 미국인들과 미군들이 저지른 무수한 모멸과 만행을 대변하도록 만들 것이다. 그들이 저지른 만행은 신문의 한 귀퉁이에 작은 활자로 눈에 띄지 않도록 배치되었고 반쯤 잊혀진 기억 속에 은폐되었다"(여지연, 2007: 67-68).

기지촌여성에 대한 극단적으로 부정적인 인식의 배경에는 한국 사회의 자학적인 태도가 존재한다. 한국과 미국 사이의 경계인으로서의 이들에 대한 극단적인 혐오는 바로 이 두 나라 사이에 위치한 경계인의 의식을 가진 한국인 자신에 대한 경멸이라고 볼 수 있다. 캐서린 문(2002)이 글로 정리한 것을 도표로 만든 〈표 4-5〉에서 우리는 기지촌여성의 존재가 지니는 정치적 함의를 찾을 수 있다. 이들이 겪은 한국 사회로부터의 배제는 미국과의 동맹을 유지하기 위한 국가 차원의 전략의 산물이었던 것이다.

〈표 4-5〉 군인아내들의 역사와 관련하여 주목할 만한 사건

연도	사건
1945년	남한에서 최초의 기지촌이 부평에 생겼다
1950년	미국인과 결혼한 최초의 한국 여성이 미국에 도착하기 시작했다
1970년대 초반	미국은 남한에서 미군을 감축했으며, 한국 정부와 더불어 기지촌 정화운동을 시작했다. 남한 정부는 관리들을 기지촌으로 보내 여성들에게 외화를 벌어들이는 애국자이며 민간외교관으로 봉사하라는 강연을 했다

1992년	서울 근처에 있는 기지촌 술집의 호스티스였던 윤금이 씨가 미군에 의해 살해되었다. 남한 경찰은 그들이 보았던 어떤 범죄보다도 끔찍한 범죄라고 표현했다. 윤금이 씨 살해사건은 불평등한 소파협정에 반대하며 개정을 요구하는 운동에 불을 지폈으며, 미군 축출을 주장하는 학생운동에 힘을 실어 주었다
1997년	한국에 IMF 사태가 터지자 기지촌여성들은 자신들이 하는 일이 또다시 외화벌이로서 값어치를 가지게 되었다는 농담을 했다.

출처: 문, 2002: 12

> "수만 명의 한국 여성들에 대한 '양키 외국인'의 성적 지배는, 사회적으로는 불명예이지만 국가 안보라는 목적 아래 미군을 한국에 계속 주둔시키기 위해서 참아야만 한다고 믿는 '필요악'이다. 그러한 굴욕감은 '형'으로부터의 보호를 위한 동맹 속에서 '아우'가 지불한 대가이다"(문, 2002: 29).

'정상적인' 한국 사회에는 이들을 위한 자리가 없다. 이들은 기지촌을 벗어날 수 없다. 그리고 이러한 사회로부터의 추방에 대한 다른 방식의 대응은 자신들을 원하지 않는 한국 사회로부터의 탈주이다.

> "여성들은(매우 나이든 여성들을 제외하고) 미군과의 결혼을 최고의 목표로 삼게 된다. 그들의 희망은 한국에서 경험한 가난, 수치, 소외를 뒤로 한 채 한국을 떠나 미국에서의 미군의 합법적인 아내로서 새롭게 인생을 시작하는 것이다"(문, 2002: 21).

실제 1950~1989년에 십만 명에 가까운 한국 '전쟁신부'(war bride) 또는 여지연의 표현으로는 '군인아내'(military bride)들이 미합중국으로 이민을 떠났다(여지연, 2007: 17-19).

3) 혼혈인

주로 기지촌 여성과 미군 사이에서 출생한 혼혈인들의 경험은 더욱 비참했다. 외모에서의 차이로 인해 학교, 군대, 직장, 결혼 등 모든 생애주기에서 차별과 배제를 경험했다.

> "오조디(42) 씨는 '외관상 식별이 명백한 혼혈인은 제2국민역에 편입한다'는 병역법 조항에 따라 직업 군인이 될 수도 없었다. 또 군대를 갈 수 없었지만 병역 의무를 하지 않았다는 이유로 면접에서 퇴짜를 맞기도 했다. 오 씨는 현재 유흥업소 디스크자키(DJ)로 일하고 있다. 나이트클럽 가수로 활동 중인 이제임스 씨(44). 그의 두 팔은 온통 담뱃불로 지진 흉터 투성이이다. 술 취한 손님들이 '튀기'(혈종이 다른 종족간에 태어난 아이라는 뜻)라고 놀리며 시비를 걸러올 때마다 싸움을 하지 않기 위해 자해를 했기 때문이었다"(『동아일보』 2006년 1월 13일자).

인종주의가 신체적 차이를 빌미로 한 차별의 체계라는 점에서 이들은 인종주의의 전형적 대상이었다. 이들에 대한 주류사회의 태도는 유럽 사회 내부의 광인이나 동성애자, 또는 신대륙의 원주민들에 대한 백인들의 태도와 크게 다르지 않았다.

> "사람들은 나를 '튀기'라고 불렀는데 그것은 외계의 악마를 뜻했다. 아주 어린 시절부터 나는 스스로를 쓸모없는 아이라고 생각했고 내 마음속에는 악마가 있다고 믿게 되었다"(혼혈 여성의 증언, 〈KBS스페셜〉 1999월 10월 20일. 박경태, 2007: 220에서 재인용)

광인에 대한 근대 유럽 사회의 감금이 비이성을 추방하고자 한 것이라는 푸코의 설명이 연상되는 대목이다. 한편 이러한 극단적인 차별과 배제에 대한 대응 역시 도피, 자살, 이민 등 극단적인 것일 수밖에 없었다.

"2003년 국가인권위원회에서 조사한 '기지촌 혼혈인 인권실태'에 따르면 면접대상자의 42%가 자살시도 경험이 있다고 답했고, 자살충동 경험자는 58%에 달한 것으로 보고되었다(『문화일보』 2006년 4월 10일자).

남명호(2008)가 '주둔지 혼혈인'이라고 부른 미군과 한국인 여성 사이에서 태어난 자녀들의 대부분은 이 땅에서 떠나갔다. 1970년대 3만 명에 이르렀던 이들의 숫자는 82년 미국 정부가 미국계 아시아 혼혈인에 대한 이민 허용정책을 펴면서 대부분 한국을 떠나 이제 2,000명 정도에 불과하다(『한겨레신문』 2002년 5월 13일자). 해외입양 한국인에 관한 보건복지부 통계에 따르면 1958~60년 1,159명, 1961~70년 2,659명의 혼혈아동이 해외에 입양되었다(박경태, 2007: 209).

화교, 기지촌 여성, 혼혈인에 대한 한국 사회의 극단적 거부의 배경에는 기지촌 여성의 사례에서 언급한 미국과의 관계라는 국제정치적 배경, 일본의 식민지배와 미국의 정치적, 문화적 지배에 기인한 정체성 혼란 등의 요인이 존재한다. 보다 근본적으로는 결과적으로 다민족국가의 형태를 띤 대다수의 서구 사회와 달리 서구 근대의 산물인 1민족 1국가라는 보편적인 근대국가의 원리가 전형적인 형태로 구현되었다는 점으로 설명될 수도 있다. 외국인들에 대한 한국인들의 강한 배타성이나 단일민족의식을 설명하는 요인들 중 하나는 역설적으로 바로 이렇게 한국 사회에 극단적인 방식으로 실현된 보편성인 것이다. 전형적인 민족국가(nation-state)에서 종족적 소수자의 존재는 극히 비정상적인 것이고 절대로 온전한 권리를 향유하는 정상적인 시민, 국민이 될 수 없었던 것이다.

3. 이주 노동자와 결혼이민자 그리고 다문화가정

"미등록 노동자들의 소망은 그저 합법적인 자격을 얻어 일하고 싶다는 것이다. 어찌 보면 단순한 그 소망은 쉽게 이루어지지 않을 듯하다. 45만 명 이주 노동자 중에서 절반이 모루 아빠와 같은 미등록 노동자다. 해마다 10만 명 정도 되는 이주 노동자를 새로이 들여온다. 땀 흘려 일해 온 미등록 노동자는 여전히 버려둔 채로. 새로운 사람들은 계속 들어오고, 오래된 노동자들은 계속 쫓기고 강제로 추방당한다. 공장이고 기숙사고 자취방이고 가리지 않고 몰려들 단속 때문에 우리 이웃들은 이 더운 여름날은 창문도 못 열고 말도 크게 못하고 지낼 것이다. 공포의 계절이다. 이웃에 이주 노동자가 살고 있다면 한 번 더 보듬어 보고 삶의 고통을 나눌 일이다. 모루가 아빠에게 숨죽여 했다는 말을 전한다. '아빠, 제발 잡히지 마'"(이란주, 2009: 48-49).

불법체류자 또는 미등록 노동자라고 불리는 외국인들의 문제는 이주 노동자와 관련된 가장 중요한 쟁점이다. 이민을 받아들인 역사가 오래된 국가들의 경우에도 불법이민이나 체류기한을 넘긴 외국인의 문제는 인종에 따른 차별과 불평등의 문제와 함께 이민문제의 핵심적인 사안이다. 4장의 앞에서 살펴보았듯이 한국의 소수자에는 유학생, 난민, 남성 결혼이민자 등 여러 집단이 존재하고 그 수도 꾸준히 늘고 있지만 종족적 소수자 문제는 결혼이주 여성과 이주 노동자를 중심으로 논의되고 있다. 토착 종족적 소수자가 거의 없는 한국의 경우 종족적 소수자는 대부분 최근 이루어진 국제이주의 산물이다. 아래에서는 직장, 가정, 자녀교육, 의료 등을 중심으로 이 두 집단이 겪고 있는 한국에서의 삶을 살펴본다.

1) 이주 노동자

(1) 이주 노동자 유입의 역사

외국인들의 한국으로의 노동이민은 1992년 한중수교를 전후해 시작된 재중동포들의 입국으로 시작되었다. 두 나라 간의 왕래가 용이해지면서 많은 동포들이 한국에 돈을 벌기 위해 들어왔는데 이는 한국 사회뿐 아니라 그들이 살던 조선족 사회에도 큰 변화를 가져왔다. 한국에 와서 몇 년만 일하면 돌아가 집도 사고 부유하게 살 수 있게 되자 많은 동포들이 고향을 떠나게 되면서 조선족의 수는 급속히 줄었다. 배우자 등 가족 구성원의 일부가 한국으로 이주함에 따라 가족의 안정성이 파괴되었고 상당한 수의 조선족이 한국으로의 이주를 계획하고 조선족 경제의 상당부분이 한국으로부터의 가족의 송금에 의존하게 됨에 따라 농업이 쇠퇴하는 등 전통적인 산업구조와 일상생활에 큰 변화를 가져왔다([그림 4-1], 〈표 4-6〉).

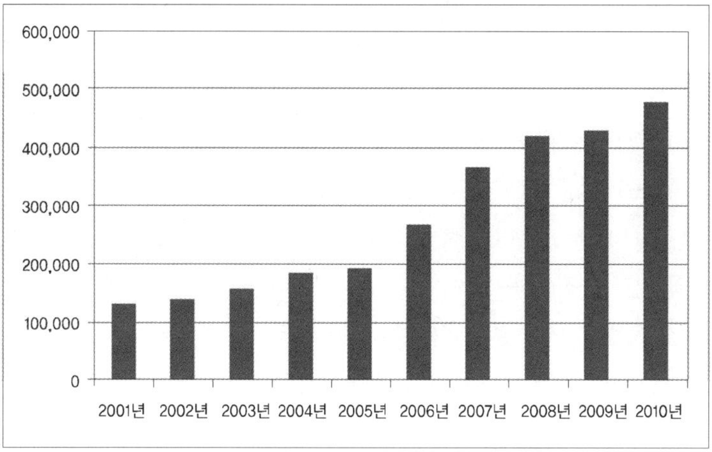

[그림 4-1] 외국국적동포 연도별 추이(단위: 명)

출처: 법무부 출입국 · 외국인정책본부, 『2010년 12월 통계월보』

〈표 4-6〉 외국국적동포 국적별 체류현황

(단위: 명)

계 \ 국적	중국	미국	캐나다	호주	기타
477,028	415,003	35,822	9,502	2,779	13,922

* 재외동포(F-4 비자 소지자) 및 기타 체류자격 외국국적동포의 수를 합한 것
출처: 법무부 출입국·외국인정책본부, 『2010년 12월 통계월보』

한중수교 체결 직전인 1991년에 도입되어 2007년까지 존속했던 외국인 산업연수생제도 역시 이주 노동자의 수가 급속도로 늘어난 계기가 되었다. 산업연수생제도란 외국인 산업연수생이 대한민국의 연수업체에서 일정기간 연수함으로써 중소기업은 인력난을 완화하고 연수생에게는 기술 기회를 습득하여 국가 간의 상호협력을 증진시킨다는 취지로 만들어졌다. 연수생이 일정 기간 연수 후 소정의 검증절차를 거쳐 취업자격을 얻으면 정식근로자로 취업토록 하는 제도였다. 이 제도는 해외투자 기업에만 허용되기 때문에, 당시 극심한 생산직 인력난을 겪고 있던 중소기업이 이 제도를 활용하기는 어려웠다. 그래서 중소기업협동중앙회(중기협)가 1992년 2월에 외국인 산업연수생의 연수기간의 연장과 연수대상업체의 범위를 확대해 줄 것을 요구하였고, 이에 대해 정부는 1992년 하반기부터 3D업종으로서 국내근로자들이 기피하는 업종에도 연수생을 들여오기 시작하였다. 이후 일시 중단되었다가 1994년부터는 중소기업중앙회의 추천에 의해서도 연수생의 도입이 가능하도록 법이 개정됨에 따라 중국, 베트남, 필리핀 등 10개국으로부터 연수생의 입국이 시작되었다.

산업연수생 제도는 1980년대 말부터 나타난 노동력부족 현상에 대한 대응의 일환이었다. 초기에는 불법이민을 용인해 주는 식으로 이 문제를 해결했지만 본격적인 노동력 유입을 용이하게 하는 장치가 필요했다. 그러나 노조나 정부의 일부 부처와 같이 노동력 수입에 반대

하는 입장을 고려해야 했고 절충안으로 제시된 것이 바로 이 제도였다. 1993년 2만 명이 도입된 이후 점점 그 수가 늘어나 2002년에는 145,500명에 이르렀으나 그후 점차 신규 도입이 줄어들어 2010년 말 현재 불법체류자를 포함해 5,350명에 그치고 있다.

실상을 보면 산업연수생 제도는 이주 노동자들을 연수생 신분으로 들여와 가혹한 노동을 시키면서도 노동자 신분이 아니라는 이유로 최저임금 적용, 산재보험 등 노동자로서의 지위와 권리를 완전히 부정하는 제도였다. 직장 이동이 원천적으로 금지되어 있었고 직장을 나오면 바로 '불법' 신분이 되었다. 결과적으로는 연수생 제도 자체가 불법체류자를 양산함으로써 기업이 외국인들을 더 유리한 조건에서 고용할 수 있도록 하는 역할을 하였다. 이주 노동자들은 사업주에게 여권 등 신분증을 압류당하였고 욕설과 구타 등을 당하며 인간 이하의 삶을 강요당했다. 인도네시아에서 한국으로 인력을 송출하는 업무를 맡았던 업체들은 한국에 취업할 사람들을 교육할 때 '모욕 훈련', 즉 뺨을 맞고 욕설을 들어도 참고 견디는 훈련을 시키기도 했을 정도였다(이정원, 2007). 입국과정에서도 이들은 중소기업협동중앙회에 소속되어 있는 인력회사들에게 거액의 수수료를 내고 들어왔고 임금의 일부를 중소기업협동중앙회에 보증금으로 맡기기도 했다.

1995년 1월 이러한 열악한 상황을 견디지 못해 사업장을 이탈한 13명의 네팔 출신 산업연수생들이 몸을 쇠사슬로 묶고 명동성당 입구에서 농성을 벌였다. 여권압류, 감금노동, 폭행 · 폭언, 장시간 저임금 노동 등 이들이 고발한 산업연수생들의 현실은 한국 사회에 큰 충격을 안겨주었다. "제발 때리지 마세요", "우리는 노예가 아니에요"라는 외침은 이들의 열악한 현실을 잘 표현해 주었다. 농성에 참가했던 연수생들은 모두 추방되었지만 이를 계기로 이주 노동자 문제가 공론화되었고 같은 해 7월 '외국인 노동자대책협의회'(외노협)가 결성되었다.

산업연수생 제도의 폐지를 위한 노력이 전개되었지만 중기협의 반대 등으로 인해 미루어지는 상황에서 정부는 보완책으로 2000년 4월부터 산업연수생이 일정 기간 연수생으로 근무한 후 근로자 신분으로 전환하여 취업할 수 있도록 허용하는 연수취업제를 시행하였다. 연수취업제도는 연수생이 일정 기간 연수 후 소정의 취업자격을 획득하면 근로자로 1년간 근로할 수 있게 허용하는 제도로서 기존의 2년간 산업연수생으로의 체류 이후 연수생이 아닌 근로자 신분으로 1년간 더 체류할 수 있도록 하는 것이다. 연수취업제도는 한국에서는 최초로 저숙련 외국인력을 근로자로 받아들이는 중요한 제도 변화였으며, 사실상 고용허가제가 부분적으로 도입된 것이었다. 2000년에는 연수와 취업기간을 「연수2년+취업1년」으로 하였으나, 2002년부터 「연수1년+취업2년」으로 조정하여 시행하였다.

이러한 제도적 개선에도 불구하고 연수생제도의 폐해가 점점 심해지면서 2007년 1월 1일 고용허가제로 통합되는 방식으로 폐지되었다. 그렇지만 고용허가제 역시 이주노동자들의 상황을 근본적으로 해결해주는 대안은 아니었다. 법적으로는 노동3권을 보장하고 있지만 사업장 이전의 자유 박탈, 단기 3년간의 순환정책과 같은 문제로 인해 이 제도 역시 '현대판 노예제도'라는 비판을 면치 못하고 있다. 근본적인 문제점은 외국인력 단기순환정책의 기조 하에 체류기간을 3년으로 제한하는 데에 있다. 3년 고용 이후 사업주가 동의할 경우 귀국했다가 다시 입국해 3년을 더 일할 수 있지만 각국에 한국 이주 희망자가 많은 상황에서 재입국은 극히 어려운 것이 현실이다. 사업장 이동 제한과 업종변경 제한과 같은 규정으로 인해 3회 이상 이직하면 불법체류자가 된다. 또한 1년 단위 재계약 조항, 회사를 옮기는 과정에서 어떤 이유로든 두 달 이상 쉬면 안 된다는 규정 등은 이주 노동자들의 노동권을 무용지물로 만드는 독소조항이다.

(2) 고용조건

이주 노동자들은 위와 같은 고용의 극단적인 불안정성과 더불어 1970년대 한국인 노동자들을 연상시키는 열악한 고용조건에 놓여 있다. 2008년에 실시된 〈고용허가제 실태보고서〉의 내용은 이러한 이주 노동자들의 현실을 잘 보여 주고 있다. 이 조사는 수도권에서 일하는 이주 노동자들을 대상으로 설문조사를 하는 방식으로 이루어졌다. 설문대상자의 급여평균은 1,090,635원으로 나타났으며 1일 평균 근무시간은 10.96시간으로 11시간을 근무하는 것으로 나타났다. 현행 최저임금이 시간당 3,770원임을 감안해 보았을 때, 근무시간 대비 급여액이 최저임금에 미달하게 나타나 설문대상자의 많은 수가 최저임금을 보장받지 못하고 있는 것으로 나타났다(이주인권연대, 2008).

〈표 4-7〉 급여 및 근무시간 평균

구분	총 급여 평균	1일 평균 근무시간
노동조건	1,090,635원	10.96시간
전체 응답자수	317명	281명

응답자들은 근무형태에서 181명이 주간근무를 한다고 답하였고, 그에 뒤이어 135명이 주야맞교대근무를 한다고 답했다. 주야맞교대 근무를 하는 경우가 상당히 높은 비율을 차지하고 있는 것은 장시간의 노동을 더욱 열악한 환경 속에서 하고 있는 이주 노동자들의 근무형태를 보여 준다고 할 수 있을 것이다(이주인권연대, 2008).

〈표 4-8〉 근무형태

구분	빈도	백분율
주간근무	181	54.8
야간근무	14	4.1
주야맞교대	135	39.8
무응답	7	2.1
전 체	339	100.0

이 결과만으로는 이주 노동자들의 노동조건을 제대로 파악할 수 없다. 또 다른 실태조사보고서에 따르면 근무시간의 경우 동일노동을 하는 한국인 노동자들과의 차이가 일반적인 이주 노동자의 경우 1.76시간, 특례 고용허가로 들어온 재외동포의 경우 1.24시간 많이 일하는 것으로 나타나 어느 정도 납득할 만한 수준이다(유길상 외, 2007). 임금수준 역시 한국인 하층노동자들과 유사한 수준이라고 할 수 있다. 그러나 흔히 발생하는 임금체불문제 그리고 입국 초기 상당기간 연수라는 이름으로 추가적인 보상 없이 행해지는 초과노동 등을 고려하면 이들의 노동조건은 더욱 열악하다고 할 수 있다. 게다가 언어문제나 문화적 차이에 따른 어려움, 인종적인 이유로 겪게 되는 차별과 폭력 등도 이들만이 겪게 되는 현상이다.

(3) 미등록 노동자 문제

2010년 말 현재 불법체류자의 수는 168,515명이며 그 중에는 등록외국인이었던 경우가 78,545명, 단기체류외국인 89,238명, 거소신고 대상자인 재외동포가 732명이다. 유럽, 미국과 달리 한국은 밀입국에 의한 불법체류의 사례는 소수이고 국가와 제도가 불법체류를 생산, 재생산하는 양상이라는 점을 고려하면 불법체류자, 보다 정확히 하자면 미등록 노동자를 범법자와 동일시하는 일반적인 인식은 재고될 필요가 있다. 미등록 노동자들을 이민논의에서 배제시키고 범죄집단화하는 것은 불법체류자들을 필요로 해 온 현대자본주의 사회의 논리로 설명될 수 있다. 불법체류자 문제는 1970년대 초 공식적으로는 노동이민을 금지하면서도 계절노동자(독일)나 비공식부문의 불법노동자(스페인, 이탈리아, 프랑스) 형태로 이주 노동자를 활용했던 유럽에서 중요하게 제기되었다.

부탕(Moulier-Boutang, 1998)의 설명에 따르면 일반적으로 불법체류자에게 체류증이나 노동허가증을 부여하지 않으려 하는 것은 노동시장에서 이동의 자유를 억압함으로써 과거 노예와 같이 극도로 통제된 피고용자 집단을 창출하려 하기 때문이다. 이렇게 해서 이 집단을 고립시키고 이러한 상황에서 연고주의 등으로 부패하게 하고 더 나아가 범죄집단화함으로써 사회운동을 통한 집단적 저항을 저지하려 한다는 것이다. 이민 노동자가 토착 노동운동을 약화시키는 수단으로 활용되는 것과 마찬가지로 불법체류 상태는 이주 노동운동을 불가능하게 하는 법적 기제인 것이다(엄한진, 2008). 최근 우리 사회에 이주 노동자들이 범죄를 일으키는 위험한 존재로 인식되기 시작한 것도 이러한 맥락에서 이해될 수 있다. 이러한 구조적 요인은 9·11테러로 인해 더욱 심화되었다. 전 지구적 차원의 대테러전쟁이 일국사회에 가져온 통제사회화와 안전담론(security discourse)은 불법체류자에 대한 무자비한 단속과 추방, 보편적인 인권의 유보를 정당화해 주는 사회심리적 배경이 되었다.

(4) 건강 및 의료 실태

이주민들의 의료 실태를 보면 결혼이민자와 이주 노동자, 이주 노동자 내부에서도 등록노동자와 미등록 노동자 간에 차이가 있다. 합법체류 이주민 특히 노동자의 경우 4대 사회보험 적용으로 기본적인 사회보장 체계에 포함되어 있다. 그러나 건강보험 가입에 현실적 장애요소들이 존재하고 역으로 고용허가제의 규정에 따른 4대 보험 의무가입이 적지 않은 보험료로 인해 경제적으로 이주 노동자들에게 부담이 되기도 한다. 미등록 이주민은 응급의료권과 내국인 보호 차원의 전염성 질환 예방만을 보장받고 있다.

현재 이주민이 90일 이상 국내 체류 시 자격에 따라 직장의료보험과 지역의료보험에 가입할 수 있지만 실제 한국 체류 외국인 전체의 건강보험 가입률은 30% 정도에 그치고 있다. 가입자 수는 체류외국인 수가 증가함에 따라 늘어났으며 2002년 79,211명, 2005년 199,082명이었다가 2009년에는 357,947명이 되었다. 초기에는 직장가입자와 지역가입자의 차이가 크지 않았다. 그러다가 의무가입 대상 사업장이 늘어남에 따라 직장가입자의 비율이 늘어나 현재 직장가입자와 지역가입자의 비율은 3:1 정도이다(복지부, 2009). 가입률이 낮은 이유 중 하나는 이주 노동자의 대부분이 영세 사업장에 종사하고 있고 사업주가 의료보험 가입을 기피하는 경우가 많은데 국가가 이에 대한 제재를 하지 않기 때문이다. 건설업이나 서비스업에 종사하는 이주 노동자는 지역보험에 임의로 가입하게 되어 있는데, 필요성을 느끼지 못하거나 보험액수의 부담(보험료 평균 45,000원, 임금 평균 70만 원, 월급 5%에 해당)으로 가입을 기피하는 실정이다(한국이주민건강협회, 2009: 140).

〈표 4-9〉 외국인의 건강보험가입 현황(2009년 2월 말 현재, 단위: 명)

구분	합계	직장			지역가입자
		소계	직장가입자	피부양자	
외국인	357,947	271,076	214,918	56,158	86,871

출처: 국민건강보험공단. 2009(한국이주민건강협회, 2009: 187에서 재인용)

그 결과 이주 노동자의 건강권이 심각하게 침해되고 있다. 〈고용허가제 시행5주년 이주 노동자 노동권 실태조사〉 보고서에 의하면 설문 응답자 총 533명 중 187명이 일과 관련하여 다치거나 아픈 적이 있다고 답하였으며 다친 이들의 37.7%인 66명이 자신이 치료비를 지불하였다고 응답하였다. 모성보호의 경우 같은 외국인 여성이라 하더라도 결혼이민자들은 다문화가족지원법에 따라 산전산후 건강관리를 받을 수 있지만 여성 이주노동자들은 고용허가제에 입각한 현재의 이주 노동자정책이 가족동반이나 정주를 금지하는 단기순환방식에 기초하고 있어서 임신, 출산 시 해고의 위험 때문에 이를 숨기거나 낙태를 선택하는 경우가 많다(ibid.: 59-61).

2) 결혼이주 여성

전통적으로 한국 사회에서의 국제결혼은 미군 등 외국인 남성과 한국인 여성 사이에 나타났다. 한국 남성이 외국인 여성과 국제결혼을 하는 경향은 1990년대 중반 이후에 나타난 현상이다. 초기에는 조선족 여성을 포함한 중국인 여성들을 중심으로 혼인을 목적으로 한 한국으로의 이주가 시작되었지만 2004년 이후부터는 베트남 등 동남아 출신 여성들의 수가 늘어났다. 한국의 결혼이주 여성은 성, 인종, 계급 그리고 상당수가 지방의 농촌지역이나 도시빈민지역에 거주한다는 점에서 지역이라는 다양한 요인들에 의한 사회적 모순이 중첩되어 나타나는 극단적인 종족적 소수자의 사례라고 할 수 있다.

(1) 한국 다문화가정의 특징

한국에 사는 결혼이주 여성들은 여러 가지 문제를 안고 있다. 우선 한국이 미국, 영국, 프랑스와 같은 언어 강대국이 아니어서 자국에서 외국어로 한국어를 공부할 기회가 없었고 대부분 우리와 역사적 연관성이 없는 나라에서 온 탓에 한국 문화에도 익숙하지 않아 이들의 언어, 문화문제가 매우 심각한 상태이다. 게다가 열악한 조건에 있는 농촌에 거주함에 따라 이들은 한국 농촌이 안고 있는 문제, 즉 일손부족 문제, 빈곤문제, 자녀교육문제, 문화적 소외문제, 교통문제 등 많은 문제점을 안고 살아가야 하는 어려움이 있다

〈표 4-10〉 결혼이민자 연도별 증감 현황

구 분	2005년	2006년	2007년	2008년	2009년	2010년 12월말
인 원	75,011	93,786	110,362	122,552	125,087	141,654
증감률	-	↑ 25.0%	↑ 17.7%	↑ 11.0%	↑ 2.1%	↑ 13.2%

〈표 4-11〉 결혼이민자 국적별, 성별 현황(2010년 6월 말 현재, 단위: 명)

구분	계	중국	베트남	필리핀	일본	캄보디아	기타
계	136,556	66,546	32,472	6,895	10,189	3,705	16,749
구성비	100%	48.7%	23.8%	5.0%	7.5%	2.7%	12.3%
남	17,783	10,825	161	195	822	8	5,772
여	118,773	55,721	32,311	6,700	9,367	3,697	10,977

※결혼이민자(국민의 배우자)라 함은 체류자격 F-2-1과 F-5-2를 가진 자를 말한다.

또한 한국은 필리핀, 베트남 등 동남아시아 사회보다 더 남성 중심적인 사회로 평가된다. 이러한 경향은 대도시에 비해 결혼이주 여성이 주로 거주하는 중소도시, 특히 시골에서 더욱 그렇다. 그 결과 아이를 낳고 기르는 역할, 집안일, 남편이나 어르신들을 모시는 것, 더 나아가

농사일의 일부까지 외국에서 온 여성들이 맡고 있는 형편이다. 어떻게 보면 한국인 여성들에게는 더 이상 요구하기 어렵게 된 남성 중심적인 문화를 외국인 신부나 며느리들에게 강요하는 측면이 있다.

이런 점에서 남성 외국인 노동자와 한국 여성의 결혼으로 생긴 다문화가정의 경우는 양상이 조금 다르다. 이 경우는 독신으로 이주해 온 외국인 남성이 주로 직장이나 지인들을 통해 한국인 여성을 만나 결혼한 경우이다. 이들의 경우에는 한국인 남성과 외국인 여성이 결혼한 경우와 상황이 다르고 문제점도 다르다. 상대적으로 부부 사이가 더 평등하고 외국인 남편이 한국 남성들보다 더 가정적이라는 연구결과가 있다. 그리고 언어문제가 없는 한국인 여성이 관공서나 은행과 상대하는 일을 맡게 되고 아는 사람도 더 많고 경제적 능력도 뛰어나 오히려 남성이 기를 못 펴는 측면이 있다. 그 대신에 남성이 본국에 결혼한 가정을 두고 왔거나 고국의 가족들을 도와주어야 하는 처지라 가정의 수입의 상당부분이 본국의 시댁을 도와주는 데 쓰이는 경우가 있어 이것이 경제적 어려움과 부부간 갈등의 원인이 되기도 한다(조성원, 2004).

한편 다문화가정은 글자 그대로 다양한 문화를 지닌 가정이므로 다문화가정 내부에 다양한 집단이 존재한다. 한편으로는 출신국가에 따라 서로 다른 상황에 처해 있다. 또한 일반 한국인가정과 마찬가지로 다문화가정도 경제적인 여건에 따라 자녀의 교육여건이나 엄마의 상황이 다를 수 있다. 이혼가족뿐만 아니라 재혼가족, 사별가족, 별거가족, 주말가족, 자녀와 외국인배우자가 본국에서 생활하는 기러기가족, 자녀만을 본국의 조부모에 맡기는 가족 등 이들 내에서도 형태가 세분화되고 있다(김영임, 2007).

(2) 2세 문제

어떤 사회에서 외국인 이주민의 2세 문제가 제기된다는 것은 이들의 거주가 장기화 내지 영구화된다는 것을 의미하고 이는 곧 이들과 토박이들이 상당기간 또는 영원히 공존하게 되었다는 것을 의미한다. 그리고 이러한 상황에서 토박이들은 외국인 이웃에 대한 초기의 호기심이나 관용적인 태도에서 서서히 경쟁의식이나 위협감을 느끼게 된다. 물론 이러한 문제를 이겨내고 공존의 해법을 찾아가는 경우도 많이 있다. 이는 그 나라 사람들이 가지고 있는 의식의 수준에 크게 좌우되는 것이다.

이렇게 2세 문제는 이민 현상이 새로운 단계로 접어드는 중요한 계기가 되는데 한국 사회에서 2세 문제는 아무래도 학교에서 다문화가정의 자녀들이 겪는 문제들이다. 대표적인 문제로는 학업성취도의 문제가 있고, 이와 함께 피부색과 같은 외모나 말투를 빌미로 친구들로부터 놀림을 당하는 일상적인 어려움이 있다. 출신국 언어로 된 이름 때문에 놀림을 당하기도 하고 또래가 중요한 나이에 친한 친구를 만들기 어려운 교우관계의 문제를 겪기도 한다. 특히 다문화가족 자녀의 수가 적은 학교의 경우 차별이 심하고 외톨이가 될 가능성이 높다. 그렇다고 특별학급을 구성하는 식의 대안은 장애아동들의 특별반이 겪는 문제와 유사한 문제가 생길 수 있다.

다문화가정 자녀들에 대한 정부정책이나 일반인들의 태도에는 다음과 같은 문제점이 있다. 먼저 아이들에 대한 단순화된 이미지를 지적할 수 있다. 벌써 이들을 접하는 학우나 교사, 이웃사람들은 이들이 언어문제가 있고 그래서 당연히 학습능력이 떨어지는 존재로 여긴다거나 또는 문제아가 될 가능성이 큰 아이, 위험한 아이로 여기는 경향이 있다. 사실은 학생에 따라 성향과 능력이 다르고 한 학생도 분야마다 다른 능력을 가지고 있는데 이를 뭉뚱그려 하나의 이미지를 만드는 것은 현실을 왜곡하는 것이다.

이와 반대로 이들에 대한 필요 이상의 특별대우는 다문화가정의 아이들과 토착 한국인 아이들, 특히 저소득층 자녀들 간의 경쟁의식이 형성될 수도 있다. 그리고 이러한 경쟁의식이 확산되면 한국인 노동자와 외국인 노동자 간의 경우처럼 소위 인종주의라고 부르는 것이 나타날 수도 있다.

제5장 한국의 다문화 담론 및 정책

특정 국가의 이민논의 및 정책에는 한편으로 (a) 그 나라에 고유한 전통이 크게 작용한다. 이민자 통합정책에 관한 고전적인 유형화는 바로 영국, 프랑스, 미국, 독일 등 개별국가들의 문화적 특수성과 역사적 경험을 고려하는 것이다. 그러나 다른 한편, (b) 이민논의는 매우 국제적(international)이다. 즉 19세기 유럽에서 국민정체성(national identity)과 국민국가(Nation-State)의 형성이 그러했듯이(Thiesse, 2001) 각국의 다양한 이민논의 및 정책이 국민국가의 경우처럼 단일한 모델을 따르지는 않더라도 다른 나라들에서의 경험으로부터 큰 영향을 받는다. 또한 (c) 글로벌한 차원이 새로운 특징인 세계화 시대의 이민논의는 글로벌한 차원의 것일 수밖에 없다. 출입국 문제, 이민통합의 문제는 시장개방이나 지역분쟁과 같이 이들이 조국을 떠나게 만들었던 지역적, 전 지구적 요인들이나 대륙 간 불법이민 조직의 발전과 같은 요인 밖에서 논의될 수 없는 것이다.

한국 사회의 '다문화' 논의 역시 전 지구적 요인을 고려하지 않을 수 없고 다른 나라들의 이민논의로부터 큰 영향을 받는다. 그러면서 동시에 한국 사회의 특성들이 한국 이민 논의에 작용하여 한국적인 이민 논의가 형성되는 것이다. 이 장에서는 최근 주요 국가들의 이민 논의와 비교하면서 한국 이민논의의 특성을 검토하고자 한다.

1. 한국의 다문화 정책

1988년 올림픽과 중국과의 수교를 계기로 외국으로부터 노동자들이 유입되었지만 노동력 수입에 대해 부정적이었던 정부는 1990년대 중반까지 이렇다 할 정책을 내놓지 못하였다. 산업연수생 제도의 도입으로 시작된 초기의 정부 정책은 이주 노동자에 국한된 것이었고 보다 정확하게 말하자면 노동자로 인정받지도 못하였다. 이주 노동자에 대한 정부 정책은 제4장에서 살펴본 대로 산업연수생 제도에서 고용허가제로 진화하게 된다.

체류 외국인의 수가 늘어나고 그에 따라 이들의 한국 생활과 관련된 다양한 문제가 제기됨에 따라 역대 정부들은 점차 출입국 관리나 노동력수급 차원의 접근에서 이들의 체류를 용이하게 하고 내국인과의 공존을 지향하는 사회통합 정책으로 바뀌어 갔다. 2000년대부터는 결혼이민자의 수가 크게 늘어났고 외국인 관련 정책의 초점이 점차 국민의 일원이 될 이들로 옮아 가게 된다. 2006년 참여정부가 내놓은 〈여성결혼이민자 가족의 사회통합 지원대책〉은 이러한 변화의 전환점이었고 2008년 제정된 〈다문화가족지원법〉으로 보다 체계적인 지원이 이루어지게 된다. 또한 한국 사회와 특수한 관계에 있는 재외동포들의 이주를 용이하게 하는 정책들이 시행되었다. 2007년 〈재한외국인처우기본법〉으로 법적 토대를 마련하였고 같은 해 도입된 '방문취업제'가 이들의 입국과 취업을 보다 용이하게 하는 역할을 하였다.

2008년 이명박 정부가 출범한 이후에는 '개방을 통한 국가경쟁력 강화', '인권이 존중되는 성숙한 다문화사회로의 발전', '법과 원칙에 따른 체류질서 확립'을 기본 방향으로 하는 〈제1차 외국인정책 기본계획〉을 채택하였다. 전문인력 유치를 통한 국가경쟁력 강화, 단순기능인력의 경우에는 일정 기간만 사용하는 단기순환정책의 유지, 입국 및 취업에서의 동포 우대, 불법체류자 엄단 및 외국인 범죄에 대한 효과적인 대응 등이 외국인정책의 주요 골자였다.

〈표 5-1〉은 1990년대 이후 국내 거주 외국인들에 대해 취해진 주요 정책들을 보여 준다. 생애주기별 접근방식의 도입이나 국적 관련 논의의 활성화는 결혼이주 여성을 중심으로 외국인들의 체류가 장기화되면서 사회통합 문제가 본격화되고 있음을 말해 준다. 이와 함께 동포 및 전문인력에 대한 우대와 난민 문제에 대한 관심도 확인할 수 있다.

한편 주무부처를 보면 법무부가 외국인 정책을 총괄하는 가운데 복지부는 다문화가족, 노동부는 외국인 노동자, 교육과학부는 다문화가정 자녀의 교육문제, 문화부는 다문화성 제고와 관련된 업무를 담당하고 있다. 다수의 정부부처가 외국인 정책을 분담하고 있어서 비효율적이라는 비판이 제기되어 왔으며 주로 다문화가정 지원을 담당하는 지자체와 중앙정부간의 사업 조정도 필요한 실정이다.

〈표 5-1〉 국내 거주 외국인 관련 정책의 주요 일지

1992년	1월 '해외투자기업연수생 제도' 시행
1994년	1월 '산업연수생 제도' 시행
1998년	4월 취업연수제도 시행
2000년	4월 연수취업제 시행(연수2년+취업1년, 산업연수생이 일정 기간 연수생으로 근무한 후 근로자 신분으로 전환하여 취업할 수 있도록 허용)

2002년	3월 미등록 이주 노동자들이 2개월의 자진 신고 기간 동안 신고하지 않으면 1년 뒤 추방한다는 불법체류방지 종합대책 발표
	11월 연수취업제 수정 시행(연수1년+취업2년), '취업관리제' 도입(국내에 호적 또는 친족이 있는 외국국적 동포 대상 일부 서비스업 3년 취업 허용제도)
2004년	8월 '외국인근로자의 고용 등에 관한 법률'(일명 '고용허가제') 시행, 취업관리제에 건설업 분야 추가 허용, 고용허가제 시행과 동시에 고용허가제의 특례제도로서 고용허가제에 흡수 통합
2006년	1월 취업관리제 허용 업종 확대(제조업, 농축산업, 연근해어업 분야 32개 업종으로 확대)
	4월 여성결혼이민자 가족의 사회통합 지원대책 발표
	5월 외국인정책 기본방향 및 추진체계 발표
2007년	1월 산업연수제도 고용허가제로 통합, 해외투자연수생제도 유지
	3월 '방문취업제' 도입(특례고용허가제 방문취업제로 전환, 연간 쿼터를 설정해 국내에 연고가 없는 외국국적 동포에게도 적용)
	5월 국적취득 신청 동포에 대해 취업을 허용하는 방문취업제 실시
	7월 재한외국인 처우기본법 시행
2008년	3월 다문화가족 구성원의 사회통합 촉진을 위한 다문화가족지원법 제정. 원스톱 서비스 제공기반을 강화하고 2006년 여성결혼 이민자 가족의 사회통합 지원대책에 따라 기초자치단체에 설치된 결혼이민자가족지원센터를 '다문화가족지원센터'로 명칭변경
	10월 다문화가족 생애주기별 맞춤형 지원 강화대책. 4단계의 생애주기에 따라 지원사업이 운영되는데 1단계는 입국 전 결혼 준비, 2단계는 입국 초기 사회 적응 지원, 3단계는 자녀 양육 지원, 4단계는 사회·경제적 자립 지원이다.
	12월 제1차 외국인정책 기본계획(2008-2012년) 공포
2009년	3월 국적취득에 편의를 제공하는 이민자 사회통합교육 실시
	3월 우수외국인재에 이중국적 허용
	4월 투자외국인 및 글로벌 인재에 맞춤형 멀티서비스 제공
	6월 난민신청자 취업활동 허용 등 난민인정제도 개선
2010년	5월 복수국적 허용범위 확대를 골자로 한 국적법 개정안 공포

2. 비교적 관점에서 본 한국 이민논의의 특징

이민문제는 1980, 90년대에 유럽, 미국, 일본 등지에서 핵심적인 사회적 이슈로 부상하였다. 〈표 5-1〉에서 우리는 어떤 사안들이 최근의 이민문제와 연관성이 있는지를 알 수 있다. 테러리즘과 안전문제, 역사문제, 인종주의와 극우주의, 이슬람, 이민규제와 불법이민 현상이 이민을 받아들이는 나라들의 관심사라면 폴란드와 같이 독일 등으로 이민을 떠나는 나라의 경우에는 노동력 유출문제가 심각한 사회적 이슈가 되고 있다.

9·11테러, 마드리드 열차폭발테러, 독일의 인종주의 폭력, 런던 지하철테러 그리고 이민문제 및 인종주의와 연관된 네덜란드의 일련의 암살사건과 같은 테러리즘은 이민문제를 치안문제 차원에서 논의하게 하는 계기가 되었다. 그간 독일사회의 상징이었던 혈통주의의 약화는 세계화가 지닌 개방적 효과를 보여 주는 현상이지만 중남미로부터의 이민을 겨냥한 미국의 봉쇄정책이나 아프리카로부터의 불법이민과 전쟁을 벌이고 있는 스페인의 상황은 중심부와 주변부 간의 분리를 강화시키는 세계화의 또 다른 효과를 입증해 준다. 한편 양대 식민제국이었던 영국이나 프랑스에서의 이민논의에서는 식민지 시대와의 연관성, 역사 재해석 문제가 중요한 자리를 차지하고 있다. 이와 함께 어느 사회에서나 이슬람이 이민논의에서 중요한데 흥미롭게도 아랍 국가들에서와 마찬가지로 서구 사회에서도 여성의 의복문제가 종교문제의 핵심적인 사안으로 다루어져 왔다. 그리고 1990년대 이후 서유럽 전역에서 강력하게 대두되고 있는 극우주의는 이상과 같이 이민문제가 테러리즘, 치안문제, 역사문제, 종교문제를 중심으로 다루어지는 상황의 가장 큰 수혜자이다. 다른 방식으로 요약하자면 현 세계의 이민문제는 종교와 민족이라는 원초적 요인과 밀접히 연관되어 다루어지고 있으며 최근에는 9·11테러 이후 세계 정세에 큰 영향을 받고 있다. 이와 함께 2005년 10월, 11월

도시 외곽지역 소요사태로 세계의 이목을 집중시켰던 프랑스뿐만 아니라 모든 나라의 이민자 통합모델이 도마에 올랐다는 것을 알 수 있다. 미국, 영국, 독일, 스페인 등 모든 나라에서 자국의 전통적인 이민논의의 방식이나 사회통합모델에 대한 근본적인 문제제기가 있어 왔다.

이러한 전반적인 논의구도에 비추어 볼 때 한국의 이민논의는 어떤 특징을 보이는가?

한국 사회는 이민 선진국들에 비해 국제이주민 수용의 역사가 짧다. 이러한 이유로 인해 서구 사회 이민논의의 핵심 이슈 중 치안문제, 이민규제와 불법이민문제는 한국 사회의 논의에서도 찾을 수 있지만 1세기 전에 시작된 식민지배와 근대이민의 수용에서 비롯된 역사문제는 존재하지 않으며, 종교문제나 인종주의 및 극우주의도 짧은 이민 수용의 역사로 인해 아직 본격적으로 등장하지 않고 있다. 그렇지만 한국의 다인종/다민족화 현상이 선진국의 경험을 압축적으로 따라가고 있다는 점을 고려할 때 머지않아 선진국처럼 인종주의, 종교문제 등도 심각하게 제기될 가능성이 크다.

〈표 5-2〉 최근 세계 각국의 이민논의

미국	• 9·11테러의 충격. 미국의 공식어에 대한 문제제기와 공식어로서 영어 재확인 • 불법이민의 합법화 조치 • 멕시코 접경지대에 장벽을 설치하는 봉쇄정책(containment policy) • 사상 처음으로 민주당의 오바마(B. Obama) 의원이 성경이 아닌 코란에 손을 얹고 의원선서를 함
프랑스	• 정교분리주의 원칙 재확인(2004년 3월 공립학교에서의 정교분리주의에 관한 법률안 통과) • 프랑스 이슬람위원회 창설 • 2005년 10, 11월 프랑스 도시외곽지역 폭력사태를 계기로 프랑스 이민모델에 대한 논의가 제기됨 • 출신 종족에 따른 통계의 채택에 관한 논의 • 식민지 역사 및 노예제에 관한 사회적 논의 그리고 노예제를 반인도주의 범죄로 규정하는 법률 채택(2001년)

스페인	• 2005년 3월 마드리드 열차폭발테러 사건과 정권교체를 계기로 이민문제에 대한 범사회적 논의 전개 • 2005년 모로코와 카나리아 섬을 통한 이민자들의 급증. 스페인이 대표적인 불법이민의 도착지가 됨
독일	• 통독 이후 독일은 1990년대 초 인종주의적 성격의 폭력사태를 겪음 • 2006년 노골적으로 신나치를 표방하는 정치인들이 지방의회 의원으로 선출됨 • 국적취득과 관련해 그간의 절대적인 혈통주의 시대가 막을 내림
영국	• 2005년 7월 런던 지하철테러 이후 영국식 이민자 통합모델에 대한 비판이 제기됨 • 이민논의가 이슬람의 통합문제에 초점이 맞추어짐 • 극단적인 이슬람주의자들의 문제를 다루는 전문가 모임 창설 • 당시 장관이었던 켈리, 스트로와 고위 사법간부 필립스가 영국 통합모델의 특징인 공동체주의에 대한 비판 공개적으로 제기 • 2006년 10월 이슬람식 머릿수건 착용문제가 쟁점으로 부상
네덜란드	민중주의자이자 당시 대선 후보였던 포르투인(Pim Fortuyn)(2002. 5. 6)과 영화감독 테오 반 고흐(2004. 11. 2)의 암살, 이슬람 여성의 현실을 고발한 영화를 만들었던 소말리아 태생여성 영화감독 아얀 히르시 알리에 대한 암살위협이 네덜란드의 통합모델, 이슬람과의 관계, 이민자들의 조건에 대해 근본적인 문제제기가 이루어지는 계기가 되었음
폴란드	폴란드의 노동력이 서유럽, 특히 영국과 아일랜드로 빼앗기는 노동력 유출문제가 긴급한 사회적 이슈로 부상함

출처: Haut Conseil à l'intégration, 2006: 151

한편 국제이주민들에 대한 한국 사회의 대응은 현실에서는 관용과 경계심이, 담론에서는 다원주의와 동화주의가 혼재해 있는 양상을 보이고 있다. 또는 한국 다문화주의가 동화주의적 성격을 띠는 내적 모순을 안고 있는 것일 수도 있다. 한쪽에서는 진정한 관용을 요구하고 있고 다른 쪽에서는 외국인들에 대한 보다 현실적인 태도를 가져야 한다고 주장하고 있다. 이러한 맥락에서 국제이주민들에 대한 한국 사회의 갈등적 또는 분열증적인(schizophrenic) 태도를 체계적으로 이해하고 그 근저에 있는 원인을 규명할 필요성이 있다. 다양한 설명방식이 있을 수 있겠지만 이 장에서는 그 원인의 하나로 이민담론이 지닌 분절성(segmentation)을 검토하고자 한다.

이민에 관한 정부, 학계, 언론, 시민사회단체의 논의는 이중적 의미에서 분절되어 있다. 하나는 이민논의 내부에서의 분절(segmentation)이고 다른 하나는 이민논의와 여타 사회논의 및 이민논의 일반 간의 분절 또는 균열(rupture)이다. 전자는 이민집단의 유형에 따라 상이한 논리가 적용되고, 상호 분리된 채 독립적으로 논의되는 경향을 의미한다. 후자는 이민논의가 소수자, 젠더, 노동운동 등에 관한 국내의 논의 그리고 두뇌유출, 인신매매 등 보편적인 이민논의와 유리되어 있는 현상을 가리킨다.

이민담론의 분절성은 객관적 현실의 반영이다. 노동시장에서의 이주 노동자와 토착노동자 간의 '분절'(segmentation), 종족적 요인에 따른 주거공간의 '분리'(segregation), 비국민으로서 겪는 사회적 '배제'(exclusion)와 같은 현실에 조응하는 것이다. 종족과 성에 따라 직종 및 고용조건의 차이가 있을 가능성이 크며 실제 한국의 경우 남성 이주민은 금속, 건설 분야에, 여성 이주민은 청소, 대인서비스 분야에 집중되고, 외모, 언어 등의 요인에 따라 노동의 종족별 구분도 나타나고 있다. 담론이 분절적인 성격을 띠는 또 다른 원인은 인종에 따른 고전적인 '분할통치 전략'(divide and rule strategy)을 계승한 신자유주의적 분할 전략이다. '분절화된'(segmented) 이민담론은 토착 노동자와 이주 노동자 간의 구분, 이주 노동자의 출신국적별 구분을 통한 지배 전략의 이데올로기적 표현이라고 볼 수 있다.

분절성에 대해서는 이미 결혼이민자와 이주 노동자에 대한 관심의 불균형, 동포와 비동포, 동포세계 내 출신지역에 따른 차별적 대응에 대한 비판을 중심으로 언급되어 왔다. 이 장에서는 그 연장선상에서 한국 다문화논의의 구조적 한계와 모순적 상황을 살펴보고, 이를 이민담론의 분절적 성격을 통해 설명하고자 한다.

3. 다문화논의의 구조적 한계와 분열증적 양상

1) 다문화주의의 불가능성

한국 사회의 이민논의는 '다문화'라는 표현을 쓰면서도 정작 다문화주의의 핵심에 있는 문화적 차이, 이주민들의 문화에 대한 논의와 정책이 거의 존재하지 않는 역설적인 상황을 보여 왔다. 주류사회와 소수민족이 상호작용하는 일반적인 문화접변(acculturation) 과정을 고려하지 않고 이곳에의 적응에 대해서만 논의되고 있는 것이다. 이들의 문화를 고려하는 것은 음식문화 정도에 국한되는데 이마저도 이민자들의 문화라는 측면보다는 이민과는 무관하게 존재해 온 다른 지역문화에 대한 호기심의 차원에서 소개되는 측면이 크다.

교육 영역을 보면 현재 외국인근로자와 자녀, 국제결혼자와 자녀, 새터민과 아동 청소년, 재외동포와 자녀 등 이주 유형별로 이루어지고 있는 다문화교육은 소수자들이 한국 사회와 문화에 적응하도록 돕는 데에 그 목적이 있다. 다문화교육의 정신과는 반대로 한 방향의 '한국인화' 혹은 새터민의 경우 '남한화'를 주된 내용으로 삼고 있는 것이다(양영자, 2007). 정책이나 언론에서도 그들의 모국어에 대한 관심은 찾아볼 수 없다. 같은 맥락에서 심보선(2007)은 한국의 다문화 정책이 온정주의에 머물고 있어 아직은 진정한 '인정의 정치'(Politics of Recognition)가 형성되지는 못하고 있다고 진단한다.

이러한 현실은 무엇보다도 한국 '다문화' 논의가 지닌 구조적 한계로 설명될 수 있으며 이는 우리에 앞서 다문화주의를 채택했던 국가들과의 사회적 조건의 차이에 기인한다.

첫째, 한국은 이민 현상의 역사가 짧고 소수민족 공동체가 형성되어 있지 않는 등 서구 사회와 다른 조건을 가지고 있다. 한국으로의 주된 이주형태인 노동이민의 경우 역시 호주, 캐나다, 미국 등 다문화주의 정책을 펴는 국가들의 상황과 달리 가족을 동반하거나 가족이 합류하는 가족이민이 아니라 단독이민의 형태를 띠고 있다. 이는 유럽의 이념형적 모델인 '손님노동자'(Gastarbeiter)모델에 보다 가까운 것이다. 이 경우 이민자들의 자국사회 통합은 국가의 주된 관심사가 아닌 것이다. 손님노동자 모델의 특징은 '필요로 하지만 환영하지는 않는(wanted, but not welcome)' 것으로 표현될 수 있다. 따라서 한국의 이주 노동자는 이주형태에서는 19세기 말 20세기 초 급속한 산업화 시기 그리고 '영광의 30년'으로 불리는 제2차 세계대전 종전 이후 재건의 시기 유럽 이민의 유형, 출신국가의 측면에서는 1970년대 이후 비유럽 지역에서 온 유럽, 북미, 오세아니아의 '새로운 이민'(New Immigrants)에 해당된다고 볼 수 있다.

둘째, 다문화주의에 필요한 문화적 토대의 빈곤이다. 근대 국민국가는 과거 국내이주자들이나 오래 함께 살아온 소수민족들에게 그랬듯이 국외 이주민들에 대해서도 국민으로 만들거나 적어도 자국사회에 통합시키고자 하였다. 그러다가 1970, 80년대에 이를 가능케 하는 사회적 조건, 국민국가의 정치적, 사회적 통합력이 약화되고 고용의 불안정성, 빈곤화 현상 등이 나타남에 따라 다양한 문제가 발생한 것이다. 다문화주의는 이러한 새로운 양상, 새로운 이민자들의 유입에 따른 구 통합모델의 한계에 대한 대응이었다(Rea & Tripier, 2003). 이러한 측면에서 볼 때 한국의 사례가 서구 사회와 다른 중요한 측면은 국민국가의 통합력이 약화되고 양극화와 사회적 배제가 심화되는 상황에 이민자들이 대량 유입되었다는 점이다. 따라서 한국에 다문화주의가 통합모델로 제시된 것은 의도치 않게 한국의 현실을 반영한 것으로 볼 수도 있다. 문제는 사회적, 정치적으로는 적절할 수도 있는 이 모델을 수용할 문화적 토대가 박약하다는 점이다. 이미 충분한 이민족과의 공존의 경험이 있은 후 제기되는 다문화주의 모델이 극도로 고립되어 있던 한국 사회에는 적용되기 어렵다는 점이다. '주류집단과 상호작용하는 소수민족집단의 존재'라는 일반적인 다문화주의의 전제조건이 누락된 것이다. 물론 문화간 공존과 이를 통한 새로운 문화의 탄생이 가능하고 이러한 과정을 통해 점차적으로 다문화주의의 조건이 창출될 것이다. 하지만 현재로서는 주류사회와 이주민들 간의 문화적 관계가 극도로 일방적인 양상을 띠고 있으며 이러한 점이 한국의 다문화정책이 동화주의적 성격을 강하게 띨 수밖에 없는 요인으로 작용하고 있다.

원론적인 측면에서 보면 향후 종족공동체를 형성할 가능성이 높은 집단이 이주 노동자라는 점을 고려하면 종족공동체 차원의 사회통합을 추구하는 다문화주의 정책의 주요 대상은 바로 이들이 되어야 할 것이다. 그런데 현재 한국 사회에 존재하는 수십 개의 출신국 공동체의 현실을 보면 성원의 대부분이 이주 노동자인데 이들에게 최소한의 근로기준법 이외의 다른 사회적 권리가 거의 허용되지 않기 때문에 문화적 정체성에 대한 논의는 요원하다고 볼 수 있다(이선옥, 2007: 96). 한국의 화교, 즉 중국인 공동체가 세계에서 유례가 없는 박해를 받았던 역사적 경험이 다른 종족 집단의 경우에 반복되지 않으리라는 충분한 근거를 찾기가 어려운 것이다.

2) 다문화논의의 성공요인

그렇다면 우리는 왜 이러한 한계에도 불구하고 '다문화'에 열광하였는가? 다문화담론이 한국 사회에서 성공할 수 있었던 사회적 배경은 이중적이다. 한편에는 90년대 이후 '압축적 성장'을 보인 문화, 타자, 소수자에 대한 관심이 있었다. 문화적 다양성, 문화상대주의, 문명 간 공존, 종교간 대화, 비서구 사회의 문화, 저발전국의 인권, 다양한 소수자에 대한 관심이 다문화 열기로 이어진 것이다. 민주화 이후 한국인들이 새로이 경험하고 있는 것 중 하나는 세계시민으로서의 정체성을 가지게 된 것이다. 대내적으로는 이주민들과의 공존의 경험을 통해, 대외적으로는 기아, 전쟁, 독재를 겪고 있는 저발전국에 대한 관심과 개입을 통해 국제사회의 일원이 되고 있다.

그런데 세계와 인간을 내세웠던 근대 서구의 보편적인 가치가 제국주의의 알리바이가 되었던 것처럼 21세기 한국인들이 보여 주고 있는 세계시민으로서의 형제애도 점점 심화되는 국가 간 경쟁이라는 지구적, 아시아적 맥락으로부터 자유롭지 못하다. 다문화담론의 배경에는 동아시아 차원에서 중심부의 일원이 됨에 따라 나타난 아(亞)제국주의 현상이 있었던 것이다. 1세기 전 서구인들처럼 한국인들이 가지고 있는 타자에 대한 관심과 제국주의는 동전의 양면이다. 동아시아를 무대로 한 새로운 발전 전략과 한류의 열풍은 한국의 새로운 위상을 보여 주는 징표였다. 이러한 맥락에서 이주민의 유입은 한국인들이 제국주의 담론의 핵심인 오리엔탈리즘의 주체가 될 수 있는 계기로 작용했다. 즉 한국인들은 오리엔탈리즘의 대상에서 주체로의 변신을 경험하고 있는 것이다. 북한과의 관계를 예외로 한다면 근대 이후 최초로 타자를 규정하는 권력의 쾌감을 맛보고 있다.

그들 전체와 우리의 넘을 수 없는 경계를 설정하고 이분법적 인식을 심화시키는 것은 오리엔탈리즘의 주된 특징이다(사이드, 2000). 그리고 '그들' 내부에도 위계서열이 매겨진다. 유럽의 경우를 보면 비유럽 출신자들은 뭉뚱그려 '무슬림', 즉 오리엔탈리즘 이래 타자의 전형이었던 종교적 형상으로 규정되었다. 즉 문화적 정체성, 특히 종교적 정체성이라는 단일한 차원으로 규정된 것이다(Rea & Tripier, op. cit.: 103). 유럽통합 과정은 이를 심화시켰다. 즉 유럽 민족들 간의 구분이 희석되면서 보다 동질적인 '유럽인'이 형성되어가고 있는 유럽통합 과정은 동시에 이 '유럽인'과의 차이가 더욱 강조되는 이질적인 '비유럽인'을 형성하고 있다. 이러한 이분법적 표상과 함께 비백인 집단 내부에 아랍인, 카리브인, 중국인, 인도인, 아프리카인 등의 범주화와 위계서열이 존재한다.

우리에게 오리엔트는 '동남아시아'이다. 인도네시아와 필리핀, 네팔의 차이는 중요하지 않다. 그저 우리와 명확히 구분되는 '동남아'가 있을 뿐이다. 최근 현실적인 이유로 외국인들을 다양한 범주로 구분할 필요성이 제기되고 있는데 이 구분 역시 출신국가의 정치적, 경제적 상황, 문화적 특수성, 이주경험의 특수성 등 '그들'의 조건을 고려한 것이 아니라 '우리'의 국익이라는 관점에 따라 위계서열이 매겨지는 방식으로 이루어지고 있다. 근대 민족의 경우처럼 이민지에서 종족간 경계, 종족적 정체성은 자연적인 것이 아니라 사회적으로, 특히 주류사회에 의해 형성되는 것이다(Barth, 1969). 인종이 생물학적인 것이 아니라 해당 사회에서 그렇게 여겨지는 것이듯, 특정 종족을 특징짓는 문화적 요소도 고정된 것이 아니라 종족간 관계의 산물이다.

3) 다문화논의 한계의 현실화

최근 다문화주의의 근본적 한계가 점차 현실화되고 있다. 일정 정도 진보한 측면도 있지만 여전히 이동의 자유를 막고 '불법체류자'를 양산하는 고용허가제, 미등록 이주 노동자에 대한 살인적인 인간사냥 그리고 2007년 여수화재 참사 직후에 행해진 출입국관리법 개악시도는(최상철, 2008: 51-52) 지난 몇 년 간 한국 사회를 달구었던 열광의 국면에서 이제 보다 정상적인 국면으로 전환되고 있음을 보여 주는 징후들이다. 고용허가제에 대해서는 이주민 관련단체를 중심으로 사업장 이전의 자유박탈, 단기 3년간의 순환정책, 방문취업제의 차별성 등 근본적인 문제점이 지적되고 있다(이주노동자인권연대, 2006). 보다 정확히 얘기하자면 결혼이주 여성의 경우와 달리 이주 노동자들은 다문화 신드롬이 나타나기 직전인 2003년경부터 전례 없는 단속과 추방을 경험하기 시작했으므로 다문화 현상에서 비껴나 있었다고 보는 것이 더 정확할 것이다.

출국조치 된 외국인의 수는 이러한 억압적 경향을 잘 말해 준다. 2003년 말부터 전개된 본격적인 단속정책의 결과 2004년 22,826명이 단속으로 추방되었고 27,616명이 자진출국 하였다. 단속에 이은 출국조치를 당한 외국인의 수는 2005년 45,052명에 이르렀고 2006년에는 23,771명이었다[법무부, 2007, 이정원(2007: 24)에서 재인용]. 이는 프랑스, 독일 등 서유럽과 비교해 볼 때 매우 과격한 양상이다. 이민자 수가 2006년 현재 320만 명이고 불법체류자 수도 40만 명 정도로 한국보다 많은 것으로 추정되는 프랑스의 실태를 보면(Haut Conseil à l'intégration, 2006: 13) 최근 늘어나는 추세이긴 하지만 2000년의 경우 재입국 금지, 국경지대로의 추방 및 본국으로의 추방 등을 포함한 조치가 43,019건 승인에 집행이 9,230건, 2003년에는 각각 55,938명과 11,692명이었다(Haut Conseil à l'intégration, 2003: 44).

물론 언론이나 정부 그리고 일반 국민에게서 반동의 양상이 뚜렷한 것은 아니다. 다문화논의가 확산된 지난 몇 년간은 산업연수생제도에서 고용허가제로 이어진 제도적 발전이 이루어졌던 시기임을 부정할 수 없고 결혼이주 여성과 그 자녀의 경우에는 중앙정부와 지방자치단체 그리고 지역의 시민사회에 의한 대응이 확대일로에 있다. 그러나 다른 한편에서는 결혼이주 여성과의 장기적인 공존이 보다 확연해지고 그 자녀들이 성장함에 따라 하층계급을 중심으로 일상적 차원에서의 갈등이 가시화되고 있다. 그 대표적인 양상 중 하나는 2세 문제이고 그들에 대한 스테레오 타입의 형성이다.

스테레오 타입은 사실은 그 내부에 서로 차이가 나는 다양한 사람들이 존재하는 어떤 집단을 몇 가지 특징으로 단순화해서 이 집단 전체가 그런 것으로 과도하게 규정하는 것이다. 역사적으로 보면 나치 독일이 유대인들을 박해할 때 부정적인 스테레오 타입을 만들어 유대인을 열등하고 불순한 존재로 여기게 하여 결과적으로는 이들을 문제가 없는 '우리 독일인들'로부터 격리시키거나 학살하는 근거로 삼았다(모스, 2004). 즉 어떤 집단에 대한 단순화된 규정은 인종주의의 토대가 될 수 있는 것이다.

다문화가정의 자녀들에 대해서도 이러한 단순화된 이미지가 형성되고 있다. 적응에 어려움이 있어 특별한 관심의 대상이 되어야 하는 존재 또는 위험한 존재로 여기는 경향이 있는 것이다. 그렇지만 다문화가정 자녀들의 수업적응과정을 살펴볼 때 이들은 한국에서의 체류 연한, 한국어 수준, 가정의 지원 정도, 개인적 성향에 따라 다양한 모습을 보인다(조혜영 · 이창호 · 권순희 · 서덕희 · 이은하, 2007). 즉 사실은 학생에 따라 성향과 능력이 다르고 한 학생도 분야마다 다른 능력을 가지고 있는데 이를 뭉뚱그려 하나의 이미지를 만들어 현실을 왜곡하는 것이다.

스테레오 타입은 이미 결혼이주 여성이나 이주 노동자에 대한 일반적 인식에 존재해 왔다. 위장결혼을 한 '돌아오지 않는 신부' 또는 결혼중개업소나 남편의 '덫에 걸린 여성'이라는 결혼이주 여성에 대한 이중적 정형화(김민정 외, 2006: 161), 불쌍한 사람들 또는 범죄자로 인식되는 외국인 노동자[7])가 그 예이다. 그런가 하면 결혼이주 여성은 수도권 거주자가 56.9%, 중국 국적이 66.2%이지만, 이들보다는 베트남, 필리핀, 몽골 출신이면서 농촌거주 여성인 것으로 정형화되고 있다(김혜순, 2006: 52). 여기에서도 우리는 스테레오 타입이란 열등하거나 부정적인 것임을 확인할 수 있다.

최근 현실로 나타나고 있는 '다문화' 담론의 한계는 무엇보다도 다문화주의의 전제조건이 결여되어 있다는 구조적 요인에 기인한다. 그러나 이민문제에 대한 한국 사회의 인식이 이주민들과의 충분한 접촉

---

7) "단속 기간이 되면 미디어가 외국인들을 음험하며 위험한 집단으로 과장해 그려내기 때문이다. 음험한 집단이었다가 불쌍한 사람들이 되기를 주기적으로 반복하게 되는 것이 그들의 처지다"(이선옥, 2003: 437).

의 산물이 아니라 매우 짧은 기간 동안 국가와 언론 등 위로부터 제공된 계몽과 정책에 의해 형성된 것이라는 점에서 이 담론 자체의 구조 역시 매우 중요하다. 아래에서는 '분절성'을 중심으로 한국 이민담론의 특성을 살펴본다.

4. 내적인 분절: 이민집단 유형에 따라 이질적인 논의

이 장에서 내적인 분절이란 이민집단의 유형에 따라 상이한 논리가 적용되고, 분리된 채 상호 독립적으로 논의되는 경향을 의미한다. 한국 사회의 경우 내적인 분절은 이주민의 유형, 국적 등에 따라 포섭과 배제를 구사하는 차별적 전략, 이민집단들을 분리하고 경쟁시키는 '분할통치전략'으로 나타나고 있다(엄한진, 2006). '이주 노동자(가족) 대 결혼이주 여성(가족)', '재한 외국인 대 재외 한국인', '재외동포 출신 이주민 대 기타 이주민', '국제결혼가정 아동 대 이주 노동자 자녀'의 분리가 현재 언론의 이민보도나 정부 이민정책의 암묵적인 지침이 되고 있다. 이는 '분류'(classification)와 '차등화'(differentiation)(Bourdieu, 1970)라는 현대사회에 일반적인 권력의 작동방식의 일환임과 동시에 최근, 특히 9·11 이후 유럽의 이민논의와 정책에서 두드러지는 이민집단에 대한 '이분법적 표상'(dichotomous representation)과 '유용한 이민'(useful immigration)론의 일환이다.

전 세계적으로 다문화주의가 소수민족 통합논의 및 정책에서 헤게모니를 장악해 가는 과정은 역설적으로 다양성의 평등한 인정이 아니라 차등적 대우가 강화되어 가는 과정이었다. 유럽의 이슬람 문화권 출신자들의 경우 그것은 온건한 이슬람 대 근본주의적 이슬람, 모범집단과 문제집단이라는 구분이다. 예를 들어 학문, 스포츠, 사업, 예술 등에서 성공한 아랍인 대 건달 또는 테러리스트로의 구분이 그것이다.

이 이분법적 표상의 강화와 함께 '유용한 이민' 또는 '선택된 이민'(selected immigration)이라는 전략이 최근 새로운 이민정책에서 강조되고 있다. 이것은 이민자 수의 감축을 실현하고 통합이 용이한 이민을 선호하는 정책을 의미한다(엄한진, 2006).

한국의 경우 이것은 특히 이주 노동자와 결혼이주 여성의 구분과 차별적 대응이라는 형태를 띤다. 국내거주 외국인 관련 법과 정책은 이러한 차별적 성격을 잘 보여 주고 있다. 우선 정주의 권리는 결혼이주여성과 새터민에게만 부여되고 있으며 동포를 포함해 이주 노동자들은 일시적인 노동이민으로 간주되고 있다. 난민의 경우도 난민으로 인정되는 비율이 점차 늘어 가는 추세이지만 총 신청자 중 난민으로 인정받아 영구적인 체류가 허용된 비율이 7%에 그치고 있다(〈표 5-3〉 참조). 복지혜택이나 투표권 등도 정주 대상 집단에 국한되어 있다.

〈표 5-3〉 연도별 난민업무 처리현황

구분＼연도	신청	인정	인도적 체류	불인정	철회
총계	2,915	222	136	1,577	556
1994~2003	251	14	13	50	39
2004	148	18	1	7	9
2005	410	9	13	79	29
2006	278	11	13	114	43
2007	717	13	9	86	62
2008	364	36	22	79	109
2009	324	74	22	994	203
2010	423	47	43	168	62

출처: 법무부 출입국·외국인정책본부, 『출입국·외국인정책 통계월보 2010년 12월호』

이것은 서구 사회와 비교해 한국의 이민 현상이 지니는 다음과 같은 특수성에 기인한다. 유럽, 미국의 경우에는 이민자들이 구 식민지에서 오거나 미국으로 이민을 떠난 한국인들처럼 역사적, 정치적으로 연관이 깊은 나라로 간다. 그리고 이민의 유형에서는 노동이민과 난민, 즉 정치적 박해나 전쟁, 기아 등을 피하기 위해 이주한 정치적, 경제적 난민이 대표적인 두 가지 유형이다. 이와 달리 한국으로 오는 이주민들은 재외동포를 예외로 한다면 역사적으로 우리와 관계가 거의 없었던 국가들에서 많이 오고 있으며 또한 유럽, 미국에 비해 결혼이주 여성의 비중이 크다.

이러한 특수성은 보편적 경향의 일부이기도 하다. 1970, 80년대 이후 세계 이민의 특징 중 하나는 그 다원화에 있다. 이 경향은 성, 인종, 계급 세 차원 모두에서 나타났다. 먼저 남성 중심의 이주 현상에서 벗어나 여성이주자의 비중이 늘었다. 이것은 대부분 여성 이주 노동자의 증가에 따른 것으로 점점 늘어가는 청소, 대인서비스 분야의 수요를 여성들이 충족시키고 있는 것이다. 산업화시대 국가간 협약에 따라 이주한 노동이민이 몇몇 나라에 국한된 것이었다면 이제 점점 더 다양한 지역으로부터 이민자들이 오고 있다. 계급적인 면에서도 이민집단의 구성이 다원화되고 있다. 최근 이민은 가난하고 농촌 출신인 미숙련 노동자들만이 아니다. 여전히 중요한 비중을 차지하고 있는 이들과 함께 본국에서 숙련노동자였거나 또는 도시 지역에 거주하던 중간계급 출신자들도 늘고 있다(Rea & Tripier, 2003). 이런 측면에서 보면 한국의 결혼이주 여성도 최근 늘어난 여성 이주의 한 형태이며 우리와 역사적 관계가 약했던 다양한 지역으로부터의 이민 역시 이민 현상의 새로운 양상의 하나로 설명할 수 있다.

이민논의 역시 이러한 이민 현상의 한국적 양상을 반영하고 있다. 이민자들과의 역사적 연관성의 부재는 양 사회의 오랜 관계 속에서 접근하는 역사성 있는 논의 그리고 문화적 차원의 논의를 원천적으로 불가능하게 하고 결혼이민자 및 그 자녀에 대한 논의가 이민논의를 독점하고 있는 것이다.

결혼이민자의 수는 현재 10만 명 정도로 전체 한국 거주 외국인의 14% 정도이다. 이 중 여성이 8~9만 명 정도이고 남성이 1~2만 명 정도이다. 전체 이주민 중 결혼이주 여성의 비중이 큰 것은 농촌총각 문제 그리고 더 근본적으로는 농촌문제라는 한국 사회의 조건에서 기인하는 것이다. 이러한 점에서 보면 결혼이주 여성에 대한 사회적 관심이 당연해 보이기도 하지만 그래도 수적으로 훨씬 많은 외국인 노동자들에 대한 무관심은 설명이 필요하다.

생명을 잉태해 주는 결혼이주 여성에 대한 열렬한 관심의 이면에 이주 노동자에 대한 놀라운 무관심이 있다. 이주 노동자의 존재가 드러날 때는 그들이 죽음을 맞이했을 때다. 2007년 2월 여수 화재 참사 때가 그렇고, 2008년 1월 7일 이천 냉동창고 화재 때도 그러했다(최상철, 2008). 2006년 4월 3일 미국 미식축구의 영웅 하인즈 워드의 첫 방한 이후 불과 23일 만에 그리고 그의 두 번째 방한이 있었던 2006년 4월 26일 발표된 '혼혈인 및 이주자의 사회통합 기본 방향'은 한국 사회에 특유한 압축적인 성장의 일면을 보는 듯 했다. 그런데 아쉬웠던 것은 국내 이주자의 절대 다수를 차지하고 있는 이주 노동자에 대한 대책은 찾아보기 힘들었다는 점이다. 그 이후 전개되어 온 다문화정책에서도 상황은 마찬가지였다. 정책대상자별 다문화정책 비교를 보면 다문화주의 사회통합 지원대상의 주요 대상은 결혼이민자와 코시안들이다(김희정, 2007: 67). 생산기능직 이주 노동자의 경우 한국 정부는 그들의 정착을 원하지 않으므로, 한국어 교육이나 문화적응 교육 등 사회복지서비스 혜택을 제공하지 않는다(한건수 · 설동훈, 2007: 24). 이주 노동자 자신들의 거의 유일한 조직인 '이주노조'는 정부의 다문화정책과 어떤 연관도 맺고 있지 않다. 출신국 공동체 역시 문화 이벤트의 대상자 역할 정도로만 다문화정책에 연관되어 있다(이선옥, 2007:

104). 이 대조적인 양상은 일반적인 경향이 그렇듯이 정부나 국민이 외국인 노동자들에 대해서는 일시적으로 거주하는 존재, 즉 일종의 '철새'(bird of passage)(Piore, 1979)로 여기는 것과 달리 결혼이주 여성들은 아이 때문이라도 영구적으로 거주할 것으로 간주하기 때문이다. 이것이 결혼이주 여성에 대해 관심이 큰 이유 중 하나이다.

결혼이민자 가정의 중심범주를 한국인 남성과 외국인 여성 커플로 설정함으로써 한국 여성과 결혼한 남성 이주자들 역시 국가정책과 사회적 관심에서 배제되어 있다. 한국 여성과 외국 남성 간의 국제결혼의 건수도 2005년 11,941건으로 전체 43,121건의 26%에 해당하지만 이에 대한 논의는 미디어와 국가의 관심 밖에 있다(정혜실, 2007). 현실을 보면 여성 이주자의 자녀문제만큼이나 한국인 여성과 외국인 남성 사이에서 태어난 자녀들의 양육 및 교육 문제 또한 심각하다. 학계에서도 소위 '다문화' 논의가 부상하기 전 그리고 여성 결혼이민자들이 대거 유입되기 전까지만 해도 이들에 대한 연구가 이민 연구의 중요한 부분이었는데(유명기, 1995; 함한희, 1995; 오명석, 1997; 김민정, 2002; 윤형숙, 2003; 조성원, 2004) 결혼이주 여성이 이민논의를 독점하면서 이들의 존재도 잊혀져갔다.

이렇게 이민논의가 한 집단에 편중되는 것과 더불어 정책적인 측면에서도 '다문화가족' 개념이 협소해졌다. 다문화가족은 처음에는 보다 넓은 의미로 사용되었다. 외국인과 한국인의 결혼으로 맺어진 가족, 동일한 국적의 이주민 간의 결혼으로 맺어진 가족, 서로 다른 국적의 이주민 간 형성된 가족 등 다문화가족의 의미는 폭넓게 사용되고 있었다. 그러나 2008년부터 시행된 '다문화가족지원법'에 따르면 "다문화가족은 합법적으로 체류하고 있는 결혼이민자와 외국인근로자가 대한민국 국민과 혼인, 혈연, 입양 등으로 결합하여 이룬 가족과 귀화자 가족을 포함한다. 출신국이 다른 외국인 간의 결혼에 의한 가족과 영주권자 가족은 제외한다"(제3조). 즉 다문화가족이 내국인과 혼인한

'합법적' 체류자로 한정된 것이다.

분절성은 재한외국인 논의 내부에서뿐 아니라 재한외국인 논의와 재외한국인에 대한 논의의 관계에서도 찾아볼 수 있다. 한국 이민논의의 의의 중 하나는 재외동포의 의미를 다시 보는 계기라는 점일 것이다. 그러나 언론보도나 정부정책, 심지어 학계의 논의에서도 이 두 현상은 물과 기름처럼 접점을 발견할 수 없다. 윤인진(2004), 김경일 외(2004), 장태한(2004)과 같은 재외한인의 이주에 대한 실증적 연구의 경우에는 이민자들의 적응방식을 유형화하는 시도와 같이 보편적 이민논의를 적용하였다는 점에서 재한 외국인에 대한 논의와 접목될 수 있다. 그러나 학계나 언론에서의 논의들은 보편적인 현상으로서 한인의 이주를 과학적으로 다루기보다는 모국인 한국의 발전을 궁극적인 가치로 설정한 당위적인 차원의 논의들이 대부분이다.

재한외국인과 재외한국인 문제가 연계되어 논의될 수 있는 객관적 근거는 이 두 집단이 모든 이민자들에 공통된 경험을 가진다는 점일 것이다. 지속되는 '정당성 결여'(illegitimacy), 떠나온 곳과 정주한 곳 '양자 모두에서의 부재'(double absence)가 그것이다(Rea & Tripier, 2003). 이러한 공통의 경험에서 출발할 때 분절되지 않은 논의가 가능한 것이다. 미국 등에 거주하는 재외한인사회는 다른 민족과 비교해 볼 때도 강한 종족공동체와 이를 매개로 한 통합으로 인식되고 있다. 그리고 우리는 고국을 떠나서도 연대하고 고국의 문화를 계승하는 이들을 자랑스럽게 생각한다. 이러한 관점이 적절한지에 대한 논의 이전에 재한외국인에게도 동일한 기준을 적용하여야 할 것이다. 소위 '세계화' 시대에 본국 사회와의 연계가 긴밀해졌다는 점을 고려하면 이러한 보편주의적인 접근방식은 더더욱 필요한 것이다.

의료의 측면에서도 이주민의 유형에 따른 차별을 확인할 수 있다. 결혼이주 여성에 대해서는 다문화가족지원법으로 산전산후 건강관리 지원이 가능하나 노동현장에서 일하는 여성 이주 노동자의 경우는 실제 이러한 모성보호나 지원을 기대할 수 없는 형편이다. 현행 고용허가제가 노동자들의 가족동반과 정주를 금지하는 단기순환방식에 기초하고 있으므로 여성 이주 노동자들은 임신을 해도 이를 숨기거나 낙태를 선택하기도 하고 혹은 해고의 위협에 놓이게 된다. 또 아이를 낳아도 한국에서 키울 수 없어 본국으로 돌려보내는 일들이 종종 발생한다. 결국 한국인의 배우자인 결혼이주 여성은 법적 장치를 통해 가족의 일원으로 지원받을 수 있으나 근로를 제공하는 여성 이주 노동자에 대해서는 근로기준법상의 모성보호 조항조차 제대로 적용되지 않고 있다(한국이주민건강협회, 2009: 191).

집단에 따른 차별적 대응은 반이민단체의 경우에서도 찾아볼 수 있다. 대표적인 단체인 불법체류자추방운동본부의 단체소개 문구는 이 점을 잘 보여 주고 있다. 단체의 〈개설목적과 운동방향〉의 1항의 제목이 결혼이민자와 불법체류자의 구분에 관한 것이다. 이는 자신들의 활동이 무조건적인 외국인 혐오에서 비롯된 것이 아니라 법 질서의 수호 차원이라는 것을 보여 주고자 함을 의미한다.

자료 5-1. [필독공지] 불체자 추방본부 개설목적과 운동방향

1. 결혼이민자와 불법체류자를 확실히 구별.

결혼은 각 당사자 간의 합의에 의해 누릴 수 있는 권리, 자유, 행복이며 그 누구도 침해할 수 없고, 모든 사람들로부터 환영받아야 하는 것으로서 결혼이민자도 이와 동등한 대우를 마땅히 받아야 함.

이들은 자신이 새로 선택한 조국에서, 대한민국 국민의 일원으로 합류하여 국가의 의무를 수행함으로써, 권리 또한 당연히 부여됨.

불법체류자는 우리나라의 솜방망이 형사처벌을 인지한 후, 고의적인 불법체류와 동시에 집단을 형성하며, 그 어떠한 의무도 이행하지 않은 채 영주권과 투표권 등에 관한 권리만 주장.

결혼이민자와 불법체류자를 구별하는 목적은, 각 방송사와 인권단체의 목소리가 이 둘을 동일시하는 것에 일반 시민들이 혼동하는 것을 막기 위함.
(혼혈을 옹호 또는 반대하는 것이 아닙니다. 권리에 따른 의무를 요구하는 것입니다.)
온, 오프라인 공간에서 지속적인 활동으로 이 둘에 대한 상이함을 일반 시민들에게 알려주고, 각종 언론사들과 접촉을 통하여 편파적이고 왜곡적인 방송을 방지하는 데에 노력함.
합법체류와 불법체류의 구분을 몰각시키는 불법체류자 옹호 인권단체를 몰아내기 위해 노력함.

출처:http://cafe.daum.net/asdfkl(불법체류자추방운동본부 홈페이지)

5. 외적인 분절 1: 한국 사회논의 일반과의 단절

이민담론은 또한 한국 사회의 일반적 논의와 단절된 채 '갈라파고스 섬'처럼 존재해 왔다. 무엇보다도 이민집단이 소수자의 일원이라는 점이 한국 주류사회의 사회운동에 반영되지 않고 있다는 것이 중요하다. 이민집단은 전통적으로 소수자 논의, 신사회운동의 핵심 구성요소이지만 한국의 시민운동 및 소수자 운동과의 관계는 그리 밀접하지 않다. 아직은 이주민들의 문제와 그들의 실천이 여성운동, 동성애자 운동, 장애인운동, 환경운동, 지역운동, 평화운동, 대안운동과 같이 민주화 이후 사회운동의 주도권을 쥐고 있는 시민운동 또는 새로운 사회운동의 일원으로 인식되고 있지는 못하다. 1970년대 노동운동 초기의 양상처럼 지식인단체, 사회운동의 급진적 분파, 종교단체, 인권단체 등 사회운동의 선진적인 분파의 연대활동 정도에 국한되어 있다.[8)]

8) '이주 노동자 차별철폐와 인권 · 노동권 실현을 위한 공동행동'의 참가단체를 보면 이 점을 알 수 있다. (사)한국불교종단협의회인권위원회, 공익변호사그룹공감, 구

물론 이는 사회운동 초기 단계의 일반적인 양상으로 볼 수도 있다.

현재 가장 활발하게 그리고 가장 우호적인 방식으로 전개되는 결혼이주 여성에 대한 논의 역시 여성 및 가족에 대한 일반적인 논의와 유리된 채 전개되어 왔다. 그간 여성운동과 여성학 분야에서 산출된 선진적인 논의들이 결혼이주 여성이라는 주제에서는 찾아보기 어렵다. '사적인 것이 정치적인 것이다'라는 오래된 문구도 '자신의 몸에 대해 결정할 권리'와 같이 이미 대중화된 가치도 '가사분담'에 대한 요구도 이들에게는 적용되지 않는다. 또한 이들에 대한 지원방안도 가족을 유지하는 것과 아동양육에 초점이 맞추어져 있다(김희정, 2007). 미디어에서의 재현방식도 마찬가지다. 오경희(2007)는 미디어 및 공론장에서의 결혼이민 여성에 대한 재현이 문제화, 대상화, 타자화의 양상을 보인다는 점을 지적했다.

예를 들어 우리는 다문화가정의 여성이 아이를 낳아야 한다는 사실을 매우 당연시한다. 그러나 잠깐 물러나 생각해 보면 이러한 우리의 사고는 한국 여성들에 대해서는 이제 결혼과 출산이 의무가 아니며 각자의 견해와 상황에 따라 자유로이 선택할 수 있는 것이라고 생각하는 것과 비교해 보면 매우 예외적인 것이다. 설사 결혼이주 여성의 경우 결혼을 목적으로 이주해 왔다는 점을 고려하더라도 출산 여부 또는 적어도 출산의 시기는 스스로 결정할 수 있어야 한다(김이선 · 황정미 · 이진영, 2007).

출산 여부나 출산 시기를 조절하기 위해 피임을 하는 것도 다른 한국 여성과 마찬가지로 본인이 자유로이 선택할 수 있어야 한다. 취업

속노동자후원회, 노동자의힘, 다함께, 문화연대, 민주노동당, 민주노동당서울시당, 민주사회를위한변호사모임노동위원회, 민주주의법학연구회, 민주화를위한교수협의회,불안정노동철폐연대, 건강권실현을위한보건의료단체연합, 사회진보연대, 서울경기인천이주 노동자노동조합, 연구공간수유+너머, 이주 노동자인권연대, 이주 노동자운동후원회, 전국민주노동조합총연맹, 전국철거민연합, 학생행동연대, 한국비정규노동센터, 전국비정규노조연대회의, 인권단체연석회의, 전국학생행진.

문제 역시 한국 여성에게는 나가서 돈 버는 것을 당연한 것처럼 하면서 이들에게는 금기시하는 이중적인 잣대도 버려야 한다. 이혼 역시 마찬가지이다. 이들이 당초에 결혼을 목적으로 왔다고 하더라도 한국의 가정에서 매우 어려운 상황에 처할 수 있다. 그리고 필요한 경우에는 이혼을 선택할 수 있어야 한다. 담론상에서 금기시되는 것과 달리 현실에서는 이미 이혼율의 급증 현상을 볼 수 있다. 한국 남성과 외국 여성간의 이혼이 급증해 2002년 401건에서 2005년 2,444건으로 6배가 늘었고 이는 동 기간 결혼 증가율(2.7배)보다 높다(통계청, 2006). 이 중 혼인과정에 있어서 인권유린, 정보 왜곡 등 많은 문제점을 안고 있는 베트남 처는 2005년에 이어 2006년에도 111.1%의 높은 증가율을 나타냈다.

한국 여성에 대한 논의와 결혼이주 여성에 대한 논의의 괴리 그리고 후자에 대한 가부장제적 관점은 불과 몇 년 전 한국인 여성과 동남아 출신 남성의 결합이 한국 가부장제에 대한 반성을 촉발했던 것과 대조를 이룬다. 역설적으로 다문화논의가 등장하기 전인 당시의 논의는 한국의 젠더논의와 궤를 같이하는 것이었다. 물론 이후에도 한국 여성 다문화가정의 경험은 호주제 폐지운동 등 여성문제 일반과 연관성을 맺고 있었다. 즉 국제결혼한 한국 여성들은 결혼과 함께 호주가 되고 자녀의 성도 호주인 한국 여성의 성을 따르게 되어 있었는데 이러한 역설적인 상황이 당시 호주제 폐지문제와 긴밀히 연계되어 있었다. 물론 남편의 귀화는 이들 한국 여성들을 호주의 자리에서 밀어내는 한계가 있었다(정혜실, 2007: 177). 결혼이주 여성문제는 개인주의와 성평등주의의 헤게모니가 아직은 유지되는 가운데 조심스럽게 제기되어 왔던 가족주의(familialism)가 노골적으로 제기되는 계기로 작용하고 있다. 또한 이들에 대한 가부장제적인 인식은 낮은 출산율을 근거로 획일적으로 진행되어 온 인구담론 덕택에 가능한 것이었다.

자료 5-2. 인구문제-프랑스

1870년에서 1940년까지 인구문제는 프랑스의 세력 약화를 설명하는 가장 매력 있는 요인이었다. 1870년 보불전쟁에서 프러시아에 패하고 난 후 프랑스에서는 인구면에서 독일과의 차이를 강조하기 시작하였다. 그리고 적어도 인구수가 매우 중요했던 당시에 이 논리는 어느 정도 근거를 가진 것이었다. 즉 프랑스는 1800년만 하더라도 유럽에서 가장 인구가 많은 나라였다가 1860년 4,000만 명, 1910년 4,000만 명이었고 그 이후에도 프랑스 인구는 제2차 세계대전 발발 직전까지 줄곧 4,000만 명에 머물러 있었던 것이다. 이제 진정한 적은 내부에 있었다. 즉 전통적인 앙숙 독일이 아니라 저출산과 인구수의 정체가 프랑스를 약화시키는 적으로 간주되게 된다. 그리고 그 원인은 프랑스인들이 너무 문명화되어 아이를 적게 낳기 때문이라고 생각되었다. 당시 사람들은 출산력과 국력을 동일시하였고 인구수가 많은 주변국의 침입이나 이민에 따른 다른 민족 출신자 비율의 상승을 두려워하였다.

그러다가 제2차 세계대전 이후 베이비붐으로 사라진 인구담론은 1990년대에 이민족 출신자의 비율증가에 대한 두려움 그리고 인구의 고령화로 인한 문제에 대한 관심이라는 형태로 부활하게 된다. 이러한 전통을 가진 프랑스는 인구문제를 사회문제의 주요 원인으로 여기고 이러한 인식에 입각해 매우 적극적이고 명시적인 출산장려정책을 편다는 점에서 다른 유럽 국가들과 확연히 구분된다. 프랑스의 대표적인 인구학자 르 브라의 다음 말은 이러한 프랑스적 특수성을 극적인 형태로 표현하고 있다. "프랑스에서 아이는 가족의 것이기보다 국가의 것이다. 이들은 소위 〈조국의 아이들〉이며 양육기간 동안 일시적으로 그들 부모에게 맡겨지는 것일 뿐이다. 기독교인들에게 신이 그렇듯 아이들의 진정한 아버지는 국가이며 부모들은 요셉일 뿐이다"(Le Bras, 1991: 13).

그나마 주류담론에서 소외되어 왔기 때문인지 또는 아직 수적으로 한국인 노동자와의 공간적, 직종별 구분이 가시화될 수준에 이르지 않아서인지 이주 노동자에 관한 논의에서는 보편적인 노동문제 및 노동운동과의 연관성이 고려되어 왔다.[9)] 이주 노동자를 예수와 같은 존재로 해석한다든가 여성이주 노동자들의 존재에 관심을 기울이는 등 침체에 빠진 노동운동 진영이 이주 노동자 문제에 적극적으로 대응하는 양상이 존재한다. 그러나 전체 이주 노동자의 40%가량을 차지하고 있는 미등록 노동자들의 경우를 포함시키면 일반적인 한국 사회논의와의 괴리가 결혼이주 여성의 경우보다도 더 심각하다고 할 수 있다. 사실은 불합리한 이주 노동자정책으로 인해 불가피하게 불법체류자가 된 20만 명 정도의 미등록 노동자는 다문화논의에서 철저히 배제되어 있다. 단속과정에서 발생하는 사고나 죽음, 또는 범죄라는 극단적인 양상만으로 미디어에서 재현됨으로써 이들은 1980년대 미국 도시 게토지역 주민들을 지칭했던 소위 '위험한 계급'(dangerous class)으로 인식되거나 기껏해야 최소한의 인권을 걱정해줘야 하는 무력한 존재로 인식되고 있다. 즉 앞서 언급한 스테레오 타입의 일환으로 부정적이거나 열등한 존재로 표상되는 것이다. 사실 유럽, 미국과 달리 한국은 밀입국에 의한 불법체류의 사례는 소수이고 국가와 제도가 불법체류를 생산, 재생산하는 양상이라는 점을 고려하면 불법체류자, 보다 정확히 하자면 미등록 노동자에 대한 한국 사회의 인식이 얼마나 불합리한가를 잘 알 수 있다.

이민담론에 이상과 같은 보편성에 대한 고려가 요구되는 것, 이민

---

9) 이주 노동자의 경우 자본주의 발전과정의 산물로서의 보편적인 차원을 지님에도 불구하고 일반 노동자의 문제와 분리되어 인식되는 데에는 다음과 같은 현실적 기반이 존재한다. 캐슬즈와 코작(Castles & Kosack, 1973)은 독일, 프랑스, 영국, 스위스 이민 현상 비교연구에서 각국의 이민정책과 이주 노동자들이 참여한 사회운동을 분석하였다. 그의 설명에 따르면 이주 노동자가 제조업에서 10~30% 정도에 달하게 되면 이제 더 이상 이주 노동자는 주변적인 별도의 계급이 아니라 노동계급의 일원이 된다. 그리고 이에 따라 노동계급은 분할을 경험한다. 주거지에서의 게토화와 유사한 현상이 작업장에서 일어나는 것이다. 이때 이 두 집단이 구분되는 기준은 숙련의 정도이다. 이주자들은 미숙련 일자리에 집중되고 토박이 노동자들은 이 자리를 떠나는 경향을 보인다.

에 관한 논의와 주류사회의 일반적인 논의가 결합되어야 하는 것은 이민 현상이 지닌 보편성 때문이다. 적어도 자본주의의 등장 이후 일국적 사회 현상과 국제이주와 연관된 현상은 상호 밀접한 연관성을 가진다. 발리바르와 월러슈타인(Balibar & Wallerstein, 1988)은 국제이주를 19세기 이래 세계시장의 확대과정의 차원에서 설명한다. 비자본주의적인 주변부지역에 원자재, 토지, 저임노동력, 새로운 소비자를 찾아 자본주의적 경제관계가 침투하면서 이주할 사람들을 창출했다는 것이다. 이 침투가 20세기 전반부까지는 식민정권에 의해 보장되었다면 초국적기업에 자원을 제공하는 신식민주의 정권에 의해 지속되고 있다고 설명한다. 20세기 후반부에도 이러한 자본주의와 이민의 관계는 지속되는데 '새로운 이민' 현상은 세계화의 직접적인 산물로서 자본주의 생산양식의 확산과 관계된 것이다(Sassen, 2000). 즉 한편으로는 주변부 세계로의 자본주의 생산양식의 파급이 이 사회들의 전통적인 경제구조와 노동시장을 교란시켰고 다른 한편으로는 중심부 국가들에서 새로운 노동력 수요가 늘어남에 따라 대량이주가 나타났다는 것이다.

자본주의와 이민이 맺어온 고전적인 관계에서 볼 때 국제이주는 국내이주(이농)의 연장으로도 볼 수 있다(Rea & Tripier, op.cit.: 33). 1990년대부터 한국에 온 이주 노동자들은 1960년대 이후 대도시로 이주한 농촌 출신 한국 노동자의 후예들이다. 이들이 떠나온 제3세계의 농촌도 자본주의의 논리가 적용되기 시작하던 산업화 시대 한국 농촌의 운명을 시차를 두고 겪고 있는 것으로 볼 수 있다. 이런 시각에서 보면 현재의 이주 노동자 운동도 1970년대 현재 이주 노동자들이 일하는 경인지역의 여성노동자들이 촉발시킨 한국 노동운동과 연속선상에 있는 것으로 볼 수 있다. 실제 1990년대 중반부터 한국 사회 노동운동의 한 부분으로 자리매김하기도 했다.

물론 이민담론이 보편성을 회복한 이후 논의과정에서는 보다 정교한 논의가 필요할 것이다. 예를 들어 이민자들의 사회구조상에서의 위치에 대해 이들을 노동계급의 일원으로 간주하는 흐름과 노동계급과 구분된 계급으로 간주하는 흐름이 있다. 전자의 시각은 이민의 자본주의적 기능을 강조하는 맑스주의적 연구자들에게서 나타나며 후자는 사회계급에 대한 베버의 설명에 영향을 받은 것으로 이들은 사회체제에의 참여를 위해 요구되는 주류민족 가치의 공유가 부족하다는 점을 근거로 노동계급과 구분된 계급으로 간주한다. 이 문제는 토착노동운동과 이주 노동운동의 관계설정에 있어서 매우 중요한 쟁점이 될 것이다.

사회논의 일반과의 괴리는 재외동포에 대한 논의의 경우에도 마찬가지다. 1990년대 이래 학계와 진보 진영의 주된 화두였던 민족주의 비판이 재외동포 문제에서는 금기시되고 있다. 예를 들어 2000년 남북정상회담 이후 부상한 '한민족공동체론'은 유럽연합과 유사한 동아시아공동체 논의가 제기되고 한국 사회가 새로운 경제도약의 계기로 역점을 두고 있는 동아시아 또는 동북아시아 전략의 일환으로 최근에 등장한 것이다. 이러한 전망 속에서 코리안 디아스포라가 주목을 받게 되면서 한민족공동체론이 부상한 것이다. 그런데 이 이론은 한국 및 한반도 중심적인 성격을 지니고 있다(현무암, 2006: 261). 네트워크 공동체의 논의에서는 개방성과 포용적 자세가 요청되지만 대개는 한민족으로서의 정체성 확립이나 한국어교육의 강화가 강조되고 있는 것이다. 한국 사회가 한민족공동체의 성원인 재외동포를 받아들이는 태도를 보면 추성훈의 예에서처럼 고국은 한국에만 속하기를 강요하는, 일종의 충성서약을 요구한다. 재외동포정책에서 재외동포들은 통일과정에 활용가능하거나 경제발전에 기여하는 존재로 간주된다. 이것은 현무암(2006)이 지적하듯이 재외 한인들에게 한국인으로서의 정체성을 배타적으로 강조함으로써 그들이 지닌 다원적 정체성의 인정을 통한 공존의 길을 어렵게 하고 있다는 것을 의미한다.

6. 외적인 분절 2: 보편적인 이민논의와의 괴리

한국의 다문화 논의는 이민논의 일반과도 분절성을 보인다. 앞서 언급한 '차이'에 대한 논의의 부재는 구조적인 요인으로 설명될 수 있지만 두뇌유출, 성매매 등 이민논의의 주요 주제 역시 거의 거론되지 않고 있다. 그리고 이민논의에 사용되는 개념들도 보편성과 일관성을 결여하고 있다. 이러한 양상은 한국 이민논의가 지니는 강한 모방성을 고려하면 매우 역설적이라고 할 수 있다.

우선 결혼이주 여성의 문제가 세계화시대 여성의 이주 또는 매매라는 큰 틀에서 설명되지 못하고 있다. 결혼이주는 우선 경제적으로 어려운 나라로부터 더 잘사는 나라로 사랑과 돌봄(care)이 수입되는, 세계적 차원의 돌봄의 연쇄고리의 차원에서 바라보아야 한다. 국제결혼의 중요한 의미 중 하나는 가사도우미나 간병인을 무상노동을 제공하는 외국인으로 대체하는 것이다(김민정, 2006). 한국의 경우 특히 시급하게 고려해야 하는 점은 현재의 결혼중개 과정이 조직적인 연결망에 의해 여성을 모집해 기숙, 관리, 통제하고 이동시킨다는 점에서 국제법에서 정의하고 있는 인신매매적 속성을 지닌다는 사실이다. 충분하고 정확한 정보가 제공되지 않는 상황에서 이루어지는 결혼알선 과정, 여성이 거부권을 행사하기 어려운 강압적인 조건, 결혼 후 비자발급을 받는 기간 동안 결혼파탄 가능성을 최소화한다는 명분으로 적법한 이유 없이 수 개월간 여성들을 정해진 장소에 감금하는 것 등이 이러한 인식의 근거이다. 한 예로 중개업체를 통해 결혼한 199명 가운데 거의 절반에 가까운 44%가 남편에 대한 사전 정보가 일치하지 않았다고 응답했다(『2005년 복지부 실태조사』, 빈부격차차별시정위원회, 2006: 12에서 재인용).

전통적으로 이민 현상에 대한 논의에서 중요하게 다루어진 두뇌유출 현상에 대해서도 한국 사회 중심적인 현 이민논의에서는 찾아보기 힘들다. 예를 들어 몽골의 경우 전체인구가 295만인데 2004년 한국과의 고용허가제 MOU 체결에 따른 이주자가 해마다 평균 5,000명씩(국가인권위원회, 2007) 그것도 경제적 역할이 큰 연령대의 사람들의 대량 이주는 조만간에 몽골사회의 노동시장과 혼인시장을 크게 왜곡시킬 것이다. OECD 국가들의 경우 자국에 오는 이민자들 중 숙련노동자의 증가율이 미숙련노동자의 증가율보다 2.5배가 높다(Magniadas, 2007: 226). 이 때문에 송금에 따른 본국 경제에의 기여가 전혀 고급 두뇌의 유출이 가져오는 손해를 상쇄시키지 못하는 것이다. 후진국의 경우 전문인력이 희소한 점을 감안할 때 이들의 이주는 당연히 국가에 큰 손실이 된다.

이민논의에서 사용되고 있는 개념 역시 보편성을 결여하고 있다. '다문화' 개념을 중심으로 전개되어 온 그간의 이민논의는 이민 현상을 중요한 사회 현상으로 부각시키는 역할을 수행했다. 그러나 '다문화'란 표현이 압도하는 가운데 이민(immigration), 통합(integration) 등 보편적인 개념이 터부시되어 왔다. 그간 '이민' 개념의 사용을 주저해 온 이유들이 있다. 한국 사회가 정주화를 추구하는 이민국가가 아니라는 사실이 가장 많이 언급되는 것이다. 그러나 아메리카, 오세아니아 등 원주민을 말살시키고 유럽인을 시작으로 외지인이 새로이 사회를 형성한 경우를 제외한 일반적인 이민 형태는 소위 '손님노동자' 모델이며 유동성과 불안정성이 커진 최근 이민의 경우에는 그 비중이 더욱 커지고 있다고 볼 수 있다. 유사한 맥락에서 한국의 경우 가족이민이 허용되지 않는다는 점도 근거로 제시되는데 이 역시 남성노동자의 단독이민이 근대이민의 전형이라는 점을 고려하면 '이민'이라는 용어를 꺼리는 충분한 이유가 될 수 없다.

'통합' 개념 역시 마찬가지다. 그간 우리사회에서는 통합을 동화와 유사한 것으로 여겨 다문화주의의 대척점에 있는 것으로 여겨왔다. 따라서 다문화 열풍 속에서 부정적으로 인식되었다. 그러나 사회에 따라 사용법이 다르긴 하지만 통합은 동화의 상위 범주이며 동화는 통합의 한 형태로 간주되거나(유럽)[10] 또는 통합과 동화를 동일시하는 경우에는 다양한 동화의 방식을 상정한다(미국). 또한 '통합' 개념을 사용하는 것은 해당 사회와 이민자들이 맺는 관계를 사회통합이라는 일반적인 현상의 하나로 간주함으로써 이민자들도 일반적인 사회집단의 일원으로 인정하는 효과를 가질 수 있다.

물론 일반적인 인식이 통합을 동화와 동일시하는 불리한 측면이 있고 게다가 최근 부상하고 있는 사회통합 논의[11]에서도 '사회통합'이라는 개념이 동화 내지 수동적인 적응의 의미로 쓰이는 경향이 있다. 즉 지금까지는 차이, 다양성, 다문화를 중시하느라 이들을 한국 사회에 적응시키는 데 소극적이었다고 반성하며 보다 적극적인 대응을 하겠다는 것이다. 여기에서 동화와 통합의 차이는 모호하다. 달라진 것이

---

10) '통합'이라는 개념이 다양한 뉘앙스를 지니지만 프랑스 이민자 통합모델의 역사에서 우리는 동화와 대척점에 있는 '통합'모델을 발견하게 된다. 최근까지 순차적으로 프랑스의 이민자 통합모델로 제시되어 온 개념에는 다음 네 가지가 있다. 첫째, 적응(adaptation)은 산업사회의 노동, 기계, 시간, 리듬에 대한 적응을 함축하고 있는 개념이다(남·동유럽 출신의 초기이민). 둘째, 동화(assimilation)는 식민지 시대의 상황을 반영하고 있다. 셋째, 편입(insertion [professionnelle])은 소수민족의 문제를 보편적인 틀(고용, 노동자)에서 고려한다는 것을 함축하는 개념이다. 이 모델에 따르면 주류사회와의 관계의 문제를 기술적인 문제에 국한시킨다. 그리고 1980년대 프랑스에서 이민문제가 본격화되면서 헤게모니를 장악한 통합(intégration) 개념은 다음의 점에서 '동화'와 차이가 있다. 통합 개념은 사회에 온전하게 편입되지만 개인이나 집단의 정체성 전체를 부정, 포기하는 것은 아니라는 점에서 동화와 차이가 있는 것이다(Sayad, 1977).

11) 최근 정부는 이민자의 사회부적응, 사회적 반이민정서 촉발의 가능성, 사업투입액 대비 이민자의 정책서비스 이용률 저조, 서구 이민사회가 다문화정책에서 '사회통합정책으로 전환' 등을 이유로 사회통합교육과 이의 의무화를 검토하고 있다(이해령, 2007). '사회통합' 담론 역시 '다문화' 담론이 그랬듯이 선진국의 경험에서 모방한 것이다. 자국의 언어와 문화교육을 강화하고 이에 대한 이해 정도를 입국, 체류증 갱신, 국적취득의 조건으로 채택하고 심지어 공화국, 정교분리 등 자국 사회가 표방하는 가치를 암묵적으로 강요하는 등 유럽 사회의 최근 경향의 연장선상에 있는 것이다. 2005년 소요사태를 겪은 프랑스의 경험도 반면교사 역할을 하였다.

있다면 그간 통합을 부정적으로 여겼다면 지금은 '사회안정'과 이주민들의 '적응'을 위해 필요한 긍정적인 과정으로 간주된다는 점일 것이다. 이러한 상황적 요인을 고려하더라도 '통합' 그리고 '이민'이라는 이민논의의 보편적이고 기본적인 개념을 사용하면서 한국 이민집단의 상황에 맞는 한국 고유의 통합모델에 대한 논의를 전개해야 할 시점이라고 생각된다. 즉 개별 상황에 따라 다른 방식이 가능한 열린 개념으로 '통합' 개념을 사용할 수 있는 것이다.

이 장에서 우리는 한국 다문화 논의가 지닌 구조적 한계로부터 시작해 분절성이라는 측면을 통해 한국 이민담론의 문제점을 살펴보았다. 위에서 지적한 이민담론의 문제점들은 많은 부분 짧은 이민논의의 역사와 이민 현상 자체의 저발전 상태로 설명될 수 있다. 체계적인 접근과 균형 잡힌 시각을 갖추기에는 너무 짧은 기간이었고 논의대상인 이주민들 역시 이제야 서서히 보편적인 사회집단의 모습을 갖추고 있다는 점을 고려해야 할 것이다.

실천적인 측면에서 보면 이 글에서 언급한 한국 이민담론의 분절성을 해결하는 근본적인 방법은 그 배경에 있는 요인들을 극복하는 것이다. 그런데 배경요인들은 상당부분 국가와 연관된 것이다. 저출산고령화담론, 한민족공동체론, 대테러담론 등 국가가 주도하는 주요 담론들은 이민집단을 일반 사회집단과 구분되는 특수한 존재, 열등한 존재, 위험한 존재로 만드는 역할을 함으로써 한국 사회에의 온전한 통합을 가로막고 있다. 국가의 비중이 큰 것은 이민문제가 그 어떤 사회문제보다도 국가의 사안이라는 이민문제 고유의 특성에서 기인한다. 이민문제가 '국가의' 사안이라는 점에 대한 대안은 매우 급진적인 것이겠지만 현재 한국의 상황과 같이 '국가에 의한', '국가를 위한' 이민담론을 교정하는 것은 보다 수월한 일일 것이다.

제6장 이민과 인종

현재 한국 사회에서는 짧은 공존의 역사 그리고 지나칠 정도로 우호적인 다문화 담론의 헤게모니로 인해 한국 거주 외국인들의 문제를 인종이라는 시각으로 접근한 본격적인 연구가 매우 드물다. 흥미로운 것은 소수의 인종 관련 연구들의 대부분이 교포, 입양아 등 외국인들에 의해 이루어졌다는 점이다. 비록 최근 한국의 이민현실에 대한 직접적인 연구는 아니지만 이 연구들은 이민 및 인종 문제에 대한 역사적 차원을 알려주고 있다.

여지연(2007)은 기지촌여성에 대한 한국인들의 인종주의를 적나라하게 드러내면서 이들에 대한 한국 사회의 극단적인 인종주의의 뒷면에 아시아인들에 대한 미국인들의 뿌리 깊은 인종주의가 존재함을 밝히고 있다. 본인이 해외입양아였던 이삼돌(2008)은 일반적으로 국제이주나 디아스포라 현상에 포함시키지 않는 해외입양문제를 대중문화가 그들을 어떻게 재현하고 있는지를 중심으로 설명하고 있다. 이 연구에서 이삼돌은 국제 입양 현상의 인종적 측면에 대한 논의가 금기시되고 있는 이유를 과거 백인들의 원주민 아동 격리정책의 경험에서 찾고 있다. 그는 1970년대 이래 북미·오스트레일리아·영국에서 원주민과 소수민족의 아이들을 백인 가족에 입양하는 것이 인종 청소나 문화 말살로 간주되면서 사라진 이후 이와 비슷한 종류의 논쟁을 피하려는 백인사회의 전략으로 이를 설명하고 있다.

한국 사회에서는 그리 중요하거나 심각하게 다루어지고 있지 않지만 인종문제는 이민 현상에 대한 논의에 있어서 핵심적인 주제이다. 그것은 이민자들의 경험과 그들이 겪는 문제들의 상당 부분이 인종적 요인에 의해 영향을 받기 때문이다. 현실에서 인종적 요인에 기인한 불평등은 계급에 따른 불평등, 성 불평등과 연계되어 있다. 흑인 여성 노동자는 인종적, 성적, 계급적 요인에 따른 차별을 복합적으로 경험하는 것이다. 아래에서는 인종주의의 역사, 이론 그리고 국제이주민들과 연관된 인종주의적 경향을 살펴본다.

1. 인종주의의 역사

인종에 따른 종족구분은 유의미한 것으로 고려된 몇 가지 신체적 차이에 기반을 둔 구분으로 과학적 근거가 매우 빈약한 것이다. 인종주의자는 어떤 외모를 지닌 사람들이 소유했다고 '간주되는' 우월성이나 열등성이 '생물학적으로' 설명될 수 있다고 믿는 사람이다. 인종주의는 종족간 불평등한 현실을 선천적인 지적 · 사회적 능력 그리고 그 근저에 있는 생물학적 차이로 설명하며 현실에서의 불평등을 주로 사후적으로 정당화하는 역할을 수행한다.

그러나 유사한 속성을 가진 오리엔탈리즘과 달리 인종주의는 담론이나 의식에 국한된 것이 아니다. 인종주의는 의식 및 이데올로기이자 현실이다. 일상생활 속의 인종주의, 제도적 인종주의, 경찰 인종주의, 외국인 업무를 다루는 창구 직원들의 인종주의 등 다양한 주체와 공간이 인종주의를 실행하고 있는 것이다. 유사한 문제의식에서 밀스(Charles W. Mills)는 인종주의가 의식의 문제만이 아니라 '인종계약'이라는 구체적인 기제를 가지고 있음을 지적한다. 그에 따르면 백인 중심 사회의 경우 인종계약이란 여러 '인종적' 기준들에 의해 '백인'을 규정하고 나머지 인간 소집단을 '비백인'으로, 하등인간으로 분류하기 위해 백인들끼리 맺은 공식적, 비공식적 합의나 메타 계약을 말한다. 인종계약의 일반적인 목적은 언제나 집단으로서의 비백인들에 비해 집단으로서의 백인들에게 차별적인 특권을 부여하기 위한 것이고 비백인들의 신체와 땅과 자원을 착취하기 위한 것이며, 비백인들에게 동등한 사회경제적 기회를 부여하지 않기 위한 것이다. 비록 모든 백인들이 이 계약의 서명자는 아니지만 모든 백인들은 이 계약의 수혜자이다(밀스, 2006: 29-30). 인종주의 체제와 관련된 국가의 가장 핵심적인 목적은 인종적 질서를 유지하고 재생산하면서 완전한 백인 시민들의 특권과 이익을 지키고 비백인의 종속 상태를 유지하는 것이다(ibid.: 33-34).

그 기원으로 거슬러 올라가 보면 인종주의는 17, 18세기 신대륙 식민지의 플랜테이션에서 노예노동을 이용하던 시기에 농장주와 노예상인들의 이데올로기로 출현하였다. 비유럽인들을 같은 인간으로 간주하면 식민지배나 비유럽인의 노예화는 받아들일 수 없게 되기 때문이다. 따라서 비유럽인을 '비인간화'시키는 것은 꼭 필요한 일이었다(강철구, 2002: 23). 이는 '오리엔트인'을 서구인들과는 질적으로 구분되는 존재로 만들고자 했던 서구 열강의 문제의식과 유사한 것이다(사이드, 2000). 이후 제국주의 시대에는 세계의 서구화를 정당화하는 이데올로기로, 산업자본주의 단계에서는 인종에 따른 분열을 통해 노동자계급을 지배하는 효과적인 이데올로기로 작용했다. 보다 최근에는 인종주의가 문화담론의 형태를 띤다. '신인종주의'라고도 불리는 현대적인 인종주의는 생물학적 우월성보다 민족간 문화 차이를 강조한다. 즉 현실에서의 종족간 차이를 선천적인 자질의 차이로 설명하며 이 차이가 그들이 속한 민족의 문화적 특성에 기인한다고 해석한다. 이러한 인식에 따르면 '민족성'이나 '문화'는 그 집단에 속한 사람에게 빠져나올 수 없는 운명적인 것이다(하먼, 2001). 알 아즈메(A. Al-Azmeh, 1993) 역시 1990년대 이후 비서구 사회 인식의 핵심개념이 '인종'에서 '종족성' 그리고 '문화'로 변형되었음을 지적하며 이렇게 나타난 문화담론이 문화주의적 성격을 지녔다고 비판한다.

자료 6-1. 헌팅턴의 본질주의적 문명론

문화적 특징과 차이는 정치적, 이데올로기적인 것보다 덜 바뀌며 그래서 덜 쉽게 타협되거나 용해된다. 구소련에서 공산주의자들은 민주주의자들이 될 수 있고 부자는 가난해지고 빈자는 부자가 될 수 있다. 그러나 러시아인이 에스토니아인이 되거나 아제르인이 아르메니아인이 될 수는 없다. 계급적 갈등이나 이데올로기적 갈등에 있어서 핵심 질문은 "당신은 어느 편에 서 있는가?"였고 사람들은 어떤 쪽을 선택하거나 바꿀 수 있었다. 문명들 간의 갈등에 있어서 질문은 "당신은 무엇인가"이다. 그것은 변할 수 없는 주어진 것이다. 그리고 우리가 알고 있듯이 보스니아에서 코카서스 지역이나 수단까지 이 질문에 대한 잘못된 답변은 머리에 총알이 박힘을 의미할 수도 있다. 종교는 종족성보다도 더 사람들을 철저하고 배타적으로 구분한다. 한 사람이 반은 프랑스인이고 반은 아랍인일 수 있으며 심지어 동시에 두 나라의 시민이 될 수 있다. 그러나 반은 가톨릭이고 반은 무슬림이기는 이보다 훨씬 어렵다.

사람들이 자신의 정체성을 종족적, 종교적인 방식으로 정의할 때 그들은 그들 자신과 다른 종족이나 종교에 속한 사람들 사이에 존재하는 '우리' 대 '그들'의 관계를 생각할 것이다. 동유럽이나 구소련에서 이데올로기를 중심으로 구성된 국가들이 종식됨으로써 전통적인 종족적인 정체성과 증오가 전면에 부상하게 되었다. 문화와 종교에서의 차이는 인권에서 이민, 무역, 상업, 환경에 이르는 정책 이슈들에 대한 다른 견해를 발생시킨다. 보스니아에서 민다나오에 이르기까지 지리적인 인접성은 영토분쟁을 야기시킨다. 더 중요한 것은 민주주의나 자유와 같은 자신들의 가치를 보편적인 가치로 확산시키고 자신의 군사적 지배를 유지하고 경제적 이해를 증진시키고자 하는 서방세계의 노력은 다른 문명들로부터의 저항을 초래한다는 점이다. 이데올로기를 토대로 지지를 이끌어 내거나 동맹을 형성하는 것이 점점 더 어려워짐에 따라 서구의 정부들과 사회집단들은 점점 더 공통의 종교 또는 문명 정체성에 호소함으로써 지지를 이끌어 내고자 할 것이다.

출처: Samuel P. Huntington, The Clash of Civilizations, Foreign Affairs, Summer 1993, v.72, no.3: p.25; p.27

현대사회에서도 인종주의는 광범위하게 존재한다. 유엔인종차별철폐회의가 언급하고 있는 인종주의적 현실의 일부는 다음과 같다.

(a) 인종주의, 인종차별, 외국인 혐오 및 이와 관련된 불관용의 지속적이고 폭력적인 발생과, 식민시대에 생겨나 현실에 적용되었던 특정 인종 및 문화의 우월성 이론이 오늘날에도 형태를 달리하여 재현되고 있다는 점을 우려와 함께 주목하며,

(b) 인종적, 또는 민족적 차별이나 우월주의에 바탕을 둔 기타 이데올로기와 관행뿐만 아니라, 인종주의, 인종차별, 외국인 혐오 및 이와 관련된 불관용이 오늘날 더욱 미묘한 형태 및 실체로 등장하여 지속적으로 발생하고 있는 점에 우려하며, 소위 '별개의 인종'(distinct human races)의 존재를 확정하고자 시도하는 이론과 함께, 어떠한 인종적 우월주의도 강력하게 거부하며,

(c) 비국민, 특히 이주민, 난민, 망명신청자에 대한 혐오증은 현대

인종주의의 주요 원천이며 이러한 집단의 구성원에 대한 인권유린은 차별적이고, 외국인 배타적이며 인종주의적인 관행의 측면에서 폭넓게 발생하고 있음을 인정한다(국가인권위원회, 2009: 12-22).

2. 인종주의의 유형

인종주의를 구분하는 방식에는 위에서 언급한 생물학적 성격의 고전적인 인종주의와 문화적 차이를 강조하는 신인종주의의 구분 이외에도 보편주의적 인종주의와 차이를 강조하는 인종주의, 착취적인 인종주의와 절멸(extermination)의 인종주의 간의 구분 등이 있다. '차이에 대한 증오'(heterophobe)를 특징으로 하는 '보편주의적 인종주의'가 정체성을 부정하고 다양성과 차이를 가치와 권리로 인정하지 않는다면 '차이를 강조하는 인종주의'는 '단일한 인류'라는 보편주의의 관념을 부정하고 외형상의 차이 또는 문화적 차이를 절대시, 신성시한다. 그리고 문화간 소통불가능성을 강조한다. 또한 '착취적 인종주의'가 유럽 식민주의, 근대의 노예제적 지배를 정당화하는 기능을 가진 이데올로기적 인종주의라면 '절멸의 인종주의'는 나치즘과 같이 자신들의 땅에서 종족적 타자를 사라지게 하는 의미를 지닌 인종학살계획을 가지는 인종주의이다(Ferreol et Jucquois, 2004: 290-300).

미국의 사례를 근거로 인종주의를 지배하는 인종주의(dominative racism)와 기피하는 인종주의(Aversive racism)로 구분하기도 한다. 전자는 미국 남부에 많은 유형으로 인종적 위계질서가 존중되는 가운데 공존을 추구하는 형태이다. 후자는 미국 북부에 해당하는 인종주의 유형으로 직접 지배하거나 차별하기보다 접촉 자체를 기피하는 형태이다. 그 결과 소수 인종이 공간적으로 다수 인종과 구분되어 거주하는 게토화 현상이 나타난다. 미국에서 인종주의는 노예해방 이후 전자에서 후자로 바뀌는 추세를 보여 왔다(Roberts, 2004: 258).

미국 흑인들을 차별, 통제하는 특수한 장치들의 역사를 시기별로 구분해 보면 다음과 같다. 1) 개인재산으로서의 노예소유제(chattel slavery): 식민지 시대부터 냉전시기까지 플랜테이션경제의 토대이자 흑백구분의 기초로 기능, 2) 짐 크로우 체제(Jim Crow System): 노예제도가 철폐된 이후인 1876~1965년 미국의 남부지역을 중심으로 아시아인 등 유색인종에 대한 차별을 담고 있는 법이 제정되어 학교에서의 인종간 구분(racial segregation) 등 합법적으로 이루어지는 차별과 배제의 장치 의미, 3) 게토화: 1914~1930년 대이주(the Great Migration) 시기부터 1960년대까지 진행된 흑인들의 도시화와 프롤레타리아화와 병행해 북부 산업도시들에서 이들을 백인 주류사회와 분리시키는 장치, 4) 초게토화와 대량감금 체제(hyperghetto & Prison: 극도의 배제와 극히 흑인에 치중된 대량감금). 이 시대 흑인의 전형은 복지수급자이자 범죄자(Wacquant, 2002: 41-49).

인종주의는 또한 다양한 형태로 존재한다. 1960년대 초 미국의 흑인 민권운동을 촉발시킨 흑인용, 백인용으로 좌석이 분리되어 있는 시내버스의 경우와 같은 제도적 차원의 인종주의, 대학 입학이나 취직, 식당이나 공공기관에서의 차별과 같은 관행적 차원의 인종주의가 있다. 이 외에도 주변 사람들의 시선이나 편견과 같은 일상적 차원의 인종주의 등이 있다. 인종주의는 종족적 소수자들을 가리키는 용어에도 존재한다. 특정 용어의 선택은 이민에 대한 특정 인식을 반영하는 측면이 있다. 그리고 편견이 반영된 용어는 이민에 대한 부정적 이미지를 강화시킨다.

인종주의와 함께 널리 쓰이는 용어가 외국인 혐오증(xenophobia)이다. 일반적으로는 크게 구별하지 않고 사용되며 다만 인종주의는 제도나 행위와 같이 유형적인 측면을, 외국인 혐오증은 다른 인종이나 종족에 대한 부정적인 인식을 가리키는 경향이 있다. 그런데 이와는 다른 측면에서 두 개념을 구분해 사용하기도 한다. 즉 외국인 혐오증을 다른 민족과의 접촉경험 부족에서 오는 원초적인 차원의 거부감 내지 두려움으로, 후자를 다른 민족과의 공존경험이 충분히 길고 이 공존이 일시적인 것에서 영구적인 것이 된 상황에서 나타나는 체계적이고 구조적인 거부로 구분하는 것이다. 이러한 용법을 따르면 아직 이민의 양상이 수적으로 충분히 크지 않고 일시적인 차원에 머물렀던 극히 최근까지의 한국인들의 태도는 사이비 '합리적인' 논거로 뒷받침된 인종주의라기보다는 접촉경험의 절대적 부족에서 온 외국인 혐오증에 가까운 것이었다고 볼 수 있다. 그러다가 우리 사회에서도 최근 외국인 혐오증과는 다른 인종주의가 외국인과의 일상적인 접촉이 이루어지는 곳 그리고 이들을 경쟁상대로 여기는 계층을 중심으로 서서히 등장하고 있음을 볼 수 있다. 인종주의가 무엇보다도 근대의 다민족, 다문화 상황의 산물이라는 점에서 우리 사회도 다문화 사회로의 변화는 인종주의의 토대가 형성되는 과정이기도 하다는 점을 고려할 필요가 있다(엄한진, 2006).

3. 이민과 인종

유럽과 미국의 역사적 경험이 잘 보여 주듯이 인종주의 문제는 이민문제의 핵심적인 요소이다. 그리고 이러한 점은 단지 1930년대 유럽의 파시즘 시대에 국한된 것이 아니다. 20세기 초반의 미국이나 1980년대 이후 유럽과 같이 민주적인 시기에도 예외가 아니었던 것이다. 우리는 이러한 인종주의와 이민문제의 친화성의 원인을 근대가 탄생시킨 민족국가의 속성에서 찾을 수 있다.

민족은 소속감을 공유하는 사람들의 집단으로 공통의 역사, 언어, 종교, 문화 등이 그 토대가 될 수 있다. 민족의 구성원들은 다른 민족의 성원들과의 관계보다 그들 사이에 훨씬 더 빈번한 접촉을 하게 되고 대부분 같은 지역에 함께 산다(Smith, 1991: 43). 국가도 특정 지역에 사는 사람들이 지켜야 하는 법과 규칙들에 토대를 둔 것이다. 그런데 근대 민주주의 국가에서 이 법과 규칙, 행정의 권한은 민중(people)에게서 나온다. 따라서 국가에 정당성을 주는 것은 민중이다. 이렇게 민족과 국가 양자 모두에서 동일한 민중이 핵심주체이기 때문에 근대의 민족과 국가 두 개념 사이에는 구조적 연관성이 있고 유럽을 비롯해 대부분의 나라에서 이 두 개념은 일반적으로 동의어로 쓰여 온 것이다. 그래서 '민족국가'(Nation-State)라는 개념이 자연스럽게 받아들여진 것이다.

한편 자민족중심주의(ethnocentrism)가 어느 시대에나 항상 존재해 온 보편적 현상인 데 비해 인종주의는 근대적 현상이다. 체계적인 철학적, 과학적 인식으로서의 인종주의는 18세기 후반, 보다 체계적으로는 19세기 중엽에 등장하였다. 이 시기는 유럽, 특히 국민국가의 형성이 뒤늦었던 중동부 유럽에서 민족주의 열풍이 불던 때였다. 인종주의는 민족주의와 동시대적 현상이었던 것이다. 물론 근대국가나 근대민족이 필연적으로 외국인들에 배타적인 것은 아니다. 근대민족은 원칙적으로 정치적 성격의 것이어서 군주로부터의 해방과 시민으로서의 주권의식 등 그 이념을 받아들이는 외국인들도 기꺼이 받아들였다. 근대민족의 논리는 보편적이고 구성원의 출신지를 묻지 않는다. 그러나 이 근대의 조국이 위기에 봉착했을 때 외국인은 잠재적인 적이 되고 억압적인 법의 대상이 된다. 여기에서 또 다른 전통이 형성된다. 그것이 바로 민족주의이고 이렇게 탄생한 민족주의는 외국인혐오증을 주된 구성요소의 하나로 삼게 된다. 이 이중적인 경험은 매우 중요하다. 원칙적으로 '(근대)민족'은 시민들간의 종족적, 종교적 차이를 고려하지 않는다. 그러나 현실에서 민족은 잠재적으로 위협적인 비민족으로 정의된 외국인에 대한 거부를 통해 견고해지는 것이다(Blanc-Chaléard,

2001: 6). 이러한 측면에서 소수민족의 문제는 민족국가라는 이상 및 그것에서 기인하는 원칙들과 그렇지 않은 현실간의 모순의 반영인 것이다(Entzinger, 2005). 이와 같이 외국인 혐오증은 근대국가의 필수 구성요소이다. 한국인들의 외국인 혐오증 역시 종족적 특수성만큼이나 강한 근대국가의 존재, 한국의 경우 전형적으로 나타나는 민족국가의 존재 때문으로 해석할 수 있다.

민족국가의 측면에서 한국은 상당히 예외적인 사례이다. 우선 외형적인 면에서 민족국가의 이념형에 매우 가까운 사례이다. 즉 비록 한민족이 역사를 통해 다양한 종족과의 공존 및 혼합을 경험했다 하더라도 그것은 일시적인 종족간 공존을 초래했을 뿐 귀화 등을 통해 타민족이 한민족에 동화되어 결과적으로 한민족이라는 주류민족의 단일한 역사, 언어 및 문화적 특성만이 남게 되었다. 일제 강점기와 분단이라는 문제를 논외로 한다면 불과 10여 년 전부터 충분히 다수의 이민족 유입이 있기 전까지 적어도 남한의 근대사회는 하나의 민족으로 구성된 국가였다(엄한진, 2006). 질적인 면에서도 한국은 1950, 60년대에 이르러서야 식민지 상태에서 벗어났고, 게다가 1970, 80년대 발전의 실패로 사회통합의 어려움을 겪어 온 다수의 비서구 사회들과 큰 차이가 있다. 즉 이들 사회의 경우 민족국가가 아직 형성 중에 있거나 심각한 위기에 처해 있는 것과 달리 (남한만을 고려할 때) 언어적, 문화적으로 상당히 통합적이고 동질적이며, 소수민족 공동체의 존재가 미미하고 지역갈등 역시 다른 비서구 사회에서 흔히 존재하는 분리주의 운동이라 불릴 만한 현상이 존재하지 않는다. 최근의 이민 현상은 이러한 전형적인 민족국가로서의 한국에 소수민족의 존재를 낳고 있다. 그리고 민족국가의 속성인 외국인 혐오증과 인종주의 역시 경제불황이라는 조건 속에서 서서히 표출되고 있다.

4. 이민에 대한 편견과 인종주의

1) 이민에 대한 편견

이민에 대한 왜곡된 인식은 인종주의의 토대가 된다. 이민에 대한 미국 사회의 일반적 인식에 대한 아비바 촘스키(2007)의 비판을 살펴보자. 그는 최근 미국에서 진행되고 있는 이민관련 논의는 신화, 고정관념, 당연시되고 있는 가정들로 가득 차 있다고 진단한다. "이민자들이 우리의 일자리를 빼앗고 임금을 낮추고 있다", "이민자들은 왜 영어를 배우지 않는가?", "나는 이민에 반대하지 않는다. 다만 불법이민에 반대할 뿐이다"와 같은 생각들이 심각한 오해에서 비롯된 것이라며 이에 대해 조목조목 반박하고 있다(p.18).

먼저 "이민자가 미국인의 일자리를 빼앗고 있다"라는 주장은 이민을 제한하는 정책을 정당화하기 위해 이용되는 가장 흔한 주장이라며 이 주장에는 두 가지 핵심적 오류가 있음을 지적하고 있다.

첫 번째 오류는 '미국인의' 일자리라는 개념에 있다. 사실 오늘날 경제는 전 지구적으로 통합되어 있기 때문에 국가 정체성을 가진 일자리라는 생각은 의미가 없다. 미국 기업들은 상대적으로 임금이 낮고 노조의 힘이 약하고 노동자의 권리가 잘 지켜지지 않는 나라로 기업을 이전시켜 왔다.

두 번째 오류는 첫 번째와 긴밀히 연관되어 있는데, 이민과 이민자가 미국에 있는 사람들이 고용될 수 있는 일자리 수를 줄인다는 것이다. 이러한 논리는 언뜻 보면 합당한 것처럼 보이지만 실제 이민은 고용 상황에 훨씬 더 복잡한 역할을 하고, 다른 많은 요인들이 고용과 실업의 비율에 영향을 미친다. 예를 들어 이 이론에 따르면 인구가 증가하는 시기에는 실업률이 높아지고 인구가 감소하는 시기에는 실업률이 떨어져야 한다. 그러나 미국의 경우 1970년대부터 2000년대까지의 실업률 변동을 볼 때 이민자 비율과 실업률의 직접적 연관성이 있다고 얘기하기 어렵다고 한다. 그리고 살인적인 실업률을 보였던 1930년대 대공황은 이민자가 이 나라에 거의 들어오지 않았던 시기에 발생했다.

다음으로 일반적으로 이민자는 미숙련 노동자와 경쟁하여 임금을 하락시킨다는 인식이 확산되어 있다. 실제 이중노동시장론에 따르면 노동시장이 분절되어 있는 미국 사회의 경우 이민 노동자의 유입을 통해 주로 토박이 노동자들로 이루어진 1차 노동시장 종사자는 혜택을 받지만 2차 부문에 종사하는 히스패닉계 여성들이 임금하락의 압력을 크게 받게 된다(Pedace, 2006). 즉 임금하락효과가 일자리의 질에 따라 차별적이라는 것이다. 그러나 아비바 촘스키는 이러한 효과 역시 조심스럽게 평가되어야 한다고 말한다. 예를 들어 미국 사회에서 1970년대 후반 이후 하층노동자의 빈곤화 경향이 심화된 것은 이민 노동자의 유입에 의해서라기보다 경제의 세계화에 기인한 것이다. 실제 인간관계는 일반적 인식과 반대라는 것이다. 즉 세계화 등에 따른 불평등의 심화가 저임금 이민 노동자에 대한 수요를 창출했다는 것이다.

이민에 대한 또 다른 대표적인 편견은 불법이민은 법을 어긴 범죄자이므로 추방되어야 한다는 생각이다. 그런데 이민법은 다른 사람이나 사회에 대한 위해를 억제하는 일반적인 법과 차이가 있다. 이민법을 위반하는 사람들은 다른 사람에 대한 실제적, 잠재적 피해를 초래하지 않는다. 이민자들에게 불법이 되는 행동의 대부분은 다른 사람들에게는 완전히 합법적인 것이다. 이민법은 다른 사람들이 누리고 있는 권리가 일부 집단에게는 허용되지 않도록 고안된 법이다. 또한 '불법체류자'의 일부는 '불법으로' 국경을 넘지만, 사실 많은 이민자는 국경을 넘기 위해 많은 비용과 노력을 들여 합법적인 허가증을 얻어서 들어온다. 그런데 한국의 경우와 같이 짧은 기간의 체류만이 허용된 경우 이들이 비자가 만료되었을 때 당초 목표로 한 돈을 벌고 돌아가기란 현실적으로 불가능하다. 상당부분 구조적인 이유로 인해 불법체류자가 되는 것이다.

이 밖에도 국제이주민들, 특히 이주 노동자에 대한 많은 편견이 존재한다. 이민이 국가의 안전과 일상생활에 대한 위협요인이라는 견해도 그중의 하나이다. 이민과 (국가)안보 간의 상관관계가 없음을 보여주는 많은 연구들이 있었다. 그럼에도 불구하고 일반적인 인식을 보면 그 자체도 명백하지 않은 이민자들의 경제적 위협이 치안이나 국가안보에 대한 위협으로 확대된다. 이러한 왜곡은 냉전 시대 소위 '성장-안보 패러다임'의 시기에 전형적인 것이었는데 9 · 11테러가 이를 부활시켰다.

안전과 관련해 이민에 대한 네 가지 인식이 형성된다고 한다: 이민의 존재는 국가의 약화와 무정부상태를 보여 주는 신호라는 생각(anarchy), 새로 온 이민자들이 공격적인지 방어적인지에 대한 불확실성(Uncertainty), 새로운 집단이 그들끼리 매우 결속력이 있을 것이라는 생각(groupness), 자기 집단이나 자기 나라가 경제적으로 이민의 위협 아래 매우 허약할 것이라는 생각(economic vulnerability)(Alexseev, 2005, p.39).

이민자들에 대한 부정적인 감정은 두려움(fear) 또는 적대감(hostility)의 형태를 띠며 사회의 불안정성의 산물이다. 불안정한(uncertain) 상황에서 사람들은 불안해(unsecure)진다. 그리고 이러한 심리상태는 이민의 위협을 과장하는 정치적 메시지를 받아들이기 쉽게 된다. 이 상황에서는 전혀 그럴 법하지 않음에도 불구하도 이민은 위협으로 인식된다. 위협은 기정사실화되고 단지 이 위협이 어느 정도일까, 점점 커질까라는 식의 질문만을 하게 된다는 것이다(Posen, 1993: 103, Alexseev, op.cit., p.39에서 재인용).

한국 사회의 경우에는 "이주 노동자는 에이즈 바이러스 보균자나 전염병을 확산시키는 주범이다", "외국인 노동자들에게 쉴 시간을 주면 범죄나 부정행위를 저지를 가능성이 있다", "국가의 재정부담을 가중시킨다"와 같은 생각들이 확산되어 있다. 외국인 노동자들에 대한 부정적 시각은 이들을 열등한 존재로 여기는 생각과 공존하고 있다. "외국인 노동자들은 불평이 없다. 양순하다"와 같은 생각이 그 예가 될 수 있을 것이다.

2010년 한국에서 추방된 네팔 출신 이주 노동자 가수 미누가 동료와 함께 외국인들이 한국에서 가장 많이 듣는 말들을 모아 노랫말을 만든 『Mixlanguage(섞인 말들)』이라는 제목의 노래 가사에서도 외국인에 대한 한국인들의 왜곡된 인식을 확인할 수 있다.

> 안녕하세요? 사장 팀장 공장장.
> 이거 하고 끝나고 저거 하고 두 개 끝나면 저거 해.
> 설렁설렁 하지마. 불량 만들지 마세요.
> 다 했어요? 일 다 했어? 아이고.
>
> 이리 와.
> 야 이 새끼야.
> 이것 틀렸어. 몇 개 불량이었어요?
>
> 이거 비싸. 이거 사 가지고 가. 진짜 외국 사람이 맞나? 눈이 이쁘다. 잘 생겼다.
> 피가 섞인다. 네팔 사람 맞나요? 아이 시끄러워.
> 니네 나라 이런 거 있어? 인도네시아에 달 있어? 네팔에 해 있어?
> 니네 나라는 숟가락 없냐? 한국에 얼마 동안 있었어요?
>
> 말 없어요? 쉬세요.
> 빨리 빨리! 빨리 빨리! 피 섞인다. 피 섞인다.
> 말 없어요? 쉬세요.
> 빨리 빨리! 빨리 빨리! 잘 생겼다.
> 빨리 빨리! 빨리 빨리! 빨리 빨리! 쉬세요.

강원도 홍천 거주 결혼이민자를 대상으로 한 인터뷰 결과는 한국에 온 이주민들에 대한 토착 한국인들의 인식이 극도로 과장되어 있으며 우리는 여기에서 문명과 야만의 이분법을 발견할 수 있다(김경희 · 윤태일 · 엄한진, 2008).

연구자: 그럼 사람들이 가장 관심을 가지는 문제는 뭐예요?
이주 여성 1: 첫 번째 우즈벡 춥냐고 묻고, 어떤 할머니는 거기도 집이 있나요 라고 물어보니까 …
연구자: 그런 질문 받으면 어때요?
이주 여성 1: 우리는 못사는 나라에서 와서 사니까 복 받은 것이다 … 그래서 그 할머니가 그런 질문을 하는 거 같아요.

이주 여성 2: 음식에 대해 정말 많이 물어봐요. 어떤 사람들은 라면이 있냐고도 물어봐요

이주 여성 3: 물어본 게 만약에 과일 먹잖아요? 그러면 이렇게 너네 나라도 그런 게 있어요? 와 진짜 있잖아요. 어느 정도 진짜 못사는 나라로 생각하는 거예요. 그것까지 없다고 생각하는 거요. 제가 막 화가 날라고 그래요. 우리나라 돈만 있으면 다 있어요. 솔직히 그래요. 그래서 남의 나라 무조건 이렇게 생각해요. 잘 못사는 나라 사람 왔다고, 그것도 아니오. 부자인 사람은 잘살아요. 먹고 살기에 물가가 싸니깐 당연히 월급 같은 게 조금 작지요.

2) 노동계급과 인종주의

하층 노동계급은 자신들만이 정당한 수혜자라고 생각하는 국가의 자원을 이민자들이 받는 것에 대해 강한 거부감을 가진다. 이들의 의식 속에는 근거 없는 두려움이나 경쟁심이 같은 계급으로서의 연대의식과 공존하는 것이다. 노동자들에게 이민자는 자신의 지위를 위협하

는 근본적인 불안요소로 경험된다. 노동계급은 중간계급에 비해 덜 인종주의적이다. 그러나 노동계급 중 가장 열악한 위치에 있는 사람들에게 경쟁심에서 나오는 인종주의가 생겨날 가능성이 높다. 노동계급의 인종주의에 대한 보와 피알루의 연구는 노동계급이 경제적, 사회적, 상징적 지위의 추락을 경험하며 이것이 그들에게는 매우 충격적인 것으로 받아들여진다는 사실을 보여 준다. '소수민족우대조치'(affirmative action)에 대한 노동자들의 적대감은 호황기에 가졌던 생활조건 상승의 기대감이 무너진 데 따른 현상이다. 노동계급의 인종주의 그리고 그들의 극우파 지지는 사회적 지위가 추락하는 상황에서 자신의 생존권을 지키기 위한 최후의 시도이다(Beaud & Pialoux, 1999: 404-405).

2008년 9월부터 12월까지 약 3개월에 걸쳐 인천지역 민주노총 사업장의 조합원 및 비조합원을 대상으로 진행된 아래의 설문조사 결과는 조사대상자의 지역적인 특수성을 고려해야 하겠지만 이주 노동자에 대한 한국 노동자들의 인식을 잘 보여 주고 있다. 일부 문항에 대해서는 적극적인 의사표명을 하지 않았지만 전반적으로 우호적인 태도를 보였다. 이주 노동자에 대한 거부감이 그리 크지 않았고 특히 여성의 경우에는 이주 노동자에 대해 큰 반감이 없는 것으로 나타났다(〈표 6-1〉, 〈표 6-2〉). 이주 노동자들의 임금수준이 적정한지에 대한 질문에 대해 이들이 하는 일에 비해 임금이 적다고 생각한 응답자가 많았고(〈표 6-3〉), 영주권 부여에 대해 절반이 넘는 응답자가 긍정적으로 답하였다(〈표 6-4〉). 미등록 노동자에 대한 질문의 경우에는 상대적으로 찬반 양론이 팽팽히 대립하는 것으로 나타났다(〈표 6-5〉).

〈표 6-1〉 이주 노동자와 만나거나 생활한 느낌

이주 노동자와 만나거나 생활한 느낌	응답 수
거부감이 들었다	23(15.4%)
그저 그랬다	106(71.2%)
좋았다	13(8.7%)
기타	4(2.7%)
무응답	3(2.0%)
전체	149(100%)

〈표 6-2〉 성별에 따른 이주 노동자와 만나거나 생활한 느낌

구분		이주 노동자에 대한 느낌			전체
		거부감이 들었다	그저 그랬다	좋았다	
성별	남자	23(18.4%)	90(72.0%)	12(9.6%)	125(100%)
	여자	0(0.0%)	16(94.1%)	1(5.9%)	17(100%)

〈표 6-3〉 이주 노동자 임금수준에 대한 생각

이주 노동자의 임금수준에 대해 어떻게 생각하나	응답 수
하는 일에 비해 적다	109(42.6%)
외국인이니까 적게 받는 것이 당연하다고 생각한다	8(3.1%)
한국인보다는 적지만 현지임금과 비교하면 큰돈이니까 괜찮다고 생각한다	81(31.6%)
잘 모르겠다	52(20.3%)
무응답	6(2.3%)
전체	256(100%)

〈표 6-4〉 이주 노동자에 대한 영주권 부여에 대한 생각

이주 노동자에게 영주권을 주거나 계속 살도록 하는 것에 대한 생각	응답 수
살아도 된다	137(53.5%)
살아서는 안 된다	51(19.9%)
모르겠다	59(23.0%)
무응답	9(3.5)
전체	256(100%)

〈표 6-5〉 미등록 이주 노동자 강제추방정책에 대한 생각

미등록 이주 노동자 강제추방정책에 대해 어떻게 생각하는가	응답 수
찬성한다	88(34.4%)
반대한다	106(41.4%)
모르겠다	60(23.4%)
무응답	2(0.8%)
전체	256(100%)

출처: 인천지역이주운동연대, 2009

5. 정체성 중심의 이민논의와 인종주의

1980년대 이후, 특히 9·11테러 이후 세계 이민논의의 특징 중 하나는 이민문제가 정체성 문제와 동일시되고 있다는 점이다(Bernard, 2002: 30). 서유럽과 북미에서 다문화주의 중심의 이민논의 재편은 종족적, 종교적 정체성의 부상과 맞물려 진행되었다. 이민정책의 다문화주의적 경향은 사회문제 논의에서 종족적 요인이 강조되는 사회문제의 종족화 경향 그리고 소수민족 집단의 사회운동이 보편주의적인

반인종주의운동이나 권리투쟁에서 차이와 정체성을 강조하는 특수주의적 경향으로 주도권이 넘어가는 변화를 초래했다. 물론 이러한 정체성의 부상은 소수민족의 통합이 어려워진 데 따른 것이긴 하지만 다문화주의적 성격의 이민논의나 정책 채택은 보편주의적 통합방식의 대안으로 다른 것이 아닌 정체성 중심의 통합방식이 부상하는 데 크게 기여한 게 사실이다. 이민자들의 통합문제로 어려움을 겪어 온 많은 사회들에서 이민정책의 다문화주의적 선회가 소수민족 집단 간, 소수민족집단과 주류사회 간의 정체성 투쟁의 발판으로 작용한 것이다.

서유럽의 경우 이민문제에 있어서 이슬람세계 출신자들이 중요한데 이들에게 정체성이 중요한 배경을 보면, 우선 이민자들의 사회통합과정에서 같은 국가 출신자들의 공동체가 중요한 역할을 하고, 게다가 이들에 대한 사회의 대응도 정체성 문제를 중심으로 이루어지는 점을 들 수 있다. 프랑스사회 역시 이 소수집단의 문제를 주로 문화적 차이, 특히 종교적 차이를 중심으로 논의하는 경향을 보여 왔다. 그리고 9·11테러는 이 경향에 결정적인 힘을 실어주었다. 이 사건을 계기로 모든 사건, 모든 현상에 종족적, 종교적 요인이 언급되었고 미디어를 통해 북아프리카 출신자들은 이슬람주의자 내지 잠재적인 테러리스트라는 이미지가 고착화되었다. 한편 소수민족 출신자들은 이 벗어던질 수 없는 천형을 극복하기 위한 나름의 대응을 강구하게 된다. 그런데 이렇게 정체성을 문제시하는 그리고 이렇게 해서 중요하게 된 소수종족집단의 정체성을 극단적으로 부정하는 주류사회에서 우선 선택하게 되는 대안은 끊임없는 자기부정이다. 이 주류사회에의 적응은 극단적이다. 특히 피부색, 머리모양, 어투, 의복, 수염 등 그들을 구분하는 모든 신체적 특성을 바꾸거나 은폐하는 것으로 나타난다(Sayad, 1999). 남성성과 인종주의에 대한 모스(G. Mosse)의 논의를 빌려오자면 "얼마나 많은 이들 국외자들이 (…) 자신의 육체를 개조하고 자신의 태도를 조정하여 내부자가 되려고 노력했는가?"(모스, 2004: 25) 그에 따르면 일종의 카운터 타입으로 낙인찍힌 사람들은 사회에서 제시하는 이상형을 모방하거나 지배적인 스테레오 타입에 반대하는 것으로 스스로를 규정한다. 하지만 두 경우 모두 탈출은 어렵다(ibid.: 26).

그런데 최근 이민문제와 관련해 보다 중요한 점은 소수종족집단을 낙인찍는 주류사회에 대한 저항 역시 역설적이게도 정체성을 통해, 정체성에 대한 극단적 옹호로 나타난다는 점이다. 이런 점에서 볼 때 소수민족 사회의 정체성 정치는 그래서 강요된 것, 위로부터 생성된 것이다. 다시 말해 주류사회가 그들에게 부여한 낙인을 다시 동원해 그 낙인에 저항하는 것이다. 1970년대 미국에서 그것이 "검은 것이 아름답다"(black is beautiful)였다면 서유럽에서 그것은 '재이슬람화'(re-islamization)로 나타난 것이다(Sayad, op.cit.). 유럽이민집단에서의 이슬람은 재발견된 것이다. 이들에게 유럽 사회에의 통합은 '이슬람을 동반한 통합'(L'integration avec l'islam)을 의미했다. 이민자들의 본국에서 동시대에 진행된 이슬람의 부상에 힘입은 이 정체성 정치, 특수주의적 경향은, 이주 노동자 문제를 경제적 차원에서 인식했고 동화(assimilation) 또는 통합(integration)이라는 전망을 절대적인 것으로 여기고 추구했던 1970년대 중반까지의 시기, 즉 전후 재건과 눈부신 성장의 시기(the Golden Age)와 비교해 볼 때 새로운 것이었다.

6. 마호메트 만평사태의 사례

한편 종족적 소수자들은 이민논의가 이렇게 종족적, 종교적 정체성 중심으로 전개되는 것에 우려를 나타냈다. 유럽에서 일어나 이슬람 사회들의 거센 반발을 불러일으켰던 마호메트 만평사태(2005년 12월)의 예를 보자.

1) 사건 개요

2005년 9월 30일 덴마크 보수일간지 율란트-포스텐(Jyllands-Posten)에 이슬람을 창시한 예언자 마호메트를 테러리스트로 풍자한 그림 등 12장의 만평이 게재되었다. 처음에는 덴마크 내에서만 문제가 되었다가 2005년 12월 경 중동 등 여러 지역으로 확산되었다. 이렇게 만평 문제가 세계적인 사안이 되자 2006년 1월 10일 노르웨이의 한 일간지 매거지넷(Magazinet)이 12장 그림 전체를 게재하였고 주로 언론 간 연대 차원에서 2월 1일 프랑스 일간지 프랑스 수아(France Soir) 그리고 이어서 독일(Die Welt), 스위스(Tribune de Geneve, Le Temps) 등 여러 유럽 국가들에서 신문 게재가 이어졌다. 아랍 등 이슬람국가들에서도 만평이 유럽처럼 몇몇 언론에 게재되었다. 만평사건이 세계적인 문제로 비화한 후에는 예상되었던 대로 각지에서 이슬람신자들의 격한 대응이 잇따랐고 그 과정에서 아프가니스탄 등지에서 10여 명의 사망자가 발생하였다.

"이번 사건에서 게재 당사자들이나 이들 편에 선 지식인, 언론이 주창하는 언론의 자유, 표현의 자유는 사실상 그들의 반이슬람적, 인종차별적 태도를 정당화하는 변명에 불과한 것이다"라는 것이 이 사건에 대한 대표적인 설명이다. 다시 말해 표현의 자유, 언론의 자유를 빌미로 신앙이 다른 집단, 특히 그간 강대국의 미움을 산 무슬림들을 모독한 것이라는 생각이다. 그런데 다소 의아한 것은 이슬람을 그 무엇보다도 적대시해 온 유럽과 미국의 정부들이 이 사건에 대해서는 종교적 신념에 대한 존중, 종교적 사안에 대한 언론의 신중함, 책임성을 강조하면서 아랍세계에서의 폭력적인 대응에 대한 비판보다는 만평을 게재한 서방언론들에 대한 비판에 더 치중하는 모습을 보였다는 점이다.

만평 게재를 비판하며 언론에 책임성과 분별력을 요구한 코피 아난의 논평(2월 9일)이나 “표현의 자유의 실현이기보다는 점증하는 유럽 사회의 다양성에 대한 그들의 무감각, 그들의 거부감을 표현한 것”(2006년 2월 8일자)이라는 워싱턴 포스트의 일견 진보적인 해석도 이러한 분위기를 반영하고 있다. 여론 역시 크게 다를 바 없다. 2005년 가을 프랑스 소요사태 당시 국민의 68%가 자극적인 언사와 강경대응으로 사태를 악화시킨 당시 내무장관 사르코지(N. Sarkozy)의 행동을 지지했던 프랑스의 경우, 마호메트 만평 사건의 경우에는 국민의 절반 이상이 만평을 게재한 미디어들을 비판하였다.

2) 마호메트 만평사건과 유럽 이민문제

이 사태에서 보다 직접적으로 만평과 만평이 대변하는 편견의 표적이 되었던 것은 유럽 외부의 무슬림들보다 오히려 유럽 사회 내의 무슬림들이었다. 그런데 거의 같은 시기에 발생한 프랑스의 소요사태와 마호메트 만평사건은 최근 몇 년 사이에 급격히 세를 불리고 있는 유럽의 극우세력 문제와 밀접한 연관성을 갖는다. 그것은 유럽의 경우 극우정당의 주된 자원이 반이민정서이며 대부분의 유럽 국가들에서 주된 이민집단은 이슬람권에서 온 사람들이기 때문이다. 대부분 이슬람권 출신자들과 연관된 이민문제를 핵심적인 사회문제로 부각시키는 것이 성공의 열쇠인 유럽의 극우세력에게 이번 사건은 이슬람이 문제가 되었다는 사실만으로도 세력 확장의 호기인 셈이다.

일찍이 만평이 게재되었던 노르웨이의 경우 지난 2005년 9월 총선에서 극우정당인 진보당이 22%의 득표로 제1야당이 되었는데 이번 사건에서의 노르웨이를 겨냥한 시위와 폭력은 극우주의의 기반인 반이슬람 정서를 한층 강화시키고 있다. 프랑스에서도 극우세력들은 만평 게재지인 프랑스 수아(France Soir)와의 연대를 표시하고 이번 사건을 외부 이슬람인들에 의한 자국의 표현의 자유 침해로 규정하고 있다.

그런데 2005년 프랑스 소요사태에서도 그러했듯이 유럽의 이슬람 신자들은 이슬람국가들의 신자들에 비해 매우 조심스럽고 방어적인 태도를 보였다. 그들은 이렇게 말한다. "우리는 평화를 원한다. 이슬람은 평화의 종교다. 이슬람공동체는 평화의 공동체다." 이민문제, 이슬람문제가 중요한 사회문제로 제기되는 것은 그것이 어떤 성격의 것이든 이슬람문화권 출신의 유럽인들에게는 위협적으로 받아들여진다. 사실 그들은 유럽의 주류 백인사회가 자신들을 이슬람이나 아랍으로 규정하는 것이 지니는 해악적인 효과를 너무나도 잘 알고 있다. 그들은 무슬림, 아랍인보다는 프랑스시민, 덴마크시민으로 남과 다름없이 대접받고 싶은 것이다. 그런데 시민으로 평등하게 대접해 주지 않으려는 주류사회가 그들을 아랍인, 이슬람인으로 간주하는 것이다. 여기에는 "너희들은 본질적으로 다르니까 우리와 절대 같아질 수 없다. 즉 진정한 프랑스인, 독일인이 될 수 없으며, 너희들은 다르니까 다른 대접을 하는 것이다"라는 의미가 내포되어 있다.

한편 유럽의 무슬림들을 주류사회와 구별되는 존재로 규정하는 것은 유럽 사회뿐이 아니다. 알제리, 파키스탄, 터키, 이란 등 자신들의 모국 역시 대유럽 전략에 유럽에 있는 자국동포들을 이용하려 한다. 그러나 당사자들은 자신들의 문제가 이슬람이나 아랍과 관련된 논의를 매개로 유럽-이슬람 관계에 이용되는 데 반감을 느끼고 있다. 유럽의 이슬람문화권 출신 후예들은 더 이상 유럽과 오리엔트, 중동의 갈등에 휘말리고 싶지 않은 것이다. 그리고 실제로도 이들의 대부분은 우리의 재중동포들의 경우처럼 유럽에 온 지 매우 오래되었거나 유럽에서 태어나 유럽의 문화와 사회에 익숙한 유럽인들이다.

3) 쟁점: 증오 담론의 거부인가 표현의 자유의 옹호인가

이 사건은 유럽에서 표현의 자유와 특정 종교 및 종족에 대한 증오 담론(hate discourse)에 대한 논의(Euromed, 2006)를 촉발시킨 계기가 되었다. 드레퓌스 사건에 비견할 만큼 유럽 사회를 둘로 갈라놓은 이 사건에 대한 논의의 주요 쟁점은 다음과 같다. 첫째, 표현의 자유의 남용 여부였다. 유럽에서 소수종교인 이슬람에 대한 유럽언론의 신중하지 못한 태도 특히 유대교와 관련된 사례에 대한 보도와의 형평성 차이가 제기되었다. 결국 이 사건의 주요 당사자 중 하나였던 프랑스의 경우 2007년 대법원에서 만평의 게재가 고의성 없고 표현의 자유의 한계를 넘지 않았다며 해당 언론사는 무죄판결을 받았다(http://fr.wikipedia.org/wiki/Caricatures de_Mahomet_du_journal_Jyllands-Posten). 무슬림 전체가 아닌 일부 극단적 세력을 비판하기 위한 것으로 특정 종교에 대한 모독은 아니라는 것이었다. 또 다른 주요 쟁점은 "다문화 사회에서 종족적, 문화적 차이를 어떻게 다룰 것인가?"라는 보다 근본적인 차원의 것이었다. 이 사례의 경우에는 '증오 담론'이 표현의 자유, 언론의 자유의 차원에서 용인될 수 있다는 견해와 명백하게 특정 개인이나 그룹을 해롭게 하려는 '증오 담론'은 표현의 자유와 양립 불가능하다는 견해가 맞섰다.

7. 한국 사회에서 인종의 탄생

우리에게 인종은 매우 낯선 주제이다. 물론 전근대사회에서 이미 종족을 구분하는 관행이 나타났다. 박찬승에 따르면 중국에서는 이미 『상서』 시대에 '족류'라는 말로써 종족을 구분하고 있었다. 이때 '족류(族類)'는 동족(同族, 집안), 무리 등의 뜻으로 사용되었다. 한국의 종족이 중국 종족과 다른 정체성을 가진 종족이라는 의식은 조선 초기부터 나타났다. 즉 여진족을 가리켰던 야인(野人)들이 우리와 족류가 다르다고 하여 천시되었고 왜인 역시 우리 족류가 아닌 것으로 분류되었다. 족류는 타 종족과의 경계 짓기를 통하여 자기 종족의 정체성을 확인하는 성격을 지녔던 것이다(박찬승, 2008: 82-86).

그렇지만 앞서 언급한 대로 (사이비)과학적인 논거를 근거로 한 체계적인 인종주의는 근대의 산물로서 전근대사회의 자민족중심주의나 종족 분류와는 큰 차이가 있다. 특히 지리적인 요인으로 인해 상대적으로 다양한 지역 및 종족간의 교류가 활발하지 않았고 외국인의 유입이 많지 않았던 한국 사회에서 인종에 대한 학술적인 논의는 이제 시작되고 있다고 할 수 있다. 미국, 일본 등 몇몇 나라에 국한된 한국의 협소한 대외관계도 인종논의가 활발하지 않았던 점에 기여하였다고 할 수 있다.

한국의 학계는 그동안 이 점을 소홀히 하여 예상치 못한 속도로 전개되고 있는 종족적 다원화 현상에 직면해 상당한 어려움을 겪고 있다. 홍수같이 쏟아지는 다문화 정책, 실천, 담론들도 우리 현실을 보편적인 인종의 역사 속에 자리매김하는 데 크게 기여하지 못하고 있다. 그러나 세계화와 그에 따른 다양한 지역으로부터의 이민 현상은 한국 사회에서도 인종적 질서 그리고 근대적인 의미의 체계적인 인종주의가 형성되는 계기로 작용하고 있다. 이러한 최근의 변화는 서구화의 역사 속에 자리매김할 수 있다.

근대 이후의 세계의 변화는 서구가 그 범위를 지속적으로 확장해 온 역사라고 할 수 있다. 식민화, 자본주의화로 인해 이미 서구는 서유럽을 넘어 북미, 오세아니아로 확대되었고 백인이 헤게모니를 가지고 있는 남미는 문화적 차원에서 서구의 일원이며 자본주의 중심국에 속한 일본은 경제적 차원에서 서구였다. 아시아만큼이나 서구의 일원이고자 노력해 온, 그래서 매우 서구화된 일본은 문화적으로도 상당부분 서구에 속한다고 할 수 있다. 제3세계 및 동유럽 국가의 경우에도 종속적인 형태의 자본주의화과정은 상당부분 서구화과정이었다. 탈식민화 이후, 특히 세계화와 탈냉전 이후 서구 사회로의 이민은 그간 진행되어 온 정신적 차원의 서구화에서 신체적 차원의 서구화로 완결되는 과정으로 해석할 수도 있을 것이다.

이민 현상, 종족분쟁 등 아시아의 많은 현상들은 이렇게 세계로 확장된 서구, 그런데 매우 배타적인 서구라는 관념의 영향으로 설명될 수 있다. 백인에 의한 비백인의 지배는 아시아인들 간의 지배-피지배 관계로 변형되었고 백인들에 대한 투쟁은 이제 아시아에서 지배적인 위치에 있는 일본이나 한국에 대한 투쟁으로 바뀌고 있다. 이민집단의 저항운동은 이 아시아적 반인종주의 투쟁의 선봉에 서 있다. 그런데 이러한 반인종주의의 부상은 인종주의에 대한 대응이며 이 인종주의는 인종적 관계, 즉 인종이라는 요인을 통해 집단 간 상호작용이 이루어지는 사회적 관계를 배경으로 형성되는 것이다. 이런 의미에서 아시아에서는 사회적 관계의 인종화가 나타나고 있다고 할 수 있다.

한편 인종주의와 마찬가지로 아시아적 오리엔탈리즘, 또는 오리엔탈리즘의 토착화에 대해 생각해 볼 수 있다. 그간 서구 대 비서구의 구도로 진행되어 온 오리엔탈리즘에 관한 논의를 아시아 내부에서의 관계에 적용할 필요성이 있다. 한국의 경우를 보면 과거 서구인들이 오리엔트 지역, 더 나아가 모든 비서구 사회에 대한 이미지를 만들었듯이 정부, 언론, 학자 그리고 시민사회가 결합해 이민집단에 대한 어떤 이미지를 만들어 가고 있다. 이 이미지는 원초적, 이국적인, 열등한 존재, 한국 여성들에게는 용인하는 진보적인 여성상과는 다른 봉건적인 여성상을 강요하는 것처럼 일반 사람들에 적용되는 논리와는 다른 논리가 적용되는, 그들이 속한 사회적 관계, 그들이 속한 사회의 역사적 맥락에서 유리된 존재이다.

자료 6-2. 오리엔탈리즘

오리엔탈리즘은 1312년 비엔나 교회회의(Church Council of Vienne)에서 파리, 옥스퍼드, 볼로냐, 아비뇽, 살라망카의 각 대학에 아라비아어, 그리스어, 히브리어, 시리아어에 관한 일련의 강좌를 설치한 것을 계기로 탄생하였다. 그러나 본격적인 발전은 서유럽이 오리엔트 지역과의 관계에서 힘의 우위를 확보하기 시작한 19세기 특히 1798년 나폴레옹의 이집트 정벌을 계기로 이루어졌다. 당시 서유럽에서는 '동양전염병'(epidemic of Orientalia)이라고도 할 만한 현상이 나타났고 1829년에 빅토르 위고는 이에 대해, "루이 14세의 시대에는 사람들이 그리스 애호가였으나, 이제는 모두 오리엔탈리스트이다"라고 했다(Said, 1979: 102).

사이드(E. Said)에 따르면 오리엔탈리즘은 다음과 같이 정의할 수 있다. 첫째, 오리엔탈리즘이란 '오리엔트에 대한 지식 또는 학문'으로 이 지역에 관한 보고서, 학술적인 글, 문학작품, 예술 등을 가리킨다. 오리엔트란 서유럽의 동쪽에 위치한 과거 비잔틴 제국의 땅을 의미하며 주로 중동 및 북아프리카, 남동부 유럽 일부 지역이 여기에 해당된다. 둘째 오리엔탈리즘은 '오리엔트' 또는 보다 일반적으로 '동양'과 '서양' 사이의 질적 차이가 존재한다는 인식을 기반으로 하고 있다. 셋째, 오리엔탈리즘은 오리엔트 지역을 지배하고 억압하는 것을 목적으로 만들어진 지식이다.

과거 종족별 위계질서는 미국의 인종주의를 모방한 것이었다. 인종차별에 관한 미국 미디어의 영향을 지적하면서 박경태는 미국인의 시각에 맞춰 훈련된 우리의 인종관이 놀랍게도 백인의 시각과 정확하게 일치한다는 점을 지적한다(박경태, 2007: 222-224). 기지촌 여성들도 흑인 미군을 차별했다는 증언은 한국인에 내재화된 미국의 인종주의를 보여 주는 예이다(ibid.: 221).

현재 한국 사회에서 종족별 위계질서의 기준은 출신국가의 경제수준이나 국가규모, 피부색 등 외모, 우리와의 역사적 관계 등이 있지만 일상에서 그것은 외모로 수렴된다. 재중동포, 재러동포나 일본 출신,

베트남 출신 이주민 그리고 필리핀, 태국, 캄보디아 등 우리와 외모 차이가 두드러지는 이주민 사이의 구분이 나타나는 것이다(김경희 · 윤태일 · 엄한진, 2008: 29).

이민집단에 대한 반감은 합리적인 근거에서 나오는 것이 아니다. 양극화와 같이 이민집단과는 무관한 사회문제의 해결이 어려울 때 이에 대한 분노의 대상으로 반이민주의가 갑작스럽게 등장한다. 명백한 외모의 차이가 갈수록 이해하기 어려워지는 사회문제의 원인으로 간주되는 것이다. 따라서 이민집단에 대한 합리적 인식을 추구하는 계몽 프로그램만으로는 반이민주의 대두를 예방할 수 없다. 우리 사회가 겪고 있는 사회문제에 대한 정면돌파만이 근본적인 해결책인이다. 반이민주의는 이민집단이 아니라 우리에게서 나오는 것이다. 그간 의욕적으로 추진되어 온 이주민과 한국인 간의 평등을 위한 정책과 더불어 결혼이주 여성과 이주 노동자, 서로 다른 출신국적 등 다양한 이주민 집단에 대한 균형 있는 정책, 이주민들의 경제적 측면과 문화적 측면에 대한 균형 있는 관심이 요구된다.

한편 인종문제에 대해 적절히 대응하기 위해서는 '인종' 개념 자체의 해체가 필요하다. 모두드(Modood, 2006)에 따르면 인종이라는 범주는 백인 인종주의자들의 믿음일 뿐이다. 따라서 '인종'의 존재를 전제로 한, 차별과 불평등이 인종에 따른 것이라는 사고에 바탕을 두고 '인종간 평등'(the equality of races)을 주창하는 사람들은 백인 인종주의자의 전략에 기여하는 것이라고 지적한다. 그러면서 인종담론을 종족담론으로 대체하기를 제안한다. 인종의 존재를 전제하는 인종담론은 백인에게나 유색인종에게나 이 '인종'을 순수하게 지켜야 한다는 믿음을 낳을 수밖에 없다는 것이다.

제7장 이민과 종교

"우리는 물론 우리 자신의 개인적이고 매우 인간적인 이유로 여기에 왔다. 더 나은 교육, 경제적으로 더 나은 삶, 더 많은 성공의 기회들을 위해서 온 것이다. 그러나 지금 우리는 우리 스스로만으로는 통제할 수 없는 상황이 있다는 것을 알게 되었다. 험난한 조건에서, 이방인으로 살고 있는 우리 자신을 발견하게 되는 것이다. 그리고는 우리 존재 밑바닥에서 피할 수 없는 질문이 일어난다: 이방인으로서의 우리의 지위가 가지는 영적인 의미는 무엇인가?"(Sang Hyun Lee(1980), p.396 quoted in Hurth and Kim 1984: 134).

위 인용문은 한 한국계 미국인이 한 말이다. 종교적 신념이나 종교적 실천은 이주 초기 적응에 어려움을 겪는 이민자들에게 자신이 누구인지, 자신의 삶의 의미는 무엇인지와 같은 정체성 문제에 해답을 제시하고 실제적으로 생활의 보호막으로서의 역할을 한다. 이 장에서는 이민과 관련된 핵심적인 측면인 이민과 종교의 관계에 대한 이론과 한국의 현실 그리고 이 주제와 관련된 대표적인 사례인 히잡 사건을 검토한다.

1. 주류사회와의 관계

이민과 종교의 관계에 대해 일반적으로 가장 먼저 떠올릴 수 있는 것은 외국생활에 적응하는 데 종교단체가 매우 중요한 역할을 한다는 점일 것이다. 종교는 국제이주민들에게 최후의 보루이자 매우 효과적인 적응의 수단이다. 허버그(Herberg, 1960: 12)는 새로운 곳에서 이민자들은 "나는 누구인가?(Who am I?)"라는 존재론적 질문에 직면하게 된다고 말했다. 새로운 사회적 조건에서 이민자들은 자신의 종교적 신념을 재확인함으로써 삶의 의미와 자신의 정체성을 찾으려 한다는 것이다. 고정된 것으로서 확실성을 주는 종교는 자기 삶의 많은 부분이 변형을 겪는 상황에서 자신의 최후의 의지처가 되는 것이다. 종교적 가치는 또한 주류사회에의 적응과정에서 세대간 의무, 성적 위계질서, 가족문화 등 다른 전통적인 믿음이나 실천을 유지해 나갈 수 있게 해 주는 역할을 하기도 한다(Portes and DeWind, 2007: 396). 국제이주민들의 종교가 서구의 민주주의 체제 및 다수 종교와 공존할 수 있는지에 대한 논의 역시 이민과 종교의 관계에서 최근 많이 거론되고 있는 주제이다. 유럽 무슬림 여성의 히잡 착용 문제가 그 대표적인 사례일 것이다.

문화접변(acculturation)의 측면에서 이민과 종교의 관계를 설명할 수도 있다. 이주민집단의 종교는 모국에서 그 종교가 지녔던 교리적, 조직적 특성과는 다른 양상을 보이게 된다. 에보흐(Helen Rose Ebaugh)는 이주민집단의 종교가 모국에서 그 종교가 지녔던 조직형태와 무관하게 공히 회중교회주의(congregationalism)의 성격을 띠게 된다고 설명한다. 특히 아시아 이민들에게서 이러한 현상이 전형적으로 나타난다는 것이다. 회중교회주의의 특징은 신자명부의 중요성, 신자들에 의한 평신도 행정기구 구성, 신자 대중에 의한 성직자 선택, 지역 교회 스스로에 의한 재정문제 해결 등이다. 이와 반대로 이민은 이민을 받아들이는 나라의 종교에 영향을 미치기도 한다. 종교지형의 다원화와 종교간 혼합(syncretism)의 경향이 나타난다. 예를 들어 1965년 이민법의 변화에 따라 나타난 '새로운 이민'은 미국 사회의 종교적 다원성을 심화시켰고 미국 기독교의 탈유럽화 현상을 가져왔다(Ebaugh, 2003: 225-239).

한편 인종주의 현상에서도 이민과 종교는 밀접한 관계를 맺는다. 먼저 1930년대 독일 나치즘이나 현대 유럽 사회의 극우세력과 같은 인종주의의 대표적인 사례에서 그 주된 대상은 오래된 종족적 소수자들이나 또는 상대적으로 최근에 이민을 온 사람들이었다. 그런데 이민에 대한 인종주의자들의 공격에 있어서 주된 소재 중 하나는 바로 종교였다. 서구 사회의 경우 근대에 형성된 반유대주의와 반이슬람주의가 대표적인 사례이다.

2. 이민과 종교성의 변화

이민과 종교의 관계에 관한 원론적인 쟁점 중 하나는 이민이 개인 및 집단의 종교성을 약화시키는가 하는 점일 것이다. 이 쟁점에 대해서는 상반된 두 가지 시각이 있을 수 있다. 지배적인 인식은 시간이 경과함에 따라 고유의 문화와 종교가 약화되고 주류사회의 가치를 흡수하게 된다는 동화론적 시각이었다. 특히 외국에서 태어난 이민 2세의 경우 부모가 가지고 있던 종교성과 민족성이 약화된다는 것이다.

예를 들어 고든(Milton Myron Gordon)이 제시한 동화의 단계론에 따르면, 다른 고유의 문화와 달리 종교는 쉽게 변하지 않지만 이민을 받아들이는 발전된 나라의 세속적인 가치를 수용하게 되면서 그 중요성이 하락한다(1장 p.55 참조).

이와 달리 이민이라는 상황에서 종교가 여전히 중요하다거나 또는 그 비중이 더 커진다는 설명도 있다. 미국의 경우 특히 20세기 전반까지의 유럽 출신 이주민들에게 교회는 가족과 함께 이들의 일상생활과 가치관에서 중요한 비중을 차지했다. 그러다가 1960년대 중반 이후 비유럽, 특히 아시아와 라틴아메리카 등 출신지역이 다양해진 '새로운 이민'의 경우에는 시민사회의 다양한 공간들과 사회적 연결망이 이전 세대보다 더 중요해졌다. 그러나 이들에게도 종교는 여전히 중요했는데, 근본주의 경향의 교회를 중심으로 종교의 부활을 경험한 이 시기 미국 사회의 종교적 맥락도 이러한 양상에 기여했다고 할 수 있다. 종교는 이주민들이 미국 사회에서 정체성을 형성하고 사회적 유대를 확보하는 데 핵심적인 역할을 한 것이다(Menjívar, 2003: 22).

동화론이나 세속화론에 배치되는 이러한 현상의 원인에 대해 미국의 역사학자 스미스(Timothy Lawrence Smith)는 이민을 떠나게 된 배경과 과정, 새로운 사회에 정착하는 과정 등 이민 자체가 종교적이게 하는 경험("theologizing" experience)이기 때문이라고 설명한다. 종교는 뿌리를 잃고 소외와 혼동에 직면한 이주민들에게 윤리적 토대와 미래의 전망을 제시해 주는 역할을 한다는 것이다(Smith, 1978: 1175). 이러한 심리적 위안과 더불어 종교는 교회라는 공간을 통해 낯선 땅의 정착에 필요한 요소들을 제공한다. 교회는 의료, 주거, 교육, 상담, 재정 등 이주민들의 삶의 전 영역에 걸쳐 지원을 제공한다. 사실 이주민들의 주류사회 통합에 종교가 수행하는 긍정적인 역할에 대해서는 이미 충분히 지적된 바 있다. 이주민집단에서 종교조직은 모국에서의 종교적, 문화적 특성을 보존하는 동시에 새로운 사회에의 적응을 도와주는 이중적 기능을 수행하는 것이다.

한편 이상의 논의와는 다른 맥락에서 헌팅턴(Samuel Huntington)의 문명론은 동화가 불가능하며 그 배경에 종교가 있음을 주장한다. 비서구인들의 문화, 특히 그 핵심이라고 그가 간주하는 종교가 서구 사회에의 적응에 절대적인 장애물로 작용한다는 것이다. 그는 고든과 달리 비서구인들이 자국이나 외국에서 자신들의 기존 문화나 가치를 변화시키고 새로운 가치를 수용하는 것은 매우 힘들다고 주장한다. 이데올로기나 경제와 달리 문화는 변화하기 어렵다는 것이다(Huntington, 1993: 22-49).

3. 이주민 사회운동과 종교

전통적으로 종교는 사회운동의 중요한 자원이었다. 한국의 민주화운동, 남미의 해방신학의 사례가 잘 보여 주듯이 정치적으로 억압적인 상황에서 종교는 이주민들의 사회운동 및 집합행동에서 중요한 역할을 한다. 종교의 다양한 구성요소들이 해당 집단의 집합적인 시도들에 있어서 자원의 역할을 하는 것이다. 특히 종교조직에서의 일상적인 접촉이 집단적인 실천의 계기가 된다. 대표적인 예로 1960년대 미국의 흑인민권운동에서 '흑인교회'(Black Church)는 핵심적인 공간으로 기능했다. 찬송가가 운동가로, 설교가 정치연설로 바뀌었던 것이다. 민권운동 이후에도 교회의 정치적 중요성은 지속되었다. 종족적 특성이 다른 미국의 4개 도시에 대한 비교연구를 통해 흑인 이주민사회의 사회운동에서 종교의 역할을 다룬 연구에서 패티요-맥코이(Mary Pattillo-McCoy)는 미국의 경우 '흑인교회'라는 개념이 특정 교단을 넘어선 차원의 개념임을 주장한다. 흑인교회는 흑인사회의 주축이 되는 기관으로 학교, 은행, 자원봉사단체, 정치조직, 공동의 장, 정신적 기반의 역할을 수행해 왔다는 것이다(Pattillo-McCoy, 1998).

종족성 역시 합리화와 세속화로 인해 쇠퇴할 것이라는 기존 이론들의 예상과 달리 현대사회의 중요한 요인들 중 하나가 되었다. 이주민사회 역시 예외가 아니다. 캐슬스와 데이비드슨(Stephen Castles & Alastair Davidson)은 종족성에 토대를 둔 이주민집단의 정치적 동원을 다음과 같은 몇 가지 유형들로 구분한다(Castles & Davidson, 2000).

① 고국정치(Homeland Politics)

이민 초기단계에는 귀환에 대한 기대와 미약한 정치적 권리가 결합되어 이민 수용국의 사회적 이슈보다는 출신국가의 정치에 더 관심을 가진다. 프랑스로부터의 독립을 위해 투쟁했던 알제리 민족해방전선(National Liberation Front, NLF)의 프랑스 지부인 재유럽알제리인단체(Amicale des Algériens en Europe, AAE)는 프랑스 등 유럽의 알제리 노동자 사회를 대표하는 단체였다. 그런가 하면 본국의 변화를 위해 결집한 경우도 많았다. 1960~70년대 서유럽 이주민사회에서 그리스, 스페인, 포르투갈 등 남유럽에 속한 본국의 민주화를 위해 노력했던 단체들이 그 예이다.

② 노동운동에서의 국제이주민들

배제시키는 측면이 없진 않지만 대부분의 노조들은 이주민들을 조직하는 것을 중요하게 생각하였다. 그래서 노조 내에 이주민들과 관련된 부서를 두고 언어문제에 대한 대응방안도 모색되었다. 독일의 금속노조 'IG메탈'의 경우, 이주 노동자들을 대상으로 하는 직원, 신문, 언어 부서가 있었다. 이주 노동자들은 본국의 문화로 인해 근대적인 노조문화에 적응하지 못하는 측면이 있는가 하면, 토박이 노동자들에 비해 더 전투적이기도 했다. 토박이 노동자들과 이주 노동자들 간의 만남은 두 문화간의 만남에서의 문화접변과 유사한 변화를 낳았다.

③ 인종주의 운동(Racist Movements)

이민 현상과 소수민족의 권리에 반대하는 운동이 거의 모든 지역에서 발생하였다. 종족적으로 소수자들에 의한 운동은 아니지만, 이 역시 문화적 다양성이 심화됨에 따라 나타나는 정치 현상이다. 이러한 운동에는 정당을 대상으로 하여 이민에 억압적인 정책을 요구하는 로비활동, 프랑스의 국민전선(Front National), 독일의 공화당(Republikaner)이나 독일국민연합(Deutsche Volksunion), 또는 오스트리아의 한민족당(One Nation Party)과 같은 반이민 정당, 미국의 KKK단이나 유럽의 신나치 단체와 같이 폭력성을 띠는 극단주의 세력이 있다. 그러나 이 운동의 토대를 이루는 인종주의는 사실은 이민이라는 요인과는 무관하며, 오히려 이 운동은 주류사회의 위기에 직면해 주류사회의 정체성을 강화시키려는 일종의 '정체성 운동'(identity movement) 성격이 짙다.

④ 반인종주의 운동(Anti-racist movements)

대부분의 경우에서 인종주의 운동은 이에 대응하는 반인종주의 운동을 낳았다. 유럽에서는 1980년대 이래 양 진영 간의 충돌이 주기적으로 있어 왔다. 반인종주의 운동에는 노조, 교회, 좌파 정당 및 단체 등 다양한 집단이 참여했다. 특히 반인종주의는 좌파의 주요 담론 중 하나가 되었다. 물론 좌파와 반인종주의의 관계가 모든 시대에 우호적인 것은 아니었다. 1950년대 호주의 경우처럼 노조와 좌파정당이 백인 노동계급을 보호하기 위해 원주민과 유색인종을 배척하기도 했다.

⑤ 정체성 운동(Identity Movements)

인종주의 운동이 '가난한 백인들'의 정체성 운동의 성격을 띠는 경우가 있듯이 분리독립 운동도 유사한 성격을 지닌다. 사회적, 경제적 배제와 인종차별을 경험하는 소수집단은 동등한 참여에 대한 희망을 포기하고 고립적으로 자신의 정체성을 재구성하려고 시도할 수 있기 때문이다. 1970년대 영국에서 카리브해 지역 출신 청년들이 레게음악 등 전통문화를 복원시킨 라스타파리아주의(Rastafarianism)를 만들어 낸 것, 그리스와 이탈리아 출신 이주민들의 종족단체들이 이민을 떠나기 전 그들이 가지고 있던 문화와 정체성을 부활시키려 한 시도 등이 그 사례이다. 고유의 정체성에 의존하는 현상은 주류사회가 약속한 보편주의적 권리와 사회참여가 어려워진 데 대한 대응의 측면이 강하다. 카스토리아노(Riva Kastoryano)는 프랑스의 북아프리카 출신 청년들이나 독일의 터키 출신 청년들이 이슬람 단체에 가입하는 경향을 세속적인 조직들을 통한 정치참여가 실패함에 따른 것으로 설명한다 (Kastoryano, 1996).

⑥ 사회참여를 위한 동원

이는 평등, 자유, 민주주의, 평화 등 보편주의적인 이념에 기반을 둔 주류사회 사회운동의 일원이 되는 것이다. 프랑스의 북아프리카 출신 이주민 사회운동의 경험은 이를 잘 보여 준다. 1980년대 초 미테랑 정권의 등장에 힘입어 북아프리카 아랍인 또는 북아프리카 아랍계 프랑스 국적 소유자들의 사회운동(le mouvement des Beurs)이 대두되었는데, 당시 이 운동은 인종차별에 반대하고 평등을 주창하는 보편주의적 운동의 성격을 띠었다. 한편 이후 이민 2세의 사회운동은 보편주의와 특수주의라는 두 경향으로 분화되었는데, 시기적인 면에서 후자가 전자를 계승, 대체하는 양상으로 전개되었다(Jazouli, 1995).

한편 근대적인 사회운동에 전통적인 종교적, 종족적 정체성이 주요한 자원으로 활용되는 일견 역설적인 현상은 다음과 같이 설명될 수 있다. 첫째, 공유된 집단 정체성이 사회운동의 자원으로 활용된다. 둘째, 정체성적 표현은 전통적인 정치적, 문화적 목표를 달성하기 위한 정치전략으로 사용되는 것일 뿐이다. 셋째, 이전까지 낙인을 받아온 정체성(흑인, 이슬람, 아랍 등)의 인정 자체가 사회운동의 목표일 수 있다.

4. 종교인가, 종족인가?

1) 종교와 종족의 관계

전통적으로 종교와 종족성의 밀접한 연관성이 강조되어 왔다. 폴란드와 가톨릭, 이탈리아와 가톨릭, 아랍의 이슬람이 대표적인 사례일 것이다. 역사, 특히 현대사를 보면 반드시 그렇지 않음에도 불구하고 유대인의 경우는 특히 종교와 종족이 태생적으로 분리 불가능한 것으로 인식되어왔다. 또한 웨일즈 지역이나 티베트 지역은 종교가 종족적 정체성을 견고하게 하는 데 있어서 중요한 역할을 수행한다는 것을 보여 주는 대표적인 사례이다.

종교와 종족의 밀접한 관계는 이주민집단에게서도 확인된다. 윌리엄스(Raymond Brady Williams)는 인도인 디아스포라의 사례를 통해 종족적 정체성의 형성과정에서 종교의 특정 측면이 선별적으로 동원됨을 밝혀냈다(Williams, 1988). 미국의 한인들에 관한 한 연구는 종족집단이 이민지에서 사회적 배제를 강하게 경험할 경우 교회가 소속감과 정체성의 자원으로 기능한다는 점을 밝혔다. 즉 교회가 종족적 정체성의 형성에 중요한 역할을 하는 것이다. 이 과정에서 주류사회는 이주민들의 출신국가의 종교 및 문화에 대한 선별적인 그리고 극도로 단순화된 표상을 생산하며, 해당 집단 역시 이 주류사회가 만들어 내는 스테레오 타입을 받아들여 자신들의 정체성을 재구성하는 데 동원하게 된다(Chong, 1998).

두 요소 간의 연관성에 대한 확인을 넘어서 이 두 요소 중 어느 것이 우선적인가에 대한 논의도 가능하다. 루카스(Henry Lucas)는 네덜란드 개혁교회의 사례를 통해 이 집단을 묶어주는 요인이 종족성이나 민족주의보다 종교임을 주장하였다. 또한 주류사회에의 적응과정이 종교와 종족성이라는 정체성의 두 가지 핵심적 구성요소에 차별적으로 작용한다는 점이 지적되었다. 일반적으로 이주민들은 이민생활을 통해 종교 이외의 종족적 특성을 상당부분 포기하게 된다. 이에 따라 종교적 정체성이 종족적 정체성을 대체하여 종교가 모국에서보다 더 중요한 의미를 지니게 된다(Lucas, 1955). 허버그(Will Herberg)는 미국에서 이민 2세, 3세의 경우 부모의 언어나 종족적 전통은 버리지만 종교는 유지함으로써 부모 세대와의 문화적 연속성을 유지한다는 점을 지적하였다(Herberg, 1983, 김우선, 2009: 58-59에서 재인용).

종교가 종족성을 재생산하는 기제는 다음과 같다. 첫째, 종교조직에서 모국어가 사용되고, 둘째, 해당 집단 고유의 종교 공간 및 종교적 상징을 모국의 재료 및 전문가를 수입해서 건축하게 하는 등 유형의 자산들을 계승하여 모국처럼 느끼게 하며, 셋째, 종교조직이 인생의 중대사를 주관하고, 넷째, 종교 축일을 기리는 행사를 모국에서와 같은 방식으로 진행하며, 마지막으로, 전통음식을 제공하고 함께 전통음식을 먹는 등 해당 종족의 세속적 풍습을 보존한다.

물론 이러한 요인들은 종교 일반의 특징이기도 하다. 근대 민족국가가 형성되는 과정에서 종교는 한편으로는 교회나 종교적 세계관이 수행해 오던 전통적인 역할이 급격히 약화되었지만, 다른 한편으로는 근대 민족의 구성요소에서 중요한 부분을 감당했던 것이다. 이 민족국가의 형성과정은 기존 절대주의 국가기구의 민족화, 민족경제의 형성과 더불어 문화, 특히 종교가 민족국가와 결합하는 것이었다. 즉 보편주의적이며 동시에 지역적 차원에서 존재해 왔던 종교가 이제 민족국가라는 정치적 틀에 조응하고 이에 규정되는 양상을 보여 주었다(Arendt, 1982: 183). 에르비유-레제르(Danielle Hervieu-Léger)가 지적하듯이 민족적 정체성의 형성에 종교적 요소가 동원되는 것은 종족성과 종교의 선택적 친화성이라는 보다 근본적인 요인에 기인한다. "종족성과 종교적인 것을 결합시키는 힘은 둘 다 대대로 살아온 삶의 터전인 땅과 혈통을 근거로 절대시된 계보를 중시하며, 신화에 기초한 계보를 근거로 사회적 유대를 창출하는 공통점이 있기 때문이다. 우리는 이러한 두 유형의 전형적인 계보 중심 체계가 상호 밀접한 연관성을 지니거나 융합하는 것을 잘 알고 있다. 우리는 오래전부터 정체성의 형성이나 부활이 동시에 종족적 차원과 종교적 차원을 지닐 때 그 과정이 강화됨을 보아왔다. 그 이념형적 사례가 유대인과 아르메니아인들의 경우이다(Hervieu-Léger, 1993: 228-229).”

종교와 종족의 관계에서 또 다른 측면은 이주민들이 본국과 맺는 관계인데, 세계화는 이 관계를 보다 강화시키는 데 기여하였다. 세계화 시대의 특징 중 하나인 교통통신의 발달은 이주민들이 모국과의 관계를 유지할 수 있게 하는 물리적인 조건을 창출했다. 물론 과거에도 다양한 방식으로 본국과 관계를 맺었다. 식민지 시대에 이주민사회는 민족주의와 독립운동의 거점이 되었고, 식민지 독립 이후에도 민주화나 경제발전에 큰 역할을 했다. 역으로 모국의 정부는 이들을 자신들의 정권유지에 동원하기도 하였다. 이렇게 모국과의 관계가 전혀 새로운 것은 아니지만 기술적인 진보는 이주민들을 명실상부하게 두 사회에 속한 초국적 존재로 만들었다. 재외동포 참정권문제나 이중국적문제는 바로 이러한 초국적 상황의 산물인 것이다. 이주민집단의 종교 역시 세계화가 낳은 초국적 상황의 영향을 받게 되었다. 모국의 정부나 교회와 밀접한 연관을 맺게 된 것이다.

2) 세계화와 정체성 정치

세계 모든 지역의 개방과 소통을 추구하는 세계화 시대에 우리는 정체성의 부상, 특히 종교적, 종족적 정체성의 격화를 목격하고 있다. 정체성을 정의하는 방식은 다양할 수 있는데 그중 하나는 개인이나 집단이 무언가에 자신을 동일시(identify)하는 것이다. 이때 동일시하는, 즉 소속감을 느끼고 운명을 함께하거나 의존하는 대상은 주로 친족, 종족, 종교, 국가이다. 근대에 들어서 종교적, 민족적, 국민적 정체성은 급격한 사회변동과정에서 위기의 극복과 도약의 동력으로 작용하였다. 사회변동에 대한 대응의 일환으로서의 측면으로 인해 이 정체성의 부상은 많은 경우 정치적 성격의 종교운동, 민족해방운동, 극우주의 등 정치사회운동의 형태로 나타난다.

이러한 '정체성 운동'은 1970, 80년대 이래 서구를 포함해 세계 각지에서 급속도로 성장하였는데 유럽에서의 인종주의와 극우파의 부상, 동유럽, 서유럽, 아시아, 아프리카 등 세계 각지에서 분출하고 있는 민족분리운동과 소수민족의 자치운동, 구소련과 동유럽의 종족적·종교적 민족주의, 이슬람근본주의, 유대근본주의, 힌두근본주의, 남·북미, 한국, 필리핀 등 아시아, 동유럽 그리고 아프리카의 많은 지역에 세력을 확장해 가는 근본주의적 성격의 다양한 개신교 종교운동 등 다양한 양태를 띠고 있다.

그런데 이 현상에 대해 우리는 이것이 현대적 현상, 예를 들어 세속화 또는 세계화의 산물인가, 아니면 초역사적인 종교간, 종족간 증오 그리고 과거의 갈등과 전쟁의 유산인가라는 질문을 던지게 된다. 이 질문에 답하기 위해서는 다양한 요인을 거론해야 하겠지만 세계화와의 연관성은 부정할 수 없는 중요한 요인일 것이다. 탈냉전 이후 전면화된 단일한 세계시장 형성의 부산물이라는 설명이 그 대표적인 예일 것이다. 경제적, 문화적 세계화가 개별 사회의 전통적인 삶의 양식을 해체시키는 데 대한 저항이라는 것이다. 정체성 운동 중 하나인 극우주의 운동 자체의 설명에서도 유사한 설명방식을 확인할 수 있다. 세계화란 "민족과 민족정체성을 파괴함으로써 지구를 완전히 지배하기 위해 정보와 교환의 세계화라는 경제 현상을 이용하는, 기괴한 전체주의적 유토피아"라는 프랑스 국민전선의 주장이나 다국적 기업, 국제기구, 국제화된 새로운 계급을 비판하는 미국 극우주의자들의 논리가 이를 잘 보여 준다.

사회학자 마뉴엘 카스텔(Castells, 2000)의 다음과 같은 설명도 유사한 인식에서 비롯된 것이다. 자본주의가 부르주아지와 프롤레타리아트를, 제국주의 시대가 총독과 식민지 백성이라는 전형을 창조했듯이 네트워크 사회도 그에 고유한 형상들을 만들어 내고 있다. 한쪽에 글로벌 금융 전문가, 글로벌 유목민으로서의 전문직 종사자, 글로벌 사회운동가가 있는가 하면 다른 쪽에는 글로벌 네트워크의 부산물인 실업자와 경제난민 그리고 이 세계질서에 대한 거부를 상징하는 테러리스트들이 있다. 이렇게 세계는 글로벌 네트워크에 접속한 집단들과 그럴 기회를 갖지 못한 집단들로 양분되고 있다.

금융네트워크의 힘을 여실히 보여 준 금융위기와 구조조정, 경제의 세계화는 지구상의 수많은 사람들을 가족, 직장공동체, 국가, 지역공동체와 같은 전통적인 보호장치들에서 '자유'롭게 하였다. 맑스가 얘기한 봉건적인 굴레로부터 자유로워진 프롤레타리아는 근대적인 굴레에 다시 메이게 되었지만 근대적인 굴레에서 자유로워진 이 시대의 프롤레타리아를 받아줄 곳은 아직 마련되어 있지 않다.

팔레스타인이나 미국-멕시코 국경에 건설되고 있는 분리장벽이 상징적으로 보여 주듯이 이 배제된 자들에 대한 장벽은 더욱 높아만 가고 있다. 그런데 사회의 지배적인 사고는 이렇게 자유롭지 못한 다수의 객관적 현실과 괴리되어 있다. 수시로 우리는 성공신화와 글로벌 커리어를 듣고, 박지성과 한비야를 꿈꾼다. 아프리카나 동남아시아에 사는 사람들은 인터넷과 위성안테나로 유럽과 미국에 접속되어 있다. 그리고 자신들도 영상으로 전해지는 낙원의 일원으로 간주하게 된다.

다문화주의와 정체성 정치의 관계는 이중적이다. 한편으로 다문화주의는 소수집단에 의한 정체성 정치의 활성화에 기여한다. 정체성 정치가 출신 종족 및 종교의 문화를 자신들이 당면한 문제의 해결이나 자신들의 삶의 의미를 찾는 데 적극적으로 활용한다는 점에서 종족 집단 고유의 문화를 중시하는 다문화주의와 친화성을 갖는다. 그러나 다른 한편으로는 종족적 다수집단이 자신들의 문화를 수호하려는 정체성 정치는 오히려 다문화 상황 및 다문화주의에 대한 반발이기도 하다. 특히 유럽의 극우세력은 질서, 위계, 전통을 요구하며 기존 이민정책이 다문화상황을 심화시키고 이민집단에 관용적이라며 비판한다(Perrineau, 2004).

5. 한국 이주민사회의 종교

1) 종교의 중요성

한국의 경우에는 노동이민이 본격적으로 들어오기 시작한 것이 고작 20여 년밖에 되지 않고, 이들의 체류조건도 매우 불안정하고 열악하다. 이로 인해 한국 내 이주민사회에서의 종교의 역사가 매우 짧아 위에서 언급한 많은 주제들이 제기될 수 있는 조건을 갖추지 못하고 있다. 그러나 이러한 구조적 한계에도 불구하고 한국 거주 이주민들에게 종교는 매우 중요한 삶의 요소이다. '뉴커머'들에게 사찰, 성당, 교회, 모스크와 같은 종교기관은 단지 종교적인 차원을 넘어서 이들의 삶 전반에 걸쳐 실질적인 도움을 받을 수 있는 가장 중요한, 경우에 따라서는 유일한 존재인 것이다.

게다가 이들이 세계화 시대의 '새로운 이민'(new immigrants)에 속한다는 점도 종교의 비중을 크게 만드는 요인이다. 한국으로의 이민 역시 중국이나 일본 출신을 제외하고는 대부분 역사적 연관성이 없는 우연적인 이민이다. 한국 사회와 역사적, 사회적, 정치적, 언어적, 문화적 연관성이 미약한 탓에 적어도 초기에는 종교에 대한 의존도가 더욱 클 수 있는 것이다.

실제 종교는 이주민 지원단체를 중심으로 한 한국인들의 지원과 더

불어 이주민들이 열악한 조건에서도 버틸 수 있게 하는 주된 요인이다. 이주민 공동체의 경우도 많은 부분 종교기관이나 이주민지원기관의 지원에 의존하고 있다. 이주민 지원단체나 이주민 대상 활동을 펴는 종교단체는 출신국가별 공동체 지원활동을 펴고 있으며, 단체 내부에 국가별 공동체가 결성되어 있는 경우가 많다. 예를 들어 이주 노동자들이 밀집해 있는 안산 원곡동의 경우 안산이주민센터와 같은 지원단체나 외국인주민센터 등이 핵심적인 역할을 하고 있다. 부천외국인노동자의집의 경우에도 미얀마, 방글라데시, 스리랑카, 중국, 필리핀, 캄보디아 공동체가 존재한다.[12)]

특히 공동체 현상은 이주민 종교생활의 대표적인 양상이다. 그런데 한국에서 이주민 공동체의 형성과정에는 거주지, 직장, 출신국가 등 종교 이외의 요인들도 크게 작용하고 있다. 그중에서도 종교와 종족 및 출신국가는 서로 경쟁하기도 하고 중첩되기도 하는 이주민 공동체의 중요한 구성요소이다.

한국의 사례에 대한 기존 연구에서도 이주민 공동체 현상에서 종교와 종족의 연관성을 발견할 수 있다. 외국인들이 밀집되어 있는 안산 지역 필리핀인들의 경우, 일요일 오후 원곡동성당은 종교적인 공간을 넘어서 이주민 공동체 형성의 구심적 역할을 한다. 이주민들은 결혼, 직장 등의 이유로 집을 옮기게 되더라도 원곡동성당 주변을 떠나지 않으려 한다. 매주 일요일에는 700~1,000명의 필리핀인들이 성당에 모여 미사를 드린 후 근처의 식당에서 식사를 하거나 술을 마신 후 저녁 때 거주지로 되돌아간다(박세훈 외, 2009: 90). 대구 지역의 사례에 대한 연구도 종교가 공동체 형성의 계기로 작용함을 잘 보여 준다. 필리핀인들이 매주 일요일 가톨릭 근로자회관에서 미사를 지내는 것이나, 인도네시아인들과 파키스탄인들이 매주 금요일 오후 이슬람성

---

12) 부천외국인노동자의집 홈페이지(http://www.bmwh.or.kr/board/view.php?&bbs_id=main2_board3&doc_num=32&ss[fc]=, 2010년 5월 5일 검색).

원에서 합동예배를 보는 것은 이러한 측면을 잘 보여 준다. 이들은 종교 의례가 끝나면 주변에서 담소를 나누거나 대형할인점에서 쇼핑을 하는 등 여가활동을 하는 경우가 많으며, 이런 과정을 통해 자연스럽게 언어가 통하는 같은 국가 출신자들과 커뮤니티가 형성되는 것이다. 이슬람신자들은 다른 곳에서는 구입할 수 없는 이슬람 식품(할랄)을 구입하기 위해 이슬람 성원에 모이며, 가톨릭 근로자회관 주위에는 자연스럽게 필리핀 상품을 판매하는 시장이 형성되는 것이다(조현미, 2006: 546). 인도네시아 공동체의 사례도 이 점을 잘 보여 준다. 허창수는 인도네시아인들이 본국에서 가지고 있던 문화를 지키기 위해 종교 중심으로 한 공동체를 발전시킨다고 설명한다(허창수, 2008: 96).

자료 7-1. 한국의 중국 동포 마을

'마을'을 이루는 외국인 중 가장 인구가 많은 집단은 중국 동포이다. 이들은 2008년 현재 서울에 공식 등록된 수만 169,358명이 거주한다. 이는 한국 전체 거주 중국 동포 인구의 약 49%에 해당한다(전체 중국 동포 인구 349,356명). 이 중 25,398명이 구로구에, 32,049명이 인접 영등포구에 거주하며 중국 동포 집중거주지역을 형성한다. 특히, 구로동과 가리봉동 일대에 약 5만 7천여 명이 거주하며 가리봉시장 인근 약 500m에 이르는 골목에 '옌볜 거리'를 형성한다. 더욱이 약 10~20% 정도의 인구를 불법체류자 신분으로 추정하면 서울 내 최대 단일 외국인 거주지역이라 볼 수 있다. 결혼이주민의 분포 역시 중국 동포 전체의 거주분포와 유사한 양상을 보여서, 주거지역과 각종 사회활동의 범주가 분리되지 않음을 보여 준다. 이 지역은 지하철 7호선과 1호선, 2호선이 통과하는 교통상의 편리함과 과거 '가리봉동 쪽방촌'으로 불릴 정도의 값싼 주거비 그리고 구로·가산 디지털단지 내 영세 기계공장들이 밀집하여 일자리를 구하기 쉽다는 이점들이 결합하여 인접 영등포구 대림동과 함께 중국 동포의 최대 거주지를 형성한다. 입국동기 및 인구구조의 특성상 학령기 인구는 극소수이며, 이에 따른 교육 편의시설 또한 전무하고, 서울 조선족 교회 등 중국 동포 교회가 세 군데 있기는 하나 종교적 특성보다는 인권문제와 관련한 지원서비스와 지역공동체로서의 소통의 장으로 활용된다(김은미 · 양옥경 · 이해영, 2009: 68-70).

2) 이주민의 종교별 분포

한국 거주 외국인들의 출신국가 중 이주 노동자와 결혼이민자를 많이 보내는 국가들을 종교적 측면에서 보면 주요 종교가 이슬람인 국가는 인도네시아, 우즈베키스탄, 방글라데시, 파키스탄, 가톨릭인 국가는 필리핀, 불교인 국가는 태국, 스리랑카, 캄보디아, 미얀마, 힌두교인 국가는 네팔, 인도이다(〈표 7-1〉 참조). 실제 이 장에서 살펴볼 종교공동체의 경우도 이러한 국가 출신자들의 공동체가 활성화되어 있다. 전 세계적으로 개신교가 다수종교인 국가는 유럽, 북미 등 일부 지역에 국한되어 있고, 이 글에서 다루는 이주 노동자와 결혼이민자들의 경우에는 이 지역 출신자들이 거의 존재하지 않는다. 바로 이 때문에 개신교의 경우에는 종족별 개신교 공동체가 발달하지 않고, 개인적 차원에서 한국 교회에 속하는 경우가 많은 것이다. 또한 특정 종교에의 소속감이 약하거나 사회주의 체제에서 종교가 위축되었던 중국, 베트남, 구소련 출신 이주민들이 많은 탓에 전체적으로 무종교인의 비중이 크다고 추정할 수 있다.

〈표 7-1〉 체류 외국인의 국적별 분포 및 종교 현황(2009. 12. 31 현재)

(단위: 명, %)

구분	총 체류자	합법체류자	불법체류자	주요 종교
총계	1,168,477	990,522	177,955	
중국*	555,082	472,598	82,484	
(한국계)	(377,560)	(352,404)	(25,156)	
미국	122,659	118,602	4,057	개신교, 천주교
베트남	90,931	76,267	14,664	불교
일본	47,718	47,095	623	
필리핀	45,913	34,079	11,834	천주교
태국	44,701	32,318	12,383	불교
몽골	30,674	18,404	12,270	라마불교
인도네시아	29,859	24,904	4,955	이슬람
대만	27,062	26,171	891	
우즈베키스탄	21,249	14,158	7,091	이슬람
캐나다	19,393	18,901	492	개신교
스리랑카	15,506	13,414	2,092	불교, 힌두교
방글라데시	10,863	4,518	6,345	이슬람
파키스탄	9,820	6,830	2,990	이슬람
러시아	9,622	8,229	1,393	러시아정교
캄보디아	9,204	8,229	975	불교
네팔	8,164	6,175	1,989	힌두교, 불교
호주	7,446	7,327	119	개신교
인도	6,364	4,817	1,547	힌두교
영국	5,024	4,977	47	성공회
미얀마	4,555	3,183	1,372	불교
홍콩	4,518	4,305	213	
기타	42,150	35,021	7,129	

* 중국계 한국인 포함.

** 중국, 일본, 대만, 홍콩은 종교 인구가 매우 적거나, 다수 종교가 없거나, 종교적 정체성이 다중적인 양상을 보여, 주요 종교를 기재하지 않았다.

출처: 법무부 출입국·외국인정책본부 홈페이지 자료실의 통계자료에 종교 관련 내용을 추가한 것임

3) 종교별 이주민공동체 현황

(1) 개신교

천주교, 이슬람교, 불교와 달리 매우 많은 수의 교단으로 나뉘어 있고 개별 교회를 중시하는 '개교회주의' 전통이 강한 한국 개신교는 '외국인 선교'에 있어서도 교단이나 각 교회 차원의 개별적인 활동 위주로 이루어지고 있다. 또한 수적으로 본국에서 개신교 신자였던 이주노동자의 비중이 극히 작아서 이들을 대상으로 한 개신교의 활동은 이슬람이나 불교와 달리 기존 종교생활을 지속할 수 있는 조건을 제공해 주는 측면보다는 소위 '미전도 종족', 즉 기독교를 믿지 않는 외국인들을 개종시키는 측면이 강하다. 개신교의 이주 노동자 선교는 노동자 및 도시빈민 선교의 연장선상에서, 또는 해외선교의 변형된 형태로 발달한 것이다.

이주 노동자 문제에 대한 교회의 관심은 크게 두 가지 흐름에서 비롯된 것이다. 하나는 민중교회운동이었고, 다른 하나는 해외선교의 확장이었다. 먼저 민중교회운동이 80년대 말부터 확장되는 과정 속에서 장애인, 여성, 농민, 도시빈민, 노동자를 대상으로 한 선교가 이주노동자들을 대상으로 하는 선교로 확장되었던 것이다. 또한 대부분이 이슬람, 불교가 지배적인 사회나 공산권 출신인 이주 노동자에게 복음을 전해야 한다는 선교적 열정이 외국인에 대한 교회의 관심을 불러일으켰다. 한국 교회가 이주 노동자 사역을 시작한 때는 1990년경이었다. 성생원, 갈릴리교회, 희년선교회 등이 비슷한 시기에 활동을 시작했고, 1993년 한국기독교교회협의회가 한국교회 외국인 노동자선교협의회를 조직하면서 이주 노동자에 대한 한국 교회의 관심이 공식적인 틀을 갖추게 되었다(박천웅, 2009: 27-28).

(2) 불교

불교계는 개별 사찰 중심으로 이주민 지원활동을 해 오다가 2000년대에 들어서면서 이주민 관련 단체를 설립하고 전담인력을 두면서 보다 본격적으로 활동하기 시작했다.[13] 이주 노동자를 대상으로 활동하는 대표적 불교 단체는 다음과 같다. 캄보디아부디스트센터(군포), 미얀마선원(서울), 버마민족민주동맹(National League for Democracy, NLD) 한국지부(부천), 미얀마불교대책위원회(서울), 마하이주민지원단체협의회(서울), 용수사 능인선원 네팔법당(동두천), 조계사 마이트리 부설 이주 노동자 쉼터(양주), 안산시 불교사암연합회, 한몽불교교류협회, 자비의 집, 꿈을 이루는 사람들 마하붓다센터.[14]

출신국가별 공동체를 중심으로 몇 가지 사례를 살펴보자. 캄보디아 공동체는 본국에서 파견된 린샤로 스님이 중심이 되어 2008년 6월 경기 군포에 '캄보디아부디스트센터'가 개원하면서 형성되었다. 태국 공동체는 현재 의정부, 서울, 안산 등 5개 정도의 공동체가 운영되고 있지만 노동자들이 모이는 것도 힘들고 전담인력이 없어 활동이 활발하지 못하다. 네팔의 경우는 1995년 경실련 강당에서 산재피해자 20여명이 모인 대정부 농성 중 네팔 불자모임 '룸비니 네팔'(Nepal Buddhist Family Korea, NBF) 결성이 논의되었고, 이듬해 1996년 1월 창립법회를 열게 된다. 최근에는 불법 체류자 단속강화로 소수 인원이 일주일에 한 번씩 토요일 오후에 '자비의 집'에서 모임을 갖고 있다.[15] 2000년 12월에 창설된 미얀마 선원의 경우는 미얀마 출신에 국한되지 않고 동

13) 한국불교국제네트워크 홈페이지(http://kbin.danah.kr/bbs/board.php?bo_table=7_1_2&wr_id=8, 2010년 5월 7일 검색).
14) 한국불교국제네트워크 홈페이지(http://kbin.danah.kr/bbs/board.php?bo_table=7_1_2&wr_id=3, 2010년 5월 7일 검색).
15) 백양사 홈페이지(http://baekyangsa.org/cgi/bbs/view.php?id=Pds&no=52, 2010년 5월 7일 검색).

남아 출신 노동자들에게 개방된 수행공간이다. 최근 서울 암사동에서 경기도 의정부 봉화정사로 이전한 이 선원에는 지리적으로 인접한 마석, 광주, 부평, 의정부 지역의 이주 노동자들이 찾고 있다.

(3) 천주교

위계적인 조직적 특성으로 인해 천주교의 이주민 대상 활동은 중앙의 관심이 계기가 되어 시작되었다. 한국천주교주교회의가 1971년 6월 24일 윤공희 대주교를 "외국에 이민을 갔거나 노동자로서 외국에서 생활하고 있는 한국인들을 위한 사목활동"의 책임자로 임명함으로써 이주사목위원회의 활동이 시작되었던 것이다. 1981년 10월 이주사목위원회로 관련 활동들이 통합되었고(경향잡지 편집부, 1988: 24), 1992년 8월 서울대교구에 외국인 노동자 상담소가 설치되면서 이주사목활동이 본격화되었다. 2003년 3월 14일 각 교구별 이주사목 대표사제회의를 조직하였다. 이를 계기로 이주민들을 위한 교구별 활동이 활성화되고 상호교류의 기틀이 마련되었다(허윤진, 2008: 79-80).

2005~2006년경부터 결혼이민자의 수가 급격히 늘고 국제 이주민에 대한 정부와 언론의 관심과 지원이 이주 노동자에서 결혼이민자와 다문화가정으로 옮겨가면서 천주교의 경우도 성북구다문화가족지원센터 개원을 시작으로 한글교실, 다문화가정 상담 등 교구별로 진행되는 사업들이 시도되었다. 이와 함께 출신국가별 공동체도 등장했다. 가장 먼저 천주교 공동체를 형성한 것은 필리핀 출신 이주 노동자들이었다. 자양동 필리핀 공동체를 시작으로 대림동 필리핀 공동체, 안산 필리핀 공동체 등이 형성되었다. 1996년 11월부터 주일미사를 시작한 혜화동성당에서는 현재 매주 2,000여 명이 주일미사에 참석하며 성북동에는 필리핀센터가 있다.

(4) 이슬람

종교단체는 일반 이주민 지원단체와 더불어 이주민들의 공동체 형성에 있어서 매우 중요한 역할을 한다. 한국 거주 무슬림들 역시 각 지역의 이슬람 성원을 중심으로 공동체를 형성하는 경향이 있다. 1920년대 소련의 투르크계 무슬림들의 이주와 1950년대 한국전쟁 참전 무슬림 군인들의 선교 등으로 명맥을 유지해 오던 한국의 이슬람은 이슬람이 다수종교인 국가에서 오는 노동이민이 늘어남에 따라 1990년대 이후 그 신자 수가 급격히 증가한다. 전국적으로 무슬림 이주 노동자들의 수가 약 10만 명 정도로 늘어나면서 2008년 서울, 부산, 대구, 광주, 전주, 안양, 안산, 부평, 파주, 광주(경기) 지역에 이슬람 시설로 신축된 성원(마스지드)이 그리고 포천, 인천, 서울 송파, 제주, 대전, 김포 등지에 교회 등 기존 건물을 활용하는 '센터'가 설립되었다.

서울 이태원에 위치한 중앙성원의 경우에는 서울에 거주하거나, 상대적으로 시간적인 여유가 있는 외교관, 상사 주재원, 유학생, 이태원의 식당이나 슈퍼에서 일하는 외국인들이 예배에 참여한다. 중앙성원 관계자의 말에 따르면 금요일 정오의 합동예배의 참석자 수는 700~800명에 이른다. 그러나 이주 노동자들의 경우에는 금요일에 예배소에 가기가 거의 불가능하다. 회사의 배려로 참여하는 소수의 경우를 제외하면 대개 토요일 퇴근 후 오후 늦은 시간에 방문하며 이들 중 일부는 하루를 묵기도 한다.[16)]

출신국가별 신자구성을 보면 인도네시아, 방글라데시, 파키스탄 등 세 나라 출신자들이 수적으로 다수를 차지하며, 우즈베키스탄 등 중앙아시아 출신 무슬림들이 그 뒤를 잇고 있다. 중앙아시아 출신 무슬림들은 다른 국가 출신 무슬림들과 달리 결혼이주 여성의 비율이 높

16) 한국이슬람교중앙회 조민행 사무차장과의 인터뷰. 2010년 5월 19일.

다. 아랍 출신의 경우 전체적으로 수가 적은데 여성들의 결혼이민은 거의 없고, 이집트 출신 등 남성들의 노동이민이 소규모로 이루어지고 있다. 이란인 이주민들은 시아파로서 주로 수니파 무슬림들이 모이는 성원이나 예배소에 나오지 않는다. 일반적으로 이슬람 성원이나 예배소에는 신자들이 국적별로 모이는 경향이 있다.

4) 이주민 종교공동체의 성격

한국에 거주하는 이주민들의 종교모임은 종족공동체, 종교공동체, 사회운동단체, 주민공동체, 이주민지원단체와 같은 다양한 성격을 지니고 있다. 또한 외부와의 관계의 측면에서 다른 종교나 종족에 개방적인 공동체와 특정 종교나 종족만으로 구성된 폐쇄적인 공동체로 나눌 수 있다. 우선 한국의 경우에도 이주민사회에서 일반적으로 나타나듯이 출신국가별로 모이는 경향이 뚜렷하다. 아직 언어적, 문화적, 사회경제적으로 한국 사회에 충분히 통합되지 않은 상황에서 출신 국가가 다른 이주민들간의 소통이 한계를 가지고 있기 때문이다. '인종전시장'이라고 할 만큼 다양한 지역 출신 이주민들이 함께 살고 있는 안산 원곡동에 거주하는 외국인들의 경우를 보면 출신국가별 공동체는 발달되어 있지만 언어문제 등의 이유로 공동체들 상호간의 관계는 소원하다(박세훈 외, 2009: 113-114). 천주교의 경우 필리핀, 몽골, 네팔, 태국, 베트남 공동체가 '종족 교회'를 형성하고 있다. 이슬람은 인도네시아와 방글라데시가 독자적인 모임을 만드는 경향이 있지만 지역별로 무슬림들이 모이는 경향도 병존한다. 특히 인도네시아인들은 소규모 예배소들의 연합체를 통합하는 시도를 하는 등 일국적 성격의 종교, 종족 공동체를 지향하고 있다.

6. 히잡 문제: 민주주의와 문화적 다양성은 공존 가능한가?

1) 히잡 문제에 대한 유럽 사회의 대응

현대사회에서 이민문제가 비중 있는 사회문제가 되면서 이민논의 역시 사회적 논의의 중요한 일부가 되었다. 민주주의와 문화적 다양성의 관계는 주된 논의 주제 중 하나이다. 유럽 무슬림 여성의 히잡 착용문제가 그 대표적인 사례라고 할 수 있다. 한국 사회에서는 이슬람에 대한 관심을 불러일으킨 9·11테러 이후 중요하게 받아들여졌지만 히잡 문제는 이미 20년 전부터 세계적인 이슈가 되었다. 1989년 9월 18일 프랑스 우아즈(Oise) 지방 크레이 중학교에서 여학생 세 명이 수업시간에 히잡을 착용했다는 이유로 퇴학당하는 사건이 발생하였다. 사건 초기에 학부모들에게 보낸 편지에서 학교장은 히잡이 학교의 정상적인 운영을 저해하는 종교적 표현이라고 설명했다. 그에 따르면 "우리의 목표는 자신의 종교나 문화를 과도하게 외적으로 드러내는 것을 제한하는 것이다. 나는 그들에게 우리 학교의 정교분리적 성격을 존중하도록 하는 메시지를 전달하고자 한다." 그러나 히잡 착용 여학생의 부모는 이를 받아들이지 않았고 결국 이 학생들은 퇴학을 당하게 되었다. 일부 시민단체나 정당들은 이 조치를 인종주의에 의한 것으로 비난하였다. 결국 세 여학생은 이들의 부모와 학교 측의 타협으로 1989년 10월 9일 다시 학교를 다닐 수 있게 되었다. 그러나 이들은 학교 내에서는 히잡 착용을 하지 않게 되었다. 이 사건 자체는 종결되었지만 히잡 문제는 이후 지속적인 사회적 이슈가 되었다. 이 사안에 대해 프랑스 사회는 정교분리주의, 여성해방을 강조하는 진영과 신앙의 자유와 반인종주의를 강조하는 진영으로 나뉘었다.

이 사안이 재부상한 것은 2003년이었다. 특히 2003년 2월 미국이

이라크에 대한 군사개입을 하게 되면서 무슬림 이민자들의 통합문제가 중요하게 제기되었다. 직접적인 계기는 2003년 4월 19일 당시 내무장관이었던 사르코지가 프랑스 이슬람조직연합(UOIF) 연례회의에 참석해 앞으로 신분증 사진 촬영 시 히잡을 벗고 찍는 것을 의무화해야 한다고 한 발언이었다. 결국 2004년 3월 15일 〈국·공립 초·중등학교에서의 공화주의 원리의 적용에 관한 법〉이 도입되었다. 이 법안은 교육법 내에 국·공립학교에서 노골적인 종교적 표현, 즉 그것의 착용이 즉각적으로 그가 속한 종교를 식별할 수 있게 하는 상징물이나 의복의 착용을 금지하는 조항을 신설하는 것이었다. 무슬림들의 히잡, 유대인들의 키파(kippa) 또는 명백히 지나치게 큰 규모의 십자가와 같은 상징물들은 국·공립학교 내에서는 존재할 수 없고 다만 특정 소속된 종교가 잘 드러나지 않는 상징들에 한해서 착용이 허용된 것이다(〈자료 7-2〉 참조).

프랑스 사회에는 반 이슬람 및 반 아랍 정서가 강하다. 그리고 사실은 별개의 것인 아랍과 이슬람이라는 두 요소를 동일시하는 '아랍-이슬람주의'(arabo-islamisme)가 아랍계에 대한 편견과 차별을 용이하게 하는 이데올로기로 작용하고 있다. 프랑스 인구의 10% 정도가 무슬림이며 2,000여 개의 크고 작은 모스크들이 있다. 그런데 프랑스 사회와 이슬람의 관계가 문제가 된 것은 1974년 이민들의 자유왕래를 금지함에 따라 기존에 이민 온 사람들이 정주화하면서였다. 이후 프랑스 국가는 인구의 10% 정도를 차지하고 있는 주요한 사회 세력으로서 이슬람신자들을 무시할 수 없었다. 프랑스의 공화주의, 즉 정치, 교육, 의료 등 공적 영역에서 종교적, 종족적 표현을 금지한다는 원칙 때문에 이슬람적 요소들이 외적으로 드러나는 것을 용인하지는 않았지만 다른 방식으로 무슬림들과의 관계를 모색하게 된다.

공적 영역에서는 공영방송에 이슬람을 포함한 종교 프로그램을 일요일 아침에 내보내는 정도였다. 모스크나 이슬람 학교의 설립에 대한 허가와 지원에도 매우 인색했다. 극우주의 정당인 국민전선뿐 아니라 많은 프랑스인들이 모스크나 이슬람 학교의 설립이 민주주의, 정교분리 등 프랑스 사회가 존중해 온 가치와 모순되며 극단적인 이슬람주의자들을 양성하는 산실이 될 것이라며 비판하고 있다. 1990년대부터는 공립학교에서의 히잡 착용문제를 중심으로 이슬람적 요소가 프랑스의 공화주의 원칙을 침해한다는 인식이 확산되었다.

자료 7-2. 〈국·공립 초·중등학교에서의 공화주의 원리의 적용에 관한 법〉 의회 제안서

정교분리주의는 양심의 자유를 보장한다. 이 이념은 종교를 갖거나 갖지 않을 자유를 보호하면서 각 개인이 자신의 신앙을 자유롭게 표현하고 실천할 가능성을 보장한다. 개방적이고 보다 온건해지고 관용적인 정교분리주의는 태동한 지 1세기 만에 모든 종교와 모든 사상의 지지를 획득했다.

그러나 이 공화주의적인 성과에도 불구하고 이 원리의 적용은 지난 몇 달간 프랑스 사회에 광범위한 사회적 논의를 초래한 새롭고 점점 커져가는 어려움에 직면하고 있다. 학교나 병원과 같은 공공서비스 분야에서 특히 그러하였다.

이러한 점에서 우리 공통의 가치를 습득하고 전파하는 가장 중요한 공간이자 공화주의 사상이 뿌리를 내리게 하는 매우 유력한 수단인 학교에서의 정교분리주의 원리의 재천명은 오늘 필수불가결한 것으로 보인다. 학교는 기회의 평등, 가치와 지식의 습득에서의 평등, 남녀평등, 모든 수업, 특히 체육 등 신체를 사용하는 수업에서 남학생과 여학생이 함께 참여하는 것을 보장하기 위해 정교분리주의에 대한 공격으로부터 보호되어야 한다. 이러한 시도가 정교분리주의의 경계를 이동시키는 것을 의미하는 것은 아니다. 학교를 종교적 사실을 무시하는 획일적이고 익명적인 공간으로 만드는 것도 아니다. 교사와 교육기관의 지도자들이 오래전부터 우리의 직업적 관행과 일상적 실천 속에 있는 명확한 규칙을 지키면서 그들의 사명을 동요 없이 수행하게끔 하는 것이다. 당연히 국·공립 초·중등학교 학생들이 자신의 신앙을 실천할 자유가 있더라도 그것은 공화국에 속하는 학교의 정교분리주의에 대한 존중

속에 행해져야 한다. 학생들의 양심의 자유의 존중, 모든 종교에 대한 동등한 존중을 보장하는 것은 바로 학교의 중립성인 것이다.

바로 이러한 이유로 대통령은 최근 행한 연설에서 국·공립 초·중등학교에서 노골적으로 자신의 종교를 드러내는 상징물이나 의복의 착용이 철저히 금지되기를 희망했다.

이상의 내용이 〈국·공립 초·중등학교에서의 공화주의 원리의 적용에 관한 법〉 초안의 의미이다. 이 법안은 교육법 내에 L.141-5-1 조항을 신설하는 것인데 이 조항의 내용은 국·공립학교에서 노골적인 종교적 표현, 즉 그것의 착용이 즉각적으로 그가 속한 종교를 식별할 수 있게 하는 상징물이나 의복의 착용을 금지하는 것이다. 무슬림들의 히잡, 유대인들의 키파(kippa) 또는 명백히 지나치게 큰 규모의 십자가와 같은 상징물들은 국·공립학교 내에서는 존재할 수 없다. 대신에 특정 소속된 종교가 잘 드러나지 않는 상징들은 당연히 착용이 가능할 것이다.

이 법은 국·공립학교에만 적용된다. 따라서 국가와 공교육 협력기관으로 계약을 체결하였는지와 무관하게 사립 교육기관은 해당되지 않는다. 이 법은 학생들에게 적용된다. 국·공립 교육기관의 교사 및 직원들은 이미 모든 공무원들이 지켜야 하는 엄격한 중립성의 원칙을 따라야만 한다. 이 법이 설정한 금지는 당연히 교외수업, 체육 등 신체를 사용하는 수업과 같이 교육기관 밖에서 이루어지는 활동 등을 포함해 학생들이 학교의 관리책임 하에 놓여 있는 모든 기간에 유효하다.

출처: www.assemblee-natioanle.fr/12/projets/pl1378.asp(No.1378-Projet de loi relatif à l'application du principe de laïcité dans les écoles, colléges et lycées publics)

이러한 프랑스의 사회적 분위기는 유럽의 다른 나라들, 특히 영국과 극단적으로 대조된다. 문화적, 종교적 정체성의 자유로운 표현을 장려하는 정책을 펴온 영국에서는 심지어 폭력적인 종교세력들도 명백한 위법사실이 있지 않는 한 자유로이 활동할 수 있었다. 그렇다면 히잡 착용문제가 유독 프랑스에서 민감하게 제기되는 것은 무엇 때문인가? 우리는 그 원인을 프랑스 대혁명의 전통에서 찾을 수 있다. 인본적인 계몽사상의 실현을 추구한 대혁명의 주된 타도 대상 중 하나가 바로 교회였고 이후 프랑스의 국가는 교육, 의료, 복지 등 전통적으로 교회가 담당해 온 영역을 점차 대체하였고 원칙적으로 교회와 종교는 공적인 영역에서 추방되었다.

9·11테러 이후 조성된 대테러전쟁의 분위기에서 소수 민족의 문화적 표현에 관용적인 전통을 가진 영국에서도 그동안 문제가 되지 않았던 무슬림 여성들의 히잡 착용이 사회적 쟁점이 되었다. 2006년 노동당 정부의 전 외무장관 잭 스트로(Jack Straw)가 무슬림 여성들이 자신과 이야기를 할 때는 니캅(niqab, 눈만 내놓고 신체의 전체를 가리는 베일)을 쓰지 않았으면 좋겠다고 말하면서 영국의 히잡 논쟁이 시작되었다. 토니 블레어(Tony Blair) 수상과 재무장관 고든 브라운(Gordon Brown)까지 '베일은 분리의 표시'라며 스트로를 지지하자 히잡 착용에 대한 찬반논쟁이 뜨거워졌다(정희라, 2009b: 211-212).

독일에서 히잡 착용 논쟁은 아프가니스탄 출신 독일인인 루딘이 수업시간에 히잡을 벗을 수 없다는 입장으로 인해 교사 임용이 거부되면서 시작되었다. 결국 2003년 9월 연방헌법재판소가 소송을 제기한 루딘의 승소를 판결했으나 주요 쟁점에 대한 결정을 지방정부에 이관하게 된다. 결국 연방제 국가 독일에서 히잡 문제는 지역에 따라 큰 차이를 보이고 있으며 동일하게 히잡 착용을 금지하더라도 그 논거가 다르기도 했고 십자가, 수녀복 등 주류 종교에 대한 입장도 다양했다(이철용, 2009a: 211-212).

2) 유럽에서의 이슬람 정책

종족적 소수자의 문화가 인정되는 방식은 국가 및 사회체제의 성격을 평가하는 중요한 기준이 되고 있다. 히잡 등 유럽 사회에서의 이슬람적 표현이 가시화됨에 따라 각국은 다른 방식의 대응을 하였고 이는 각국에 고유한 정치문화, 종교와 정치관계, 이민정책으로 설명될 수 있다. 프랑스의 경우 국가의 가장 두드러진 전략은 제도화를 통한 포섭이었다. 1990년대 이래 프랑스 무슬림들의 주요 행사에 정부 인사들이 참석하고 위원회를 통해 프랑스 이슬람이 대표될 수 있는 기회를 제공했다. 예를 들어 2002년 사르코지 당시 내무장관이 프랑스 이슬람위원회를 창설하여 프랑스의 이슬람 및 무슬림과의 대화 창구로 삼고자 했다. 파리 모스크, 프랑스 이슬람단체연합(UOIF) 등이 프랑스 이슬람을 대변하고 있는 대표적인 기관들이다. 물론 이들은 온건파들이고 보다 프랑스 사회에 비판적인 세력들도 존재하며 이들에 대해 국가는 특히 테러리즘과의 연관성을 내세워 점점 더 강경한 대응을 펴왔다. 역사적으로 보면 이슬람 신자들은 정치적으로 사회당 등 좌파에 대한 지지율이 높은 편이다. 이는 사회당이 1980년대 이후 이민 등 소수자들에 대한 관심이 많았고 실제 사회당의 미테랑이 대통령에 당선된 이후 이민들에 대한 통합 논의가 본격화되었고 이들의 정치참여도 활발하게 이루어졌다.

모스크 건설을 지원해 주고 이슬람에서 비공식적으로 성직의 역할을 수행하는 이맘의 양성을 지원해 주는 등 최근 사르코지가 보여 준 의외의 행보는 2000년대 이후 프랑스 국가가 겪고 있는 딜레마의 산물이다. 즉 프랑스 거주 무슬림의 수가 많아짐에 따라 이슬람의 존재를 더 이상 무시할 수 없게 된 것이다. 예배공간의 부족으로 도로를 점거하고 금요 정기예배를 본다거나 히잡 등 이슬람과 연관된 의복착용이 늘어남에 따라 이슬람 역시 가톨릭의 경우처럼 프랑스 문화의 일부로 받아들여야 하는 상황에 처하게 된 것이다. 이슬람에 대한 사르코지의 관심은 이슬람에 대한 우호적인 태도의 산물이라기보다 현실적으로 그 비중이 커지고 있는 이슬람을 제도화해서 국가의 영향력 하에 두려는 시도라고 볼 수 있다.

영국에서도 국가는 대표 단체를 매개로 이슬람과의 관계를 관리하고 있다. 영국에는 160만 명 정도의 무슬림이 있으며 1,600개의 모스크가 있다. 학교의 경우 40만 명 정도의 무슬림 학생들은 대부분 일반 공립학교에 다니며 소수만이 사립학교 또는 국가가 운영하는 5개의 이슬람 학교에 다닌다. 영국은 문화적, 종교적 정체성의 자유로운 표현을 장려하는 다문화주의적 정책을 펴왔다. 심지어 폭력적인 세력들도 명백한 위법사실이 있지 않는 한 자유로이 활동할 수 있었다. 그러다가 2005년 56명의 사망자를 낸 런던테러 이후 대대적인 검거 등 강경책으로 선회하게 된다. 최근 모스크에서 국가가 운영하는 시민교육을 제공하기로 했는데 이는 극단적인 이슬람 세력의 확산을 막기 위한 것이다. 역으로 영국의 모든 공립학교에서 이슬람에 관한 교양교육을 시민교육의 일환으로 시행하는 방안이 강구되고 있다. 기업에서는 근무시간 조정, 기도실 설치, 종교적 사유에 따른 휴가 등 무슬림들의 종교적 실천을 고려한 조치들이 늘고 있다.

제8장 종족간 공존의 조건

다문화주의는 예전보다 더 종족적 이질성이 커진 상황에 대한 대응으로 나타났다. 종족적 소수자의 적응에 많은 문제점이 생기고 종족간 갈등이 심해지면서 그 원인을 공화주의 모델, 용광로 모델, 문화적 다원주의 모델 등 기존 종족적 소수자 통합모델의 한계에서 찾게 된 것이다. 그러나 본문에서 살펴보았듯이 다문화주의 역시 종족간 공존과 평등을 위한 대안이 되기에는 많은 문제점을 안고 있다. 그 결과 다문화주의 정책을 일부 도입했던 유럽 국가들에서 다문화주의를 빌미로 반이민정서가 확산되기도 하였고 캐나다나 호주에서도 다문화주의의 소수자 통합 효과에 대한 논란이 일었다. 종족적 소수자의 통합이 어려운 것은 단지 효과적인 정책의 결여 때문만은 아니다. 보다 근본적으로는 1민족 1언어 1국가를 원칙으로 하는 동질적인 근대 국민국가체제가 지닌 구조적 한계 때문이다.

이 장에서는 앞서 살펴보았던 다문화주의 및 한국의 다문화 담론과 정책에 대한 비판적 검토를 토대로 종족간 공존과 평등을 위해 필요한 조건을 검토하고자 한다. 오스트로맑스주의가 제시했던 민족국가를 넘어선 종족간 관계의 모형을 살펴보고 정체성의 다원성, 다문화주의에서의 문화 개념, 이민자 출신국의 사회적 조건 등을 종족간 공존과 관련된 쟁점을 검토한다. 마지막으로 짧은 시간 안에 급성장한 다문화 논의에 대한 성찰적 태도의 필요성을 제기한다.

1. 종족간 관계에 대한 오토 바우어의 이론

오스트로맑스주의의 민족론은 세계화 시대 국민국가가 보이고 있는 한계에 대한 논의 그리고 이러한 상황에서 소수민족이나 이민자들에게 적합한 정책 및 종족간 관계의 모색을 위해서도 유용한 지침이 될 수 있을 것이다. 물론 이 이론이 상대적으로 오랜기간 같은 지역에 살아온 여러 종족들 간의 공존의 문제에 관한 것이기 때문에 한국의 경우와 같이 최근에 이주한 외국인들의 통합 문제에 기계적으로 적용할 수는 없다. 역으로 캐나다, 미국 등과 같이 광대한 영토를 가지고 있고 다민족적 성격, 분권적 전통이 강한 연방국가들에서의 종족간 문제에 더 잘 부합한다고 볼 수 있다.

오스트리아-헝가리제국 등 중동부유럽에서 억압받고 있던 종족에서 성장한 오스트로맑스주의자들에게 민족문제는 바로 자신들의 문제였고 맑스주의를 그들 고유의 민족현실을 해명하는데 동원하였다. 19세기의 오스트리아-헝가리제국은 현재의 오스트리아, 체코, 슬로바키아, 헝가리, 슬로베니아, 크로아티아를 포함하고, 나아가 이탈리아, 폴란드, 세르비아, 루마니아, 우크라이나의 일부를 자신의 영토로 포괄하였다. 이 광대한 영토 속에서 독일인, 이탈리아인, 마자르인(헝가리인), 폴란드인, 체코인, 슬로바키아인, 우크라이나인, 루마니아인, 슬로베니아인, 크로아티아인, 세르비아인 등이 함께 살았다. 더욱이 유대인이 제국 전체의 도시에서 생활하였다.

오스트리아-헝가리 제국의 운명을 염두에 둔 오스트로맑스주의자들의 사고의 핵심은 다민족국가(다민족제국)의 틀에서의 문화적 자율성이었다. 이들의 민족론이 당시에 매우 새로웠던 것은 민족을 영토를 토대로 한 국가로부터 분리시키려 했다는 점이다. 당시 서유럽으로부터 전파된 민족주의의 영향으로 오스트리아-헝가리 제국의 운명에 관심이 쏠려 있던 중동부 유럽의 민족문제에 대해 이들은 민족을 영토와의 연관성을 버리고 개인적인 속성으로 전환시키는 해결책을 제시한다. 점차 특정 영토나 국가로부터 자유로워진 종교처럼 민족도 사적 영역의 것으로 전환시키고자 한 것이다(Cabanel, 1997: 73).

오스트로맑스주의의 대표적인 이론가 바우어는 그가 속해 있던 오스트리아-헝가리 제국에서 20세기 초에 제기된 민족문제를 사회적 차원의 문제로 인식하였다. 그의 관심은 오스트리아 노동운동의 장애가 되고 있던 오스트리아-헝가리 제국의 민족문제에 대한 해결이었다. 그리고 그에 대한 해결책으로 연방제와 그에 속한 소수민족들의 '문화적 자치'를 제시했다. 실제 제국에 속한 민족들의 민족주의는 당초 합스부르크제국으로부터 분리 독립하는 것보다는, 제국의 틀을 유지하면서 그 내부에서 자기 민족의 지위를 향상시키려고 노력하는 것이었다.

바우어는 노동자계급은 모든 민족에게 자신의 문화를 자유롭게 계속 발전시킬 수 있는 가능성을 주고, 모든 민족의 노동자를 자신의 민족문화에 참여할 수 있게 만드는 제도를 요구해야 한다고 주장했다. 이로부터 그는 다음과 같은 원칙에 따라 오스트리아-헝가리 제국을 개조할 것을 제안했다. 첫째, 오스트리아는 민주주의적 다민족연방국가로 개조되어야 한다. 둘째, 역사적 황실직할지 대신에 민족 단위의 자치단체가 만들어지고, 그것의 입법과 행정은 보통, 평등, 직접 선거권에 기초하여 선출된 민족의회를 통해 행사된다. 셋째, 동일 민족이 관할하는 자치지역들은 하나의 통일된 조직을 만들고, 이 조직이 자신들의 문제를 완전히 자율적으로 처리한다. 넷째, 각 자치지역 내부의 민족적 소수집단은 자신의 학교제도를 완전히 자치적으로 운영하고 행정관청과 법원에서 동포들에게 법률적 도움을 주는 단체를 자율적으로 구성할 수 있다(바우어, 2006).

오스트로맑스주의의 민족론에 대해서는 문화를 민족의 가장 중요한 요소로 간주하는 등 민족문화를 절대시함으로써 사회주의가 결국 민족들 간의 문화적 차별화를 증대시킨다는 사고를 하였다는 비판도 있었다. 그러나 민족을 역사적 차원에서 설명하고 민족을 영속적인 과정, 운동으로 이해하는 등 민족에 대한 비역사적이거나 배타적인 사고의 한계를 극복한 의의가 있다(Lowy, 1974).

2. 정체성의 다원적 성격

종족간 공존의 관건 중 하나는 정체성에 대한 폐쇄적인 정의를 극복하는 것이다. 홀(Hall, 1991)이나 벡(Beck, 1996) 등이 주창하는 '새로운 정체성', '새로운 종족성'의 모색처럼 정체성의 동태적 성격을 인정해야 한다. 영국의 문화 연구가 스튜어트 홀은 문화적 정체성이란 시대에 의해 영향 받는 유동적인 것이라고 정의한 바 있다. 홀의 정의에서 문화적 정체성은 주위 환경에 의해 규정받는 자아를 전제로 한 것이다. 또한 한 사람의 정체성 형성에 영향을 미치는 정치적, 경제적 측면까지 포함하고 있다(김남국, 2005a: 89).

근대화는 개인화를 통해 정체성의 다원성을 심화시켰다. 짐멜(G. simmel)의 논의를 따르면 사회적 인정이 신분, 가족, 지역 등 집단적인 속성이 아니라 개인적인 속성에 의거해 주어지게 되었다. 개개인의 정체성은 어떤 한 집단이 부여하는 것이 아니라 각 개인이 다양한 집단에의 소속감을 각자에 고유한 방식으로 조합함으로써 형성된다는 것이다. 그는 중세사회와 비교하면서 근대사회에서 개인의 소속감이 다양화되는 현상을 설명했다. 다양한 소속감이 한 개인 내부에 공존하게 된 것이다.

> "사회집단의 분화는 개인이 당초 속해 있던 지리적, 경제적, 정신적 경계를 넘어서려는 경향을 심화시키게 된다. 구성원들의 개인화가 심화되고 구성원 상호간의 반감이 커지면서 구성원들은 그가 속한 사회집단이 당초 가지고 있던 구심력과 달리 외부세계와 소통하는 원심력을 강화하려는 경향이 나타나며 바로 이 원심력이 개인들을 다른 집단들과 연결시켜 주는 요인이다"(Simmel, 1999: 687).

근대의 또 다른 특징은 민족국가에의 소속감, 즉 민족적 정체성과 국민적 정체성이 다른 정체성들을 압도하게 된 것이다. 따라서 근대적 개인의 정체성에는 민족에의 소속감, 다양한 집단에의 소속감, 초민족적인 정체성, 개인적 정체성 등이 공존하며 경쟁을 하고 있다고 할 수 있다.

문화 연구자 윌리엄스의 논의를 인용하자면 문화적 전통이란 조상들에 대한 지속적인 선택과 재선택의 과정이다(윌리엄스, 2007: 99). 이민 현상에서도 종족적 소수집단의 문화는 선별되고 재구성된다. 그런데 이 경우에는 해당 집단 자신뿐만 아니라 주류사회도 이 '전통의 발명'(E. Hobsbawm)의 과정에 참여한다는 특수성이 있다. 유럽에 온 북아프리카 이민의 예를 보면 본국에서는 아랍 문화와 베르베르 문화 등 다수의 문화가 공존하고 있었던 데 비해 이민지에서는 이슬람·아랍적 정체성이라는 단일한 정체성으로 축소된다. 즉 주류사회에 의해 새로운 정체성이 부여되는 것이다. 이 과정에서 대표성을 인정받은 소수민족의 주류집단과 주류사회 간의 연대가 이루어진다. 이민지에서 만들어진 이 새로운 정체성은 이민집단 내부의 지배계급, 다수 종족, 다수 종교 그리고 남성의 이해를 대변하는 것으로 소수민족 내부의 소수자에게는 억압과 소외를 의미한다. 가장 대표적인 것은 스테레오 타입화된 이슬람이라는 '새로운' 정체성의 부상이 여성에게 억압적인 효과를 나타내는 경우일 것이다.

아직 본격적으로 나타나고 있진 않지만 한국에 거주하는 종족적 소수자들의 정체성 역시 본래 가지고 있던 종족적 정체성이 주류사회에 의해 본국에서와는 다른 방식으로 규정될 수 있다. 정체성의 자원들이 이들의 비참한 조건에 대한 대응전략에 선별적으로 동원되기도 하고 한국인들에 의해 새롭게 규정될 수도 있는 것이다. 외국인 노동자들의 정체성 재구성과 문화적 변화에는 한국인들이 그들에 대해 가지는 인식과 태도가 중요하게 작용한다. 외국인에 대한 인식에서 일반적으로 중시되는 두 요인으로 신체적인 요인, 가족구조의 특성을 들 수 있다. 예를 들어 프랑스의 이민자들의 경우, 북아프리카 출신 이민자들은 백인과의 신체적 차이는 미미한 데 반해 가족구조의 성격에 있어서는 프랑스 가정과 큰 차이를 보인다. 반면에 프랑스령인 카리브해 지역에서 온 이민의 경우에는 신체적 차이는 크지만 가족구조상의 차이는 미미하다(Todd, 1994: 10). 우리는 이와 같은 측면들이 점차 구체화될 종족적 소수자들에 대한 토착 한국인들의 인식에 작용할 것이라 생각할 수 있다.

정체성의 재구성 문제보다 근본적으로 국제이주민들의 정체성에 다원성을 부여하는 것은 이들이 출신국과 새로이 정착하게 된 곳 중 어느 한 곳에만 속할 수 없다는 사실이다. 성인이 될 때까지 한국에서 살다가 이민을 떠난 재미교포 1세들에게 한국인들은 이들이 100% 미국 사람이 되길 바라지 않는다. 한국인의 뿌리를 잊지 않기를 바란다. 마찬가지로 외국에서 태어나 자란 여성들에게 한국인들은 이들이 한국에 잘 적응하기를 바람과 동시에 출신국가의 문화나 그 나라에 대한 애정을 간직할 수 있도록 배려해 주어야 한다. 즉 이들의 다원적 정체성을 존중해 주어야 하는 것이다. 물론 한국에서 태어난 2세는 다르다. 그러나 이 경우도 외국 태생 부모가 가지고 있는 문화나 자질 등을 존중받아야 한다.

3. 문화 없는 다문화주의, 어떤 문화가 중요한가?

문화 연구자 레이먼드 윌리엄스는 그의 저작 『기나긴 혁명』에서 문화를 세 가지 차원에서 정의하고 있다.

> 첫 번째는 '이상'이라는 정의로서 문화는 절대적이거나 보편적인 가치의 견지에서 인간의 완성 상태 혹은 완성의 과정이다.
>
> 두 번째로는 '기록'이라는 정의로서, 문화는 세밀한 방식으로 인간의 생각과 경험을 다양하게 기록하는 지적이고 상상력이 깃든 작품의 총체이다.
>
> 마지막으로 문화에 대한 '사회적'인 정의가 있다. 이 경우 문화는 예술이나 학문에서뿐만 아니라 제도나 일상적 행위에서 어떤 의미나 가치를 표현하는 특정한 삶의 방식을 묘사하는 것이다(윌리엄스, 2007: 83-84).

그렇다면 다문화주의에서의 문화는 무엇인가? 어떤 의미의 문화를 중시하고 촉진시킨다는 것인가? '다문화'라는 개념을 중심으로 전개되고 있는 한국의 이민논의에 이상과 같은 문화의 세 가지 요소 중 그 어느 것도 중요하게 다루어지고 있지 않다. 한국에서의 이들의 문화생활, 종교생활, 일상문화에 대한 관심은 거의 존재하지 않고 이들의 출신국가의 문화에 대한 박제화된 이미지만 가득하다. 이러한 양상은 우선 한국에서 이들의 문화생활이 거의 불가능하고 종교적 실천도 공간문제 등으로 매우 어렵다는 현실의 반영으로 설명될 수 있다. 그리고 사실 이들의 사회경제적 조건을 고려할 때 그리 놀라운 것도 아니다. 그럼에도 불구하고 이 부분이 사회적으로 거의 언급되지 않은 채 막연하게 이들이 다른 종교와 문화를 가지고 있다는 점만을 부각시킨다면 그것은 이들이 지닌 문화를 구체적으로 논의하는 대신에 우리와 이들 간의 넘을 수 없는 문화적 차이, 종족적 이질성을 강조하는 결과를 낳을 수 있다.

그렇다고 이주민의 출신국 문화에 대한 관심이 있는 것도 아니다. 이들의 사고방식 및 문화생활, 일상생활과 같은 구체적인 문화에 대한 무관심은 이민 담론이 이민자들의 주체성을 무시하는 경향과 맞물려 있다. 언론이 이들이 자신들의 상황을 개선시키기 위해 시도하는 것을 거의 소개하지 않는 것은 실제 이들 스스로에 의한 시도가 미약하기 때문이기도 하다. 그렇지만 점점 늘어가는 다수의 자율적 시도들에 무관심하고 몇몇 한국인이 주도하는 시도들이 미디어를 독점하는, 온통 우리의 미덕으로 미디어가 채워지는 양상은 암묵적으로 이민자들을 대상화하는 과정으로 볼 수 있다. 실제 언론에서 노동자로서의 권리옹호나 집단행동에 대한 보도는 찾아볼 수 없다. 마치 1970년대 한국 노동자들처럼 정당한 권리의 행사로 인정되지 않고 있는 것이다. 이는 최근의 많은 발전에도 불구하고 여전히 이들이 일할 권리, 노동자로서의 권리를 인정받지 못하는 존재임을 말해준다. 착취 받을 권리조차 빼앗긴 사람들을 가리키는 '저층계급'(underclass) 또는 극빈국과 함께 1세계나 3세계 내의 주변적인 집단이나 억압받는 집단을 의미하는 '제4세계'(the Fourth World)의 일원임을 확인시켜 주는 것이다.

캐나다의 경우 다문화주의 정책의 지지세력은 주로 새로운 이민들이 많음으로 인해 종족적으로 다원성이 큰 영어권 지역이었다. 이 지역에 거주하는 다양한 지역 출신의 유럽인들이 다문화주의를 그들의 종족적 정체성과 캐나다 사회에의 기여에 대한 인정으로 받아들여 이 정책을 지지한 것이다. 그러나 점차 제3세계 출신자들이 늘어남에 따라 다문화주의는 비유럽인들의 문제를 고려해야 했다. 그런데 이 비유럽인들에게 중요했던 것은 그들 문화의 신장이 아니라 인종주의와 차별의 철폐였다. 그리고 이 비유럽인들은 다문화주의를 평등주의적인 정책으로 해석하였다. 즉 다른 캐나다인들처럼 고용, 주택, 교육에서의 동등한 권리를 원했던 것이다. 이에 대해 정부는 다문화주의 정책 초기에 중시했던 문화중심의 정책을 유지한 채 비유럽 이민들의 인식도 정책에 고려했다. 그래서 1981년 〈캐나다 인종관계 재단〉(The Canadian Race Relations Foundation)을 창설하는 등 이 인종간 불평등 문제를 다문화주의의 핵심으로 부각시키는 식으로 변화를 시도하게 된다. 이러한 예를 볼 때 한국 사회 역시 점차 '다문화주의'라는 개념을 둘러싼 상징투쟁이 중요해질 것이다. 특히 '다문화주의'에서 '문화'란 무엇이고 '평등'과의 관계를 어떻게 설정할 것인가에 관한 논쟁이 중요해질 것이다.

4. '출신국으로부터 이주(emigration)'의 측면

앞서 우리는 최근의 이민문제, 특히 최근에서야 본격화된 한국의 이민문제는 세계화와 연관된 전 지구적 차원의 현상임을 살펴보았다. 그런데 이러한 전 지구적 차원을 고려하는 중요한 접근방법 중 하나는 최근 타개한 북아프리카 출신 이민에 대한 권위자 사야드(A. Sayad)가 강조하는 것처럼 이민자들의 출신국가와의 관계 속에서 파악하는 것이다. 사야드에 따르면 한 사회에 들어오는 이민자가 있다면 이 이민자의 출신국가의 기준으로 보면 이 사람은 자기 나라로부터 떠나는 이민인 것이다(Sayad, 1999). 이것은 '이민 수용국의 입장에서의 외국인의 이주(immigration)'와 '출신국으로부터의 이주의 배경 및 이주과정(emigration)'을 모두 고려하는 이민문제에 대한 이중적인 접근이 필요함을 의미한다. 그에 따르면 근대적 이민문제는 이민 본국과의 관계, 역사적 연속성 속에서 파악되어야 한다. 그런데 이러한 측면은 세계화 시대 이민 논의에서 더욱 중요하다. 그것은 우선 세계화가 교통통신의 발달을 통해 이민 본국과의 관계를 예전보다 훨씬 밀접하게 만들었기 때문이다. 21세기 초 세계의 이민들 각자는 본인의 의지와 무관하게 두 나라, 즉 그가 떠나온 나라와 그가 새로운 삶을 살게 된 나라 간의 연계를 만드는 역할을 하고 있다(Bernard, 2002: 14). 세계화 시대 이민의 특징 중 하나는 위성방송, 국제전화, 고국방문 등을 통한 교류의 가능성이 커졌다는 사실이다. 그리고 그 결과 본국과의 연계가 중요해졌다. 최근 한국에서도 문제가 되고 있는 이중국적 현상도 이러한 변화의 산물인 것이다.

'출신국으로부터의 이주(emigration)'의 측면에 대한 고려는 또한 현 세계의 경제적, 문화적 불균형의 문제를 드러내 줄 수 있다. 이것은 근대 이민과 달리 세계화 시대 이민이 이민에 대한 중심부 국가들의 수요에 의한 것보다는 출신국을 불가피하게 떠나야만 하는 요인들에 의해 규정된다는 사실 때문에 더더욱 그러하다. 근대사회의 이민은 신대륙정복, 19세기 말~20세기 초 유럽, 미국, 일본의 급속한 산업화, 제2차 세계대전 이후 유럽의 전후 재건과 같은 중심부 세계 발전과정에서의 노동력 수요에 따른 것이었다. 반면에 세계화 시대 이민은 양질의 노동력을 확보하려는 최근 각국의 이민정책에서 이러한 중심부 사회의 요구라는 고전적인 양상이 지속되지만 이와 함께 세계화로 인해 사회 해체의 위기에 직면한 상당수 주변부 사회의 요구에서 비롯된 것이다. 즉 생존의 위협에 처한 사람들이 목숨을 걸고라도 더 나은 곳으로 떠나야만 하는 상황이 최근 세계 이민의 중요한 특징이다.

한국의 경우에도 이민자들이 과거 자신들을 지배하지도 않은 한국으로 오게 만든 이주자들의 본국의 경제상황, 지역분쟁, 종교변동, 이들에 대한 본국 정부의 태도 등의 요인은 이들에 관한 논의에서 진지하게 고려되어야 한다. 이들의 존재가 한국에서의 삶뿐 아니라 출신국의 조건, 출신국에서의 경험에 크게 규정된다는 점을 고려해야 하는 것이다. 이들 역시 우리의 재일동포, 재미동포들처럼 본국에 연결되어 있는 존재라는 점을 잊지 말아야 한다.

한 연구에 따르면 한국으로의 이주 동기는 출신국가에 따라 차이가 있지만 공히 임금차이가 주된 요인이다(석현호 · 이혜경, 2003: 82). 이주 노동자의 한국 이주 전후 월 평균소득을 국가별로 보면 3배에서 8배의 차이를 보였다. 베트남은 8.1배, 중국 조선족이 7.2배, 중국 한족이 7.0배, 인도네시아가 4.6배, 필리핀이 3.4배였다(ibid.: 86). 이 조사가 IMF 직후에 실시된 것을 감안하면 그 이후 이 격차는 더 늘어났을 가능성이 높다. 임금차이와 더불어 일자리의 절대부족문제도 중요한 이주의 원인이다. “네팔에는 농사 이외에는 돈벌이가 없으니 한국같이 일자리가 많은 곳에 오는 것이 네팔인들의 희망”이다[17]. 한편 한국이 이주 희망지역이 되는 것은 무엇보다도 유럽, 미국, 일본으로의 이주가 극히 어렵기 때문이다. 철의 장막을 펴고 있는 미국, 유럽, 일본 이외의 지역 중 그나마 경제규모가 큰 한국이 차선적인 일자리 공급처로 각광받고 있는 것이다. 이러한 조건에서 언어적, 역사적 연관성이 있는 조선족과 해외이주가 일반화된 동남아시아 국가들에서 한국으로의 이주가 이루어진 것이다.

결혼이주 현상에 대한 인식에도 ‘출신국으로부터의 이주(emigration)’라는 측면이 고려되어야 한다. 한국인들의 일반적 인식에 따르면 현재와 같은 방식의 동남아 여성들과의 결혼이 한국 사회의 인구문제, 성비, 농촌 총각문제 등의 문제로 인해 불가피한 현상으로 간주하고 있다. 그러나 ‘출신국으로부터의 이주’의 시각, 출신국 사회의 조건에서 보면 이보다 더욱 불가피한 것은 결혼이주자들의 본국 상황이다. 동남아 사회에서 광범위하게 확산된 국제결혼은 이 사회들에서의 경제

17) 서울경기인천 이주 노동자노동조합 제3대 위원장 까붕 까지만과의 인터뷰, 출처: 이주 노동자운동 홈페이지 http://migrants.jinbo.net

적 어려움이라는 구조적 요인에 대처하는 유력한 방안으로서의 국제이주의 한 형태로 바라보아야 한다.[18] 이상의 논의가 지니는 실천적인 함의를 보면 한국인을 대상으로 하는 다문화교육 및 대 국민 홍보에서 종교와 풍습뿐 아니라 출신국가의 상황 및 이들 국가와 한국 사회의 연관성 등에 대한 교육으로 확대되어야 할 것이다.

이 밖에도 공존을 위해 논의해야 할 주제들은 많이 있다. 그중 하나는 능동적인 존재로서의 이주민에 관한 것이다. 국제이주민을 대상으로 하는 정책에서 유의해야 할 것 중 하나는 이주민들이 주체적인 능력이 없는, 그래서 외부의 도움이 없이는 새로운 사회에 적응하기 어렵다는 생각이다. 그러나 한국인의 경우도 그렇지만 다른 나라로의 이주를 선택하는 사람들은 대부분 그 나라에서 능력 있고 용기 있는 사람들이다. 그리고 이들에게는 매우 큰 잠재력이 있다. 따라서 이들에게는 언어나 문화 차원의 지원책과 함께 취업 관련 지원이 요구된다. 이러한 인식이 필요한 이유 중 하나는 다문화가족이 종족간 통합의 어려움과 동시에 경제적인 통합의 어려움을 심각하게 겪고 있기 때문이다. 다문화가족의 대부분은 빈곤층이며 절반 정도는 기초생활수급 대상이다. 2009년에 실시된 〈전국 다문화가족실태조사〉 결과에 따르면 다문화가족의 월평균 가구소득은 100~200만 원 미만이 38.4%로 가장 많았고, 100만 원 미만도 21.3%로 가구소득이 전반적으로 낮았다. 여성 결혼이민자의 취업률은 37%였다. 그런데 여성 결혼이민자의 학력수준을 보면 중학교 이하가 36.1%, 고등학교 42.3%, 대학 이상이 20.6%로 고졸 이상이 2/3 정도였다(김승권 외, 2010: 3-6). 상당수의 결

18) 물론 이주의 경제적 동기에는 외국에 대한 환상과 출신사회에 대한 환멸과 같은 문화적 요인이 결합된다. 그리고 이혜경 등(2006: 273)이 잘 지적하듯이 이주 여성들이 본국에서 극빈층이었던 것은 아니다. 오히려 한국취업을 위해서는 상당한 비용이 들며, 이를 조달할 수 있는 경제력이 있거나, 아니면 다른 친지나 친척으로부터 필요한 비용을 조달할 수 있는 사회적 자본을 가진 사람들이 나올 수 있기 때문이다.

혼이민자들이 취업상태에 있지만 대부분 비정규직 하층노동자들이다. 고졸 이상의 고학력자의 비중이 높은 이들의 취업역량 강화가 다문화 가정의 빈곤문제 해결을 위해 긴요한 것이다.

이와 함께 한국 시민으로서의 조건을 갖추게 하는 정치적 지원책도 필요하다. 즉 정치의식, 시민의식을 가질 수 있게 교양강좌 개설 등 다양한 교육 프로그램 실시가 필요하다. 이것은 이들이 토착 한국인과 동등한 시민으로서의 권리와 의무를 수행할 수 있게 하는 것이고 향후 자신들의 요구를 적극적으로 주장할 수 있는 토대가 될 것이다.

인종갈등에 대한 경계와 더불어 향후 종족적 소수자에 대한 논의에서 필요한 주제 중 하나는 세계 다른 지역과의 연대의 문제이다. 토착 한국인들은 결혼이주 여성이나 이주 노동자와 같은 한국 사회 내부의 종족적 소수자에 대해서도 동포나 입양아 등 해외로 나간 한국인에 대해서도 한국의 국익을 기준으로 사고하는 데에 익숙해 있다. 필리핀 노동자에 대한 한국인의 사고에 필리핀의 국익, 필리핀의 발전은 매우 낯선 것이다. 유럽 국가들의 이민정책에 대한 비판 중 하나는 소위 '황금의 30년' 시대에 존재했던 제3세계와의 연대라는 관점의 부재에 대한 지적이다. 이제 한국인들도 이민문제에 대한 논의에서 단순한 경제적 논리 또는 국익을 넘어 제3세계와의 연대를 고려해야 할 것이다.

참고문헌

1. 국내 문헌

강철구, 2002, 「서론: 서양문명과 인종주의」, 한국서양사학회 편,『서양문명과 인종주의』, 지식산업사.

경향잡지 편집부, 「흩어진 양떼를 돌본다」, 『경향잡지』, 1988년 4월호.

고모다 마유미, 2007, 「일본의 다문화 공생은 가능한가?」, 『민족연구』 특집호: 현대의 민족문제와 다문화주의: pp.51-64.

곽준혁, 2007, 「미국에서의 다문화주의」, 『민족연구』 특집호: 현대의 민족문제와 다문화주의: pp.126-143.

국가인권위원회, 2007, 『고용허가제 시행 이후 몽골과 베트남의 이주 및 국제결혼과정에 나타난 인권침해 실태조사』.

______, 2009, 『더반선언문 및 행동프로그램』.

글레이저, 네이선, 2009, 『우리는 이제 모두 다문화인이다』(서종남 · 최현미 역), 미래를 소유한 사람들.

김경일 외, 2004, 『동아시아의 민족이산과 도시: 20세기 전반 만주의 조선인』, 역사비평.

김경희 · 윤태일 · 엄한진, 2008, 『강원지역 다문화 가정을 위한 신문활용교육(NIE) 활성화 방안 연구』(한국언론재단 2008년 조사연구사업 강원언론학회 보고서).

김민정, 2002, 「필리핀 이주노동자의 '한국남편' 되기」(제35차 한국문화인류학회 전국대회 발표논문).

김승권 외, 2010, 2009년 『전국 다문화가족실태조사 연구』(여성가족부 정책보고서 2010-06).

김영임, 2007, 「다문화가정 그 자녀의 현실과 미래」, 『한국과 독일의 이주정책과 이주운동, 미래를 향한 연대』.

김은미 · 양옥경 · 이해영, 2009, 『다문화 사회, 한국』, 나남.

김이선 · 황정미 · 이진영, 2007, 『다민족 · 다문화사회로의 이행을 위한 정책 패러다임 구축(I): 한국사회의 수용 현실과 정책과제』, 한국여성정책연구원.

김혜순, 2006, 「한국의 '다문화사회' 담론과 결혼이주여성: 적응과 통합의 정책마련을 위한 기본 전제들」, 한국사회학회 편, 『동북아 "다문화"시대 한국사회의 변화와 통합』(동북아시대위원회 용역과제 06-8).
김희정, 2007, 「한국의 관주도형 다문화주의: 다문화주의 이론과 한국적 적용」, 오경석 외, 『한국에서의 다문화주의: 현실과 쟁점』, 한울: pp.58-79.
루스, 베네딕트, 1980, 『문화의 유형』(황선명 역), 종로서적.
모스, 조지, 2004, 『남자의 이미지』(이광조 역), 문예출판사.
문, 캐서린, 2002, 『동맹속의 섹스』, 삼인.
뮐러, 하랄트, 1999, 『문명의 공존』(이영희 역), 푸른숲.
밀스, 찰스 W., 2006, 『인종계약』(정범진 역), 아침이슬.
바우어, 오토, 2006, 『민족문제와 사회민주주의』, 백산서당.
박경태, 2007, 『소수자와 한국사회』, 후마니타스.
박단 편, 2009, 『현대 서양사회와 이주민』, 한성대학교출판부.
박세훈 · 이영아 · 김은란 · 정소양, 2009, 『다문화사회에 대응하는 도시정책 연구(I): 외국인 밀집지역의 현황과 정책과제』(국토연구원 연구보고서).
박찬승, 2008, 「한국에서의 '민족' 개념의 형성」, 『개념과 소통』 창간호 2008년 6월: pp.79-120.
박천응, 2009, 「새로운 이웃, 이주노동자를 섬기는 교회」, 『교육교회』 378호: pp. 27-28.
법무부, 『외국인정책 관련 환경변화 미래예측 보고서』, 2006년 8월.
복지부 건강보험정책관 보험정책과, 2009,『재외동포 · 외국인의 건강보험 제도 현황 및 개선방향』.
빈부격차 · 차별시정위원회, 2006, 『여성결혼이민자 가족의 사회통합 지원대책』, 2006년 4월 26일.
사이드, 에드워드, 2000, 『오리엔탈리즘』(박홍규 역), 교보문고.
서경식, 『고통과 기억의 연대는 가능한가?』, 철수와 영희.
석현호 · 이혜경, 2003, 「외국인 노동자의 특성과 이주과정」, 석현호 외, 『외국인 노동자의 일터와 삶』, 지식마당: pp. 71-95.
설동훈, 2000, 『노동력의 국제이동』, 서울대학교출판부.
스카치폴, 테다, 1981, 『국가와 사회혁명』(한창수 · 김현택 역), 까치.
스타커, 피터, 2003, 『국경없는 노동자』(최수연 역), 이화여자대학교 출판부.

______, 2004, 『국제이주』(김보영 역), 이소출판사.

스토리, 존, 1994, 『문화연구와 문화이론』(박모 역), 현실문화연구.

심보선, 2007, 「온정주의 이주노동자 정책의 형성과 변화」, 『담론201』 10-2: pp.41-76.

야마모토 시게노부, 2008, 『국제노동이동의 경제학』(고석남 · 김상대 역).

양영자, 2007, 「한국의 다문화교육 현황과 과제」, 오경석 외, 『한국에서의 다문화주의: 현실과 쟁점』, 한울: pp.198-230.

엄한진, 2006, 「전지구적 맥락에서 본 한국의 다문화주의 이민논의」, 『동북아 "다문화"시대 한국사회의 변화와 통합』(동북아시대위원회 용역과제 06-8): pp.13-43.

______, 2007a, 「세계화 시대 이민과 한국적 다문화사회의 과제」, 『한국적 '다문화주의'의 이론화』(동북아시대 위원회 용역과제 07-7), 한국사회학회: pp.39-69.

______, 2007b, 「프랑스 이민통합 모델의 위기와 이민문제의 정치화: 2005년 '프랑스 도시외곽지역 소요사태'를 중심으로」, 『한국사회학』 41집 3호: pp.253-286.

______, 2008, 「한국 이민담론의 분절성」, 『아세아연구』 51권 2호: pp.112-140.

______, 2009a, 「종족적 소수자와 한국사회」, 한국사회학회 편, 『대한민국 60년의 사회변동』, 인간사랑: pp.473-507.

______, 2009b, 「프랑스 사회통합모델의 특수성과 다문화주의의 도전」, 『호모미그란스』 창간호: pp.57-85.

______, 2010, 「한국사회 이주민 종교공동체의 실태와 성격」, 『종교문화연구』 14호: pp.1-43.

여지연, 2007, 『기지촌의 그늘을 넘어』, 삼인.

오경석 · 정건화, 2006, 「안산시 원곡동 '국경없는 마을'프로젝트 : 몇 가지 쟁점들」, 『한국지역지리학회지』 제12권 제1호.

오경희, 2007, 「민족과 젠더의 경계에 선 여성의 이산」, 『아시아여성연구』 제46권 1호: pp.183-212.

오명석, 1997, 「이슬람, 아닷(adat), 근대화 속에서의 말레이 여성의 정체성 변화」, 『한국문화인류학』 30-1: pp.3-51.

윌리엄스, 레이먼드, 2007, 『기나긴 혁명』, 문학동네.

유길상 외, 2007, 『외국인고용허가제 시행 3주년 평가 및 제도개선방안 연구』(노동부 학술용역보고서), 2007년 10월.

유명기, 1995, 「재한 외국인 노동자의 문화적 적응에 관한 연구」, 『한국문화인류학』 27: pp.15-181.

윤인진, 2004, 『코리안 디아스포라: 재외한인의 이주, 적응, 정체성』, 고려대학교 출판부.

윤형숙, 2003, 「국제결혼 배우자의 갈등과 적응」, 『한국의 소수자, 실태와 전망』(2003년 한국사회학회/한국문화인류학회 공동 심포지움), 2003년 9월 19-20일.

이란주, 2009, 『아빠, 제발 잡히지마』, 삶이 보이는 창.

이삼돌(토비아스 휘비네트), 2008, 『해외 입양과 한국 민족주의』, 소나무.

이선옥, 2003, 「원곡동 사람들」, 『정치비평』 2003년 상반기.

______, 2007, 「한국에서의 이주노동운동과 다문화주의」, 오경석 외, 『한국에서의 다문화주의: 현실과 쟁점』, 한울: pp.82-107.

이용승, 2007, 「호주 다문화주의의 역진」, 『민족연구』 특집호: 현대의 민족문제와 다문화주의: pp.26-50.

이정원, 2007, 「한국 이주노동자 현황과 정책, 그리고 대안」, 『정세와 노동』 29호: pp.22-36.

이주노동자인권연대, 2006, 『고용허가제 실태조사 보고서』.

이주인권연대, 2008, 『고용허가제 실태보고』.

이창래, 2003, 『영원한 이방인』, 나무와 숲.

이철용, 2009a, 「독일: 히잡의 재발견」, 박단 편, 『현대 서양사회와 이주민』, 한성대학교출판부: pp.225-248.

______, 2009b, 「독일: 적녹연정의 이민정책」, 박단 편, 『현대 서양사회와 이주민』, 한성대학교출판부: pp.415-446.

이철우, 2003, 「국적과 종족성에 의한 집단적 자아와 타자의 구별」, 『사회이론』, 23호: pp.13-46.

이해령, 2007, 「국제결혼이민자가족 중심으로 살펴본 근래 한국사회의 다문화정책과 사회통합정책」, 『한국과 독일의 이주정책과 이주운동』(미래를 향한 연대, 2007년 이주노동자인권연대 한독공동심포지움 자료집).

인천지역이주운동연대, 2009, 『인천지역 민주노총 조합원의 이주노동자 인식에 대한 실태조사』.
장태한, 2004, 『아시안 아메리칸: 백인도 흑인도 아닌 사람들의 역사』, 책세상.
정재각, 2010, 『이주정책론』, 인간사랑.
정혜실, 2007, 「파키스탄 이주노동자와 결혼한 여성들의 이야기: 파키스탄 커플 모임을 중심으로」, 오경석 외, 『한국에서의 다문화주의: 현실과 쟁점』, 한울: pp.168-194.
정희라, 2009a, 「영국: '자유방임 이민국'에서 '제로(Zero) 이민국'으로」, 박단 편, 『현대 서양사회와 이주민』, 한성대학교출판부: pp.61-91.
______, 2009b, 「영국: '루시디 사건'」, 박단 편, 『현대 서양사회와 이주민』, 한성대학교출판부: pp.191-223.
조성원, 2004, 「또 하나의 가족-이주노동자와 한국여성의 국제결혼」(제36차 한국문화인류학회 전국대회 발표문): pp.1-25.
조현미, 2006, 「외국인 밀집지역에서의 에스닉 커뮤니티의 형성: 대구시 달서구를 사례로」, 『한국지역지리학회지』 12권 5호.
조혜영 · 이창호 · 권순희 · 서덕희 · 이은하, 2007, 『다문화가족 자녀의 학교생활실태와 교사-학생의 수용성 연구』, 한국여성정책연구원 · 한국청소년정책연구원.
촘스키, 아비바, 2007, 『"그들이 우리의 일자리를 빼앗고 있다!"-이민에 대한 미국 사회의 편견과 신화』, 전략과 문화.
킴리카, 윌, 2006, 『현대정치철학의 이해』(장동진 외 역), 동명사.
______, 2010, 『다문화시민권』(장동진 외 역), 동명사.
하먼, 크리스, 2001, 『민족문제의 재등장』(배일룡 역), 책갈피.
한건수 · 설동훈, 2007, 『이주자가 본 한국의 정책과 제도』, 한국여성정책연구원 · 유네스코 아시아태평양 국제이해교육원.
한국이주민건강협회, 2009, 『한국사회와 이주민 건강』, 청년의사.
한상복 · 이문웅 · 김광억, 1997, 『문화인류학개론』, 서울대학교출판부.
함한희, 1995, 「한국의 외국인노동자 유입에 따른 인종과 계급문제」, 『한국문화인류학』 제28집: 199-221.
허윤진, 2008, 「이방인을 환대하는 교회」, 『경향잡지』, 2008년 4월호: pp.79-80.
허창수, 2008, 「한국 내 인도네시아 이주민 다문화지도 제작과 교육과정적

함의」, 『2008년 한국교육과정학회 국제학술대회 자료집』.
현무암, 2006, 「동아시아와 코리안 디아스포라」, 『창작과 비평』 2006년 봄호(통권 131호): pp.258-273.
황혜성, 2009, 「미국: '용광로'에서 탈소수민족의식으로」, 박단 편, 『현대 서양사회와 이주민』, 한성대학교출판부: pp.127-165.

2. 해외 문헌

Abdallah-Pretceille, Martine, 2004, *L'éducation interculturelle,* Que sais-je? no.3487, PUF.
Al-Azmeh, Aziz, 1993, *Islams and Modernities*, Verso.
Alexseev, Mikhail A., 2005, I*mmigration Phobia and the Security Dilemma*, Cambridge University.
Amin, Samir, 2005, "Imperialism and culturalism, complement each other," *Monthly Review*, Vol. 48 Issue 2: pp.1-11.
Ang, Ien, 1996, "The curse of the smile: ambivalence and the 'Asian' woman in Australian multiculturalism," *Feminist Review*, No. 52, spring 1996: pp.36-49.
Arendt, Hannah, 1982, *L'imperialisme*, Paris: Fayard.
Balibar, E., & I. Wallerstein, 1988, *Race, Nation, Classe*, Paris: La Dé couverte.
Barth, François(ed.), 1968, *Ethnic Groups and Boundaries*, Boston: Little Brown.
Bayart, Jean-François, 2005, *The Illusion of Cultural Identity*, C. Hurst & Co.
Beaud, S., & M. Pialoux, 2001, "meutes urbaines, violence sociale," *Le Monde diplomatique,* Juillet 2001.
Bernard, Pierre, 2002, *Immigration: le défi mondial*, Folio actuel.
Betz, Hans-Georg, 2004, *La droite populiste en Europe,* Autrement.
Bissoondath, Neil, 1994, *Selling Illusions: The Cult of Multiculturalism in Canada*, Toronto: Penguin.
Blanc-Chaléard, 2001, *Histoire de l'immigration*, la découverte: Repères.
Bonelli, L., et G. Sainati, 2004, *La machine à punir*, L'esprit frappeur.

Boulay, Benjamin, 2008, "L'interculturel en France," *Hommes & Migrations*, Hors-série, novembre 2008: pp.61-95.

Cabanel, Pierre, 1997, *La question nationale au XIXe siècle,* La dé couverte: repères.

Carsten, Francis L., 1967, *The Rise of Fascism*, London: Methuen & Co Ltd.

Castles, Stephen, 1995, "How nation-states repond to immigration and ethnic diversity," *New Community* 21.

Castles, S., & A. Davidson, 2000, *Citizenship and Migration*, New York: Routledge.

Castles, S., & G. Kosack, 1973, *Immigrant Workers and Class Structure in Western Europe*, New York: Oxford University Press.

Castles, S., & M. J. Miller, 1998, *The Age of Migration*, New York & London: The Guilgord Press.

Chassard, Yves, 2006, "L'immigration n'est plus ce qu'elle était ... ," *Horizons stratégiques,* 2006/1, no.1: pp.6-17.

Chong, Kelly H., 1998, "What it means to be christian: the role of religion in the construction of ethnic identity and boundary among second-generation Korean Americans," *Sociology of Religion*, Vol. 59: pp.259-286.

Cuccioletta, Donald, 2001, "Multiculturalism or transculturalism: towards a cosmopolitan citizenship," *London Journal of Canadian Studies*, Vol. 17: pp.1-11.

Day, Richard, 2002, *Multiculturalism and the History of Canadian Diversity*, Toronto: University of Toronto Press.

De Charentenay, Pierre, 2006, "Débattre de l'immigration," *Etudes*, Tome 404, juin 2006: pp.724-727.

Docquier, F., et H. Rapoport, 2007, "L'immigration qualifiée, remède miracle aux problèmes économiques européens?," *Reflets et perspectives de la vie économique* 2007/1, Tome XLVI: pp.95-111.

Dreher, Sabine, 2007, *Neoliberalism and Migration: An Inquiry into the Politics of Globalization*, Hamburg: LIT Verlag.

Ebaugh, Helen R., 2003, "Religion and the New Immigrants,"(pp.225-

239) in M. Dillon (ed.), *Handbook of the Sociology of Religion*, Cambridge: Cambridge University Press.

Entzinger, Han, 2005, "Politiques d'intégration en Europe: un modèle multidimensionnel," in L. Arnaud (dir.), *Les minorités ethniques dans l'Union européenne*, La découverte.

Ferreol, G., et G. Jucquois (dir.), 2004, *Dictionnaire de l'alterite et des relations interculturelles*, Armand Colin: pp.290-300.

Foucault, Michel, 1961, *L'histoire de la follie*, Gallimard.

______, 1975, *Surveiller et punir,* Gallimard.

______, 2004, *Sécurité, territoire, population: cours au Collège de France. 1977-1978*, Gallimard.

Fraser, N., & A. Honneth, 2003, *Redistribution or Recognition?*, Verso.

Fukuyama, Francis, 1992, *The End of History and the Last Man*, Free Press.

Gordon, Milton M., 1964, *Assimilation in American Life,* New York: Oxford University Press.

Hall, S., 1991, "Old and new identities, old and new ethnicities," in A. D. King (ed.), *Culture, Globalization and the World System*, London: McMillan.

Hammouche, Abdelhafid, 2008, "Définir l'interculturalité par les situations, les rapports pratiques et symboliques," *Hommes & Migrations*, Hors-série, novembre 2008: L'interculturalité en débat: pp.4-8.

Hatton, T. J., & J. G. Williamson, 2005, *Global Migration and the World Economy*, Massachusetts: The MIT Press.

Haut Conseil à l'intégration, 2003, *Rapport 2002-2003.*

______, 2006, *Analyse comparative de différents modèles d'intégration en Europe*, décembre 2006.

Herberg, Will, 1983, *Protestant-Catholic-Jew: An Essay in American Religious Sociology,* Chicago: University of Chicago Press.

Hervé, Le Bras, 1991, *Marianne et les Lapins: L'obsession démographique*, Paris: Pluriel.

Hervieu-Léger, Danielle, 2006, *La religion pour mémoire*, Paris: Cerf:

pp.228-229.

Hollifield, Jean-François, 1997, *L'immigration et l'Etat-nation à la recherche d'un modèle national*, L'Harmattan.

Huntington, Samuel, 1993, "The clash of civilization," *Foreign Affairs*, Summer 1993, v. 72, no. 3.

Jazouli, Adil, 1995, *Une Saison en banlieue*, Plon.

Kastoryano, Riva, 1996, *La France, l'Allemagne et leurs immigrés: né gocier l'identité*, Paris: Armand Colin.

Lacorne, Denis, 2004, "Le multiculturalisme est-il un communautarisme?," W. Kymlica (dir.), *Communautarisme*, PUF.

Le Monde, 2009, *L'atlas des migrations* (Le Monde Hors-Série, 2008-2009).

Lucas, Henry, 1955, *Netherlanders in America: Dutch Immigration to the United States and Canada, 1789~1950*, Ann Arbor: University of Michigan Press.

Magniadas, Jean, 2007, *Migrations et mondialisation*, Le temps des cerises.

Marx, Karl, 1972, "On the Jewish question,"(pp.26-46) in Robert C. Turker (ed.), *The Marx-Engels Reader, 2nd ed.*, New York: W. W. Norton.

Massey, D. S., Arango, J., Hugo, G., Kouaouci, A., Pellegrino, A., & J. E. Taylor, 2009, *Worlds in Motion: Understanding International Migration at the End of the Millennium*, Oxford University Press.

Mattelart, Armand, 2007, *Diversité culturelle et mondialisation*, La Dé couverte.

McLaren, Peter, 1994, "While terror and oppositional agency: towards a critical multiculturalism,"(pp.45-74) in David Theo Golberg (ed), *Multiculturalism: A Critical Reader,* Oxford UK & Cambridge USA: Blackwell.

Menjívar, Cecilia, 2003, "Religion and immigration in comparative perspective: catholic and evangelical salvadorans," *Sociology of Religion*, Vol. 64, No.1, spring 2003.

Messina, A. M., & G. Lahav (eds.), 2006, *The Migration Reader: Exploring Politics and Policies*, London: Lynne Rienner Publishers, Inc.

Michaels, Walter Benn, 2006, *The Trouble with Diversity: How We learned to Love Identity and Ignore Inequality*, New York: Metropolitan Books.

Moulier-Boutang, Y., 1998, *De l'esclavage au salariat*, Paris: PUF.

OECD, 2000, *Globalization, Migration and Development*.

Office des migrations internationales, 2004, *Les flux d'entrée contrôlés par l'O.M.I. en 2004*.

Ouellet, Fernand, 2002, "L'éducation interculturelle et l'éducation à la citoyenneté," *VEI Enjeux*, no.129, juin 2002: pp.146-167.

Pattillo-McCoy, Mary, "Church culture as a strategy of action in the black community," *American Sociological Review*, Vol. 63: pp.767-784.

Pedace, Roberto, 2006, "Immigration, labor market, mobility, and the earnings of native-born workers. an occupational segmentation approach," *American Journal of Economics and Sociology*, Volume 65 Issue 2: pp.313-345.

Perrineau, Pascal, 2004, "Preface,"(pp.7-12) in H.-G. Betz, *La droite populiste en Europe,* Autrement.

Piore, Michael J., 1979, *Birds of Passage*, London: Cambridge University Press.

Poinsot, Marie, 2008, "Contribution au débat," *Hommes & Migrations*, Hors-série, novembre 2008: L'interculturalité en débat.

Portes, Alejandro, and Josh DeWind (eds.), 2007, *Rethinking Migration: New Theoretical and Empirical Perspectives*, New York: Berghahn Books.

Posen, Berry, 1993, "The security dilemma and ethnic conflict,"(pp.103-125) In Michael E. Brown (ed.), *Ethnic Conflict in International Politics*, Princeton: Princeton University Press.

Potts, Lydia, 1990, *The World Labour Market: A History of Migration*,

London: Zed Books.

Rea, A., & M. Tripier, 2003, *Sociologie de l'immigration*, La Découverte.

Roberts, Keith A., 2004, *Religion in Sociological Perspective*, 4th ed., Australia: Wadsworth/Thomson.

Said, Edward W., 1979, *Orientalism*, Vintage.

Sassen, Saskia, 2000, *Guests and Aliens*, New York: New Press.

Sayad, Abdelmalek, 1977, "Les 'trois ages' de l'emigration algerienne en France," *Actes de la recherche en sciences sociales*, 15: pp.59-79.

______, 1999, *La double absence*, Seuil.

Schnapper, Dominique, 2003, *La communauté des citoyens*, Gallimard.

Schor, Ralph, 2004, *Français et immigrés en temps de crise(1930-1980)*, L'Harmattan.

Simmel, Georg, 1999, *Sociologie. Etudes sur les formes de la socialisation*, Paris: PUF.

Smith, Timothy L., "Religion and ethnicity in America," *American Historical Review*, Vol. 83, December 1978.

Stalker, Peter, 2002, "Migration trends and migration policy in Europe," *International Migration* Vol. 40: pp.151-176.

Taylor, Ch., & A. Gutmann, 1992, *Multiculturalism and "the Politics of Recognition,"* Princeton University Press.

The Canadian Encyclopedia, 2000.

Thiesse, Anne Marie, 2001, *La création des identités nationales: Europe XVIIIe-XXe siècle,* Seuil: Point/Histoire.

Todd, Emmanuel, 1994, *Le destin des immigrés*, Seuil.

Touraine, Alain, 1997, *Qu'est ce que la démocratie?*, Livre de poche.

Wacquant, Loïc, 2002, "From slavery to mass incarceration: rethinking the 'race question' in the US," *New Left Review* 13, Jan.-Feb. 2002: 41-60.

Weber, Max, 1995, *Economie et société* 1, Pocket.

Weil, Patrick, 2005, *La République et sa diversité*, Seuil.

Wihtol de Wenden, C., 2002, "Ouverture et fermeture de la France aux étrangers: Un siècle d'évolution,"(pp.27-38) *Vingtième Siècle*,

janvier-mars 2002.
Williams, Raymond B., 1988, *Religions of Immigrants from India and Pakistan: New Threads in the American Tapestry*, Cambridge: Cambridge University Press.

3. 인터넷 자료

http://www.iom.int(국제이주기구 홈페이지)
http://www.oecd.org(OECD홈페이지)
http://immigration.go.kr(법무부 출입국·외국인정책본부 홈페이지)
http://www.moel.go.kr(고용노동부 홈페이지)
http://mogef.go.kr(여성가족부 홈페이지)
http://www.kinds.or.kr(언론기사통합검색사이트 Kinds)

다문화사회론

1판 2쇄 발행 2016년 8월 29일

지은이 엄한진
펴낸이 고화숙
펴낸곳 도서출판 소화
등록 제13-412호
주소 서울시 영등포구 영등포동 7가 94-97
전화 02-2677-5890
팩스 02-2636-6393
홈페이지 www.sowha.com

ISBN 978-89-8410-412-9 93320

값 15,000원